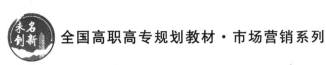

全国高职高专规划教材·市场营销系列

消费心理理论与实务

（第二版）

杨大蓉　陈福明　编著

北京大学出版社
PEKING UNIVERSITY PRESS

图书在版编目(CIP)数据

消费心理理论与实务/杨大蓉,陈福明编著. —2 版. —北京:北京大学出版社,2013.8
(全国高职高专规划教材·市场营销系列)
ISBN 978-7-301-23057-2

I. ①消…　II. ①杨…②陈…　III. ①消费心理学-高等职业教育-教材　IV. ① F713.55

中国版本图书馆 CIP 数据核字(2013)第 195510 号

书　　　　名:消费心理理论与实务(第二版)
著作责任者:杨大蓉　陈福明　编著
策 划 编 辑:胡伟晔
责 任 编 辑:胡伟晔　孙桂娟(特约编辑)
标 准 书 号:ISBN 978-7-301-23057-2/F·3721
出 版 发 行:北京大学出版社
地　　　　址:北京市海淀区成府路 205 号　100871
网　　　　址:http://www.pup.cn　新浪官方微博:@北京大学出版社
电 子 信 箱:zyjy@pup.cn
电　　　　话:邮购部 62752015　发行部 62750672　编辑部 62765126　出版部 62754962
印 刷 者:三河市北燕印装有限公司
经 销 者:新华书店
　　　　　　787 毫米×1092 毫米　16 开本　17 印张　419 千字
　　　　　　2009 年 2 月第 1 版
　　　　　　2013 年 8 月第 2 版　2016 年 8 月第 4 次印刷　总第 6 次印刷
定　　　　价:34.00 元

第二版前言

消费心理学是心理学的一个重要分支,它研究消费者在消费活动中的心理现象和行为规律。消费心理学是一门新兴学科,它的目的是研究人们在生活消费过程中,在日常购买行为中的心理活动规律及个性心理特征。消费心理学是消费经济学的组成部分。研究消费心理,对于消费者,可提高消费效益;对于经营者,可提高经营效益。

本书在第一版对消费者购买行为分析的基础上,针对消费心理在卖场、节日促销场所的应用、消费心理对电子商务消费的影响、卖场消费心理等内容进行了新的案例分析和整合,在充分调研、讨论专业设置和课程教学方案的基础上,完善了教材的编写内容,更利于市场营销人员的学习和运用。

本书以消费心理学的理论为基础,运用消费心理学一般原理进行论述,着重探讨消费者的购买决策过程以及消费者的购买行为类型,全方位剖析了影响顾客购买行为的因素,包括消费者的心理过程与个性心理特征、消费者的需要、购买动机以及消费者的年龄、性别、阶层等不同消费特点。此外,分析了不同市场环境下顾客的心理变化和行为表现,以及服务和营销活动中的技巧和策略等。

修订版基本保留了原书的结构与框架,主要在以下几方面进行了修改:

(1) 加入了"知识卡片"内容,帮助学生在学习之前,对要学习的部分框架和重点内容有整体认识;

(2) 适当删减了消费心理基础理论等教学内容,便于学生理清思路,为分析、了解消费环境和拓展专业知识面或深入研究打下基础,并保证教材内容的相对系统与独立;

(3) 更新了案例和知识点分析等内容;

(4) 对电子商务普及过程中消费心理的作用、现象和营销方式等内容进行了分析。

修订版本在保持原教材内容简洁、精选的基础上,力求体现消费心理基础、卖场消费心理、电子商务消费心理和消费行为分析的教材编写主线,做到理论与实践应用相结合,符合应用型人才培养的教学要求。

原教材自 2009 年出版以来,得到了许多兄弟院校的欢迎,老师们也提出了一些宝贵意见,在此表示感谢。

编 者

2013 年 6 月

编者提供与本书配套的 PPT、案例视频资料和相关参考资料,如有需要可以来函索取。编者的电子邮件为 xfxlll@yeah.net。

前　言

消费者心理活动贯穿购买行为的始终,引导和伴随着消费者对商品的喜好、印象、评价、购买和反馈,也对企业的生产和经营活动产生影响。在全球化经济的现代经济条件下,现代消费者重视个性的心理与多元化文化的融合现状共同塑造了社会消费的各种流行趋势。本书通过对消费者购买行为的分析,研究和探讨消费心理的特征及其规律,为企业更好地制定和调整自己的营销策略提供了依据。

为了满足教学改革和自主学习的需要,在充分调研、讨论专业设置和课程教学方案的基础上,避免以往学生对消费心理泛泛了解,印象肤浅,不能学以致用的主要缺点,通过模块和任务项目驱动的编写体例,编写了适应工学结合、教学相长的任务驱动型的消费心理理论与实务教材。

教材编写的主要特色包括以下几点。

1. 《消费心理理论与实务》设置了 10 个模块,分别讨论心理学、顾客消费心理活动过程与影响因素、消费者需要与动机、顾客购买决策、社会文化对顾客消费心理的影响、社会群体的消费心理与行为、消费流行与消费习俗、商品设计、商品命名、品牌、商标、包装、价格、商业广告、购物环境、销售服务等方面对顾客消费心理的影响。每个模块由 2~6 个具体的任务项目开始,让学生带着任务完成对本模块内容的理解和认识。每个任务后有解决任务的相关知识点,在每个任务相关知识点学习结束之后,学生通过对任务的分析和完成,掌握和了解消费心理在营销过程中的具体应用和作用。

2. 《消费心理理论与实务》的教学目标是培养学生的四大能力,即市场观察与分析能力、消费行为动机分析能力、市场营销策划能力和市场机会把握能力。市场观察与分析能力主要通过消费者一般心理以及心理的行为表现的教学,使学生具有统计和分析调查结果的能力,掌握分析消费者需求的能力。消费行为动机分析能力主要通过对不同消费群体消费行为不同类型动机的教学,使学生具有寻找顾客、推销商品、洽谈商务等方面的能力。市场营销策划能力主要通过环境对消费心理影响、色彩设计和商品摆放心理的教学,使学生有的放矢地掌握营业场所设计、灯光、服务营销综合策划、市场推广等能力。市场机会把握能力主要通过对社会文化心理的教学,使学生掌握激励、发掘商机等方面的能力。

3. 突出生动性和趣味性。本书针对高职高专的特点,在基础理论方面以“必需、够用”为度,突出了实践能力的培养,每一个模块都配有带趣味性和游戏性的任务与案例,辅以大量图片内容。教材内容深入浅出,在引发学生兴趣和思考的前提下来了解和分析问题,学习内容,最后解决问题。在每个模块后配有学生的思考练习题目。

4. 重视知识的前沿性。编者参考了较多近年来出版的有关专著、教材和科研成果,力争全面覆盖该领域的新的研究成果。案例和实训具有典型性和代表性,突出实用性和可操作性。本教材还配有打包电子教材包(课件、教案和相关案例资料),以供课后参考之用。

本书是根据高职教学要求，由苏州经贸职业技术学院陈福明教授和杨大蓉老师编写的，可供经济及管理类的学生使用，亦可供经济管理、市场营销等人员以及广大消费者阅读，也可以作为心理学爱好者的学习参考书。由于编者力求新的尝试以及消费心理的不断发展，加之水平有限，书中难免存在错误和疏漏，恳请广大读者不吝赐教，以便本书的进一步修订和完善，同时欢迎读者就共同关心的问题进行讨论。编者提供与本书配套的 PPT、案例视频资料和相关参考资料，如有需要可以来函索取。编者的电子邮件为 xfxlll@yeah.net。

陈福明

2008 年 10 月

目　　录

1

模块一

奇妙的消费心理

◎了解消费心理学的内涵和发展

◎了解消费行为与消费心理的关系

◎掌握市场营销中消费心理的重要作用

 案例与思考

　　全球零售连锁销售巨头沃尔玛上海第一店、中国第48店在上海开业迎客。开张当日，近12万人光临了传说中的沃尔玛。在Internet上搜索"上海沃尔玛开业"可以搜索到68 200条相关网页和图片。开业一个礼拜，沃尔玛收到的投诉不断，包括缺货、价格、公共交通与安全等，并且5千米的"死亡圈效应"也已经开始凸显。沃尔玛的经营策略及上海消费者的消费心理及消费行为之间有什么样的联系呢？

　　20世纪90年代初，约翰·沃尔顿曾亲临上海谈判。这位世界上数一数二的富翁，坐的是经济舱，住的是有两个单人床的普通标准间，吃的是工作套餐。上海市当时的主要领导大为感动，催促具体参与谈判的下属官员：如此谦逊俭朴的企业家，可予开绿灯。但是，谦逊的沃尔顿却很顽固，最终因"工会"一条导致谈判失败，从而导致家乐福抢到了进入上海的先机。而信息传播和巨大的品牌效应，使得上海人民对沃尔玛始终持期待的心情——上海是中国最好的城市，怎么能少了沃尔玛的存在。任何针对现有大卖场的诟病都与传说中的沃尔玛进行比较，沃尔玛的顺利开张终于让上海消费者的这一情结有了对比的机会。

　　不同地域之间的消费习惯影响着消费行为。从沃尔玛的停车场可以看出，以"天天平价"著称的沃尔玛超市吸引了大量消费者，100个车位的停车场基本保持八成以上的"上座率"。值得注意的是，这些驾车前来购物的顾客并没有整堆整堆地往车中放货，大部分顾客手中只提一两个袋子。显然，这和沃尔玛在美国本土的情况大有不同。在美国，私车族更喜欢在周末到超市买回一大堆日用品，然后塞进冰箱，以备一周之需。

　　两地消费者的消费习惯不同，一些客观条件也不同。比如，美国人家中厨房和冰箱的空间都比较大，有条件一次购物一星期使用。而在上海，大部分消费者家中没有大容量的冰箱。国内冰箱容积集中在300升以下，国外则在400升以上。我国400升以上的冰箱生产还处于起步阶段，美国通用电气的一款大容量冰箱售价达18 000元。并且因为国内的消费者一般喜欢新鲜的食物，如果将食物放进冰箱存放一周，绝大部分消费者会感觉不够新鲜。因此，我们很难在国内的购物场所发现在美国的装满一后备箱的购物行为。这一方面受环境的制约，也受消费习惯的影响。

　　同时，我们看国内的大卖场，基本上都提供免费班车，接送前来购物的消费者，而在国外，是没有这种先例的。一是因为国内的私家车并没有普及；二是因为国内的交通环境比较恶劣；三是因为国内的消费者将前往大卖场购物当作一种消遣。在一天的繁忙工作后，一家人步行或坐车前往大卖场。在炎热的夏天与冷酷的冬天，有空调的大卖场为消费者提供了一个纳凉或保暖的好去处。

　　"天天平价"带来的心理感受：天下没有免费的午餐。沃尔玛的经营理念是"天天平价"。可是经过消费者的比较后发现并不是所有的商品价格都比竞争对手的低。比如，比萨在沃尔玛的价格是8.90元一个，同样的比萨在易初莲花只要7.80元。因此，我们需要正确理解平价的概念。平价不是最低价，只是一个相对的价格，比杂货店、便利店以及商场的价格便宜，并且有利于大宗购买。对企业来说，平价是一句宣传口号，吸引因价格因素而来的众多消费者。

在营销策略中,我们有一个相应的策略叫低价吸引策略。沃尔玛正是通过对部分消费者日常接触最多、价格变化最敏感的商品实行低价,并通过宣传,让消费者认为这里的所有商品都是平价的商品,从而提高顾客的购买批次和购买量。对于价格敏感度不明、消费者不经常购买的商品实行溢价来获得正常的商业利润,以维持企业的日常运转和股东的利益,并通过规模经济取得规模效应。如此一来,平价的概念深入人心,企业的形象也被极大地传播。

好奇心与消费行为。当消费者在对某一事物有了一个自我的理解之后,如果消费者的理解与他实际接触到的事物有差异,当差异在可以控制的范围内时,消费者会接受;如果差异在可接受的范围之外,消费者则会转变自己的态度,并加以传播。沃尔玛开业首日的客流量达到了 12 万,其中有很大一部分人是为了感受一下国际第一连锁卖场,有许多超出了"5千米"影响范围。经过几日的喧闹之后,客流量回到了现在的日均 6 万左右,维持在了正常的水平。可见消费者对于"新鲜事物"是有着巨大的好奇心的,而沃尔玛也正是利用了消费者对其的好奇心,宣传了自己的品牌和形象,并在开业当日造成了轰动效应。

品牌的吸引力带来的心理满足。当 12 万的人流挤进了沃尔玛的上海首个大卖场时,就意味着他们跟这个数次登上财富 500 强榜首的家族或者说是企业,有了一个亲密的接触。而在上海,因为信息的广泛传播以及与国际的接轨,上海的普通民众对这些信息了如指掌。这样一个机会,这一个在他们看来值得纪念的日子,怎么能少得了自己的参与。

不仅在上海,对中国样内地的绝大部分消费者,这也是非常有诱惑力的一件事情。消费者对于这样的企业和品牌,同样充满了向往。而企业利用这样的信息平台,利用自己的企业形象和品牌形象,加上实际的运作,更容易成功地吸引消费者的注意力,使其由此而产生购买欲望和购买决策。自家旁边的便利店一瓶可乐卖 2.5 元,在沃尔玛卖 2.1 元。中国内地的消费者不习惯大宗购买,可能在这之外只会再买一点其他的东西,而去一趟还要搭上 4 元左右的交通费。这些隐性或者半隐性的成本平摊下来,每件商品比在门前的便利店或者附近的卖场购买还要贵,但是消费者在进行决策的时候很少算上自己的隐性成本。当然这只能是外在的一种表现,当在此之外,消费者在购物过程中获得了某些精神层面的满足之时,这种隐性的投入就产生了它的价值。而这种价值是在附近的便利店或者大卖场所不能获得的,这就解释了为什么在沃尔玛开业当天会有 12 万人挤进卖场。这其中有许多人是一大早就坐了公交车或者转了两三趟车才来到这里的。

(资料来源:张一聘. 从"天天平价"到"优质低价"——沃尔玛在华大变身[EB/OL]. [2008-08-19]. http://www.emkt.com.cn/article/379/37921.html.)

 案例分析思路

企业作为市场主体,若要在市场竞争中取胜,得先征服消费者;而欲征服消费者,得先征服消费者的心。随着全球经济一体化、信息化的到来,特别是随着我国社会主义市场经济的建立和发展,当今消费者的心理和行为发生了很大的变化,现代消费心理学的研究已经引起社会各界的关注。消费心理学是研究消费者行为的科学,用于观察、记述、说明和预测消费者行为,致力于探索消费者特有的心理现象及其发展变化规律。

任务项目1

消费心理的神奇之处：理性还是疯狂？

2002年的诺贝尔经济学奖颁发给了一名心理学家，这位美国普林斯顿大学心理学和公共关系学教授对传统的"人是理性的动物"论断作出了颠覆性的假设，认为人类的消费行为本身就是不理性的。

广东增城盛产荔枝，其中极品出自名曰"西园挂绿"的百年古树，此树每年仅结果数十颗，甚为稀罕。于是便有人献策为这些"珍果"举行专场拍卖会。结果在2002年的拍卖会上10颗荔枝换得131.5万元，其中一号"珍果"拍得55.5万元的高价。

思考：应如何看待这样的"高消费现象"？消费者出手如此阔绰是为什么？如何正确地引导消费者的消费行为？

 消费、消费者与消费者心理

- 个人消费是指人们为满足自身需要而对各种生活资料、劳务和精神产品的消耗。
- 消费者 {现实消费者 / 潜在消费者 / 永不消费者
- 消费者心理是指消费者在购买、使用和消耗商品过程中的一系列心理活动。

一、消费

消费是一种行为，是消费主体出于延续和发展自身的目的，有意识地消耗物质资料和非物质资料的能动行为。随着社会生产的发展与人类心理活动的日益复杂化，其行为活动的总体水平也在不断地提高和发展。

人类的消费行为与人类的生产相伴而来，是人类赖以生存和发展的最古老的社会活动和社会行为，是社会进步与发展的基本前提。从广义上讲，可以把人类的消费行为划分为生产消费和个人消费两大类。

生产消费是指生产过程中对工具、原材料、燃料、人力等生产资料和活劳动的消耗。在生产过程中，劳动者与其他生产要素结合创造出新的使用价值的活动，是生产行为的反映，而生产行为本身，就它的一切要素来说，也是消费行为。因此，在生产过程中，对劳动力及其他生产要素的使用、消耗及磨损称为生产过程中的消费。它包含在生产过程之中，是维持生产过程连续进行的基本条件。

个人消费是指人们为满足自身需要而对各种生活资料、劳务和精神产品的消耗。它是人们维持生存和发展,进行劳动力再生产的必要条件,也是人类社会最大量、最普遍的经济现象和行为活动。从社会再生产过程来看,它是社会再生产过程中"生产、分配、交换、消费"四个环节中的消费环节。个人消费是一种最终消费,所以"消费"一词狭义上是指个人消费。

二、消费者

消费者与消费既紧密联系,又相互区别。消费是人们消耗生活资料和精神产品的行为活动,而消费者则是指从事消费行为活动的主体——人。狭义的消费者是指购买、使用各种消费品或服务的个人与住户。广义的消费者是指购买、使用各种产品与服务的个人或组织。本书主要从狭义的消费者角度讨论消费者行为。

现实生活中,同一消费品或服务的购买决策者、购买者、使用者可能是同一个人,也可能是不同的人。比如,大多数成人个人用品,很可能是由使用者自己决策和购买的,而大多数儿童用品的使用者、购买者与决策者则很有可能是分离的。消费决策过程中,不同类型的购买参与者及其所扮演的角色也不同。如果把产品的购买决策、实际购买和使用视为一个统一的过程,那么,处于这一过程任一阶段的人,都可称为消费者。我们可以从以下几个方面来进行认识。

(一) 从消费过程中考察消费者

从一般意义上讲,消费者是指购买与使用各种消费品的人。具体来说,消费者是各种消费品的需求者、购买者和使用者。作为一个动态运行中的消费过程,购买者本身不一定是需求者或使用者,比如为他人代买的商品;而使用者也不一定是购买者,比如尚无生活能力的子女使用父母为他们买来的商品;当然,需求者也不一定必须亲自去购买。如果把消费过程作为需求、购买和使用三个过程的统一体,那么处于这三个过程中的某一或全过程的人都可以称为消费者。换言之,**消费者**是指实际参与消费活动的某一或全过程的人。

(二) 从消费品的角度考察消费者

对于某一消费品,在同一时空范围内,消费者可以作出不同的反应——即时消费、未来消费或永不消费。按照这三种不同的反应,可以把消费者分为以下三种。

(1) 现实消费者。即通过现实的市场交换行为,获得某种消费品并从中受益的人。

(2) 潜在消费者。即在目前对某种消费品尚无需要或购买动机,但在将来某一时刻有可能转变为现实消费者。

(3) 永不消费者。这是指当时或未来都不会对某种消费品产生消费需要和购买愿望的人。

作为某一消费者,在同一时点上,面对不同的消费品,可以同时以不同的身份出现。比如某消费者面对 A 商品是现实消费者,面对 B 商品是潜在消费者,面对 C 商品是永不消费者。因此,从消费品的角度考察消费者,可以说消费者是一个动态行为的执行者。

(三) 从消费单位的角度考察消费者

从消费单位的角度可把消费者划分为个体消费者、家庭消费者和集团消费者。个体或家庭消费者是指为满足个体或家庭对某种消费品的需要,而进行购买或使用,这与消费者个人的需求、愿望和货币支付能力密切相关。

集团消费者是指为满足社会团体对某种消费品的需要而进行的购买或使用。作为团体行为，不一定反映消费者个人（即团体某成员）的愿望或需要，也与个人货币支付能力没有直接关系。

作为某一消费者个人，可以同时成为家庭消费者或集团消费者中的某一成员。因此，从消费单位的角度考察消费者，可以说消费者是一个广义的参与消费活动的个人或团体。

三、心理的含义

1. 心理的定义

心理学中对心理的定义是：**心理**是人脑的机能，是客观现实的主观反映。从以上定义可以看出以下两点。

（1）心理是人脑的机能。自古以来，对人的心理是由哪个器官产生的问题一直争论不休。古代不少有名的学者都认为，人的心理活动的器官是心脏。随着现代科学，尤其是医学和解剖学的发展，人们认识到人的大脑皮层不仅具有与动物共有的第一信号系统，而且具有人类所独有的第二信号系统。这两种信号系统的协调活动，构成了人的心理活动。近代生理解剖学的大量资料证明，人的心理活动和人脑的活动不可分割。人的大脑如果受到损害，心理活动必然遭到严重破坏。因此，心理是人脑的机能，人脑是心理的器官。

（2）心理是客观现实的主观反映。虽然人脑是心理的器官，但并不意味着人脑本身能自然地产生心理。它只是人的心理产生的物质前提，只提供了心理产生的可能性。换言之，人脑只有在客观现实的作用下才能产生心理。这里的客观现实，包括自然条件、社会环境、教育影响以及除了反映主体之外的其他人的言行在内。大量事实证明，人类的心理活动，无论是简单形式的感觉、知觉，还是复杂的思维、感情等，都可以从客观现实中找到源泉。

一个人如果不接触客观现实，孤陋寡闻，那么心理活动便成了无源之水、无本之木。因此，客观现实在人脑中的反映，便产生了人的心理活动。同时，社会生活实践对人的心理有巨大的制约作用。一个人如果长期脱离社会生活实践，也会丧失人的心理或造成心理失常。所以，人的心理实质上是人脑对客观现实的主观反映。人脑是心理器官，而客观现实则是它的源泉。

2. 人的心理现象

人的心理现象极其复杂，内容丰富多彩，但又并非是虚无缥缈和神秘莫测的。归纳起来，可以从心理过程和个性心理两个方面来对人的心理现象进行研究。

（1）心理过程。它是人们在社会生活实践过程中一系列思维活动的总和，是社会实践在人的头脑中的反映，它包括认识、情绪或感情、意志三个过程。

（2）个性心理。它是人的气质、性格、能力等心理活动中稳定特点的总和与表现。在一定的社会历史条件下，人的个性意识倾向和个性心理特征的总和就是个性心理。**个性意识倾向性**是指对人的心理活动和行为具有激发作用的动力因素，包括需要、兴趣、动机、信念等。**个性心理特征**是指人在认识客观对象的过程中表现出的不同特点，包括能力、气质、性格等。

尽管心理现象极其复杂，但它的发生、发展和变化是有规律的。心理现象中，心理过程和个性心理这两个方面并不是孤立的，而是有着密切联系的。没有心理过程，个性心理就无从形成；而个性意识倾向和个性心理特征又制约着心理过程，并在心理过程中表现出来。所以,心理过程和个性心理是同一现象的两个不同方面。要了解人的心理现象,必须对这两个方面进行研究,要了解人的心理全貌,则必须将这两个方面结合起来加以考察。

四、消费者心理

消费者心理是指消费者在购买、使用和消耗商品过程中的一系列心理活动。

就个体而言,消费者作为人群的一分子,必然具有人类的某些共有特性,比如,有思想、感情、欲望、喜怒哀乐、兴趣爱好、性格气质、价值观念、思维方式等。所有这些特性构成了人的心理,即心理活动或心理现象。**心理活动**是人脑对客观事物或外部刺激的反映活动,是人脑所具有的特殊功能和复杂的活动方式,它处于内在的隐蔽状态,不具有可直接观察的形态。但这种心理活动可以支配人的行为,决定人们做什么、不做什么以及怎样做。

同样,人作为消费者在消费活动中的各种行为也无一不受心理活动的支配。比如,是否购买某种商品,购买哪种品牌、款式,何时、何地购买,采用何种购买方式以及怎样使用等。其中每一个环节、步骤都需要消费者作出相应的心理反应,进行分析、比较、选择和判断。所以,消费者的消费行为总是在一定心理活动支配下进行的,这种在消费过程中发生的心理即为消费心理,或称消费者心理。

从人类的经济活动的发展进程可知,人类的交换行为是随着社会生产力发展水平的不断提高而日益复杂的。现在,在较高发展水平的商品经济社会中,消费者在消费生活中的行为活动,主要是通过从社会总产品中分配到的那部分由个人支配的货币收入,在市场上购买商品或劳务,并消耗其使用价值后得以实现的。因此,消费者的心理活动是消费者在购买、使用以及消耗商品或劳务的过程中反映出来的心理态势。而在社会范围内,消费者的购买、使用和消耗行为的总和,就构成了消费者心理活动的社会总体消费行为。在一定时期内,社会总体消费行为又影响并制约着消费者个体的心理变化趋向及发展趋势。

消费者的消费行为不仅表现在购买、使用及消耗各种物质产品方面,同时也表现为对精神文化等非物质产品的需要与追求。随着生产水平的不断提高、消费内容的日趋多样化,物质产品与非物质产品的消费在总消费中所占的比重也将出现较大的变化,其趋向与社会总体消费环境的变化趋向是一致的。

研究和了解消费者行为,是市场营销成功的基础。营销人员通过了解购买者如何经历引起需要、寻找信息、评价行为、决定购买和买后行为的全过程,就可以获得许多有助于满足消费者需要的有用线索;通过了解购买过程的各种参与者及其对购买行为的影响,就可以为其目标市场设计有效的市场营销计划。

 任务项目2

消费心理无处不在：你是"月光"族么？

现代年轻人是"月光"族,"名牌粉丝"和"购物太太"屡见不鲜。如果生活比较空虚,购物可能会成为一种行为模式而不是必要的消费行为;如果压力很大,购物也许是宣泄压力的选择,买了喜欢的东西容易体会到幸福感;当然也可能是商场打折,热烈的购物场面刺激着消费者的购物欲。借着圣诞节和年终的商机，各大商场充斥着"满就送"、"满就减"的促销广告。

　　思考：应该研究消费者心理的哪些内容？

消费者心理的研究对象

　　对消费者心理进行研究，是以消费者在消费活动中的心理和行为现象作为分析对象的。消费者心理与行为作为一种客观存在的社会现象和经济现象，如同其他事物一样，有其特有的活动方式和内在运行规律。对这一现象进行专门研究，目的在于发现和掌握消费者在消费活动中的心理与行为特点以及规律性，以便适应、引导、改善和优化消费行为。具体来说，消费心理的研究对象包括以下内容。

> ● 消费者心理研究内容 ⎧ 认识、情绪和意志过程
> ⎨ 消费心理普遍倾向
> ⎩ 消费者的需求动态
>
> ● 消费者个性对心理的影响：消费者气质、性格上的差异、消费者对商品的评估能力、时令商品、新潮商品、商品广告、销售方式和销售环境等
>
> ● 消费心理与市场营销存在着双向关系

一、研究消费者消费行为中的心理过程和心理状态

　　消费者在消费行为中的心理过程和心理状态是一个发生、发展和完成的过程。这一过程人人都有，是消费者心理现象的共性。心理过程和心理状态的作用，是激活消费者的目标导向和系统导向，使他们采取某些行为或回避某些行为。对心理过程和心理状态的研究，包括三个方面的具体内容。

　　（1）消费者对商品或劳务的认识过程、情绪过程和意志过程，以及三个过程的融合交汇与统一。

　　（2）消费者心理活动的普遍倾向。比如普遍存在的追求价廉物美、求实从众、求名争胜、求新趋时、求奇立异等心理倾向，以及这些心理倾向的表现范围、时空、程度和心理机制等。

　　（3）消费者的需求动态及消费心理变化趋势。比如消费者的需求发展模式是直线上升还是波浪式发展。在从温饱走向小康的过程中，消费者对商品的款式、质量、商标、功能的要求和心理愿望发生了哪些变化等。

二、研究消费者个性心理特征对购买行为的影响和制约作用

　　消费者的心理过程和心理状态能体现出他们的个性心理特征，而个性心理特征又反过

来影响和制约消费者的消费行为表现。比如,有的消费者能对商品从社会价值、经济价值、心理价值等方面作出比较全面的评估,而有的消费者只能对商品作一些表层的评论;有的消费者面对众多的商品,能够果断地作出买或不买的决定,而有的消费者在琳琅满目的商品海洋里,则表现得犹豫不决。这说明消费者心理现象存在着明显的差别性。研究消费者个性心理特征对消费行为的影响和制约作用,有三个方面的具体内容。

（1）消费者气质、性格上的差异。根据这些差异,将他们划分为具有某些购买心理特征的群体。比如胆汁质、多血质、黏液质、抑郁质等气质特征的消费者,在购买行为中会表现出不同的心理活动特点。

（2）消费者对商品的评估能力。比如,消费者对商品是深涉还是浅涉,男女性消费者对商品进行评估的标准有何差别,少儿、青年、中年和老年消费者对商品的评估能力各有什么特点等。

（3）时令商品、新潮商品、商品广告、销售方式和销售环境对消费者心理的影响。比如,质量可靠的产品为何受到客户的信赖,新颖趋时的商品如何引起消费者的兴趣,物美价廉的商品如何受到人们的青睐,以及引人入胜的广告如何激发消费者的购买欲望等。

三、研究消费心理与市场营销的双向关系

不同的消费品市场以不同的消费者群体为对象,不同的消费者群体对消费品市场也有不同的心理要求。企业的营销策略会影响消费心理的产生与发展;反过来,不同的消费心理特点和心理趋向也对市场营销提出了特定的要求。因此,消费心理与市场营销存在着双向关系。成功的市场营销活动是能够适应消费心理要求和购买动机的营销,是能够引导消费心理而开展有效促销活动的营销,其研究内容具体包括以下几点。

（1）影响消费心理的各种社会因素和自然因素。比如,收入水平和消费水平对购买序列和消费结构的影响;社会风气和风俗习惯对消费观念和消费流行的影响;文化程度和职业特点对购买方式和购买选择的影响;性别、年龄、气候和地域对购买决策和购买心理的影响等。

（2）产品设计如何适应消费心理。比如,产品结构设计是否符合人体工程学的要求,产品功能设计是否符合消费者的生理要求,产品包装装潢设计是否适应消费者的重点要求,以及新产品如何适应消费者求廉的心理要求等。

（3）从心理学的角度开展企业营销中的公共关系活动。比如,对业务员、营业员和服务员进行心理训练,以提高企业在顾客中的形象和声誉;改善购物环境、提高服务质量,以吸引更多的顾客成为回头客;对消费者的心理作预测分析,以便制定灵活的营销策略等。

综上所述,消费者的心理和行为现象的表现形式很多,涉及消费者个人心理特征、行为方式、群体心理与行为、企业市场营销、社会文化环境等方面和领域。

任务项目3

消费心理特征：如何打动消费者？

图 1.1 为某酒吧门口的奇异广告,它吸引了路人回头观看。

图 1.1　某酒吧门口的奇异广告

思考：分析广告内容，思考为什么广告有回头率，说明了消费者的哪些行为特点。

 **相关知识点**

消费者心理与行为的特点

随着对消费者心理认识的深入和发展，有关消费者心理与行为的研究，在理论上不断地深入与丰富，研究方法和手段也日趋成熟。作为现代经济与管理科学的一个重要组成部分，对这一领域的研究也越来越重要。消费者心理与行为的特点体现在以下几个方面。

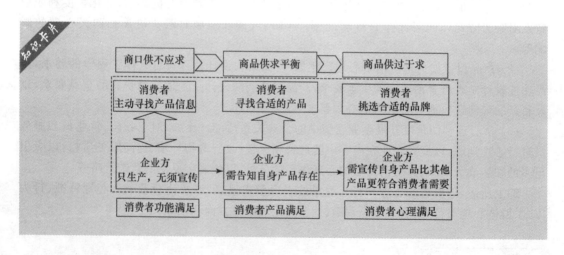

一、消费者心理与行为的特点概述

消费者心理与行为具有如下特点。

1. 目的性

消费者心理与行为的目的性，表现为消费者以满足自己的需要、实现消费动机、得到期望的消费体验等方面。比如消费者购买食品，或许由于饥饿，或许由于对新味食品的好奇，或许由于他人的说服与广告宣传等。比如,消费者购买食品的目的是为了平衡自己的饥饿感,或满足自己对新味的好奇心,或证实他人的说法与广告宣传内容等。

2. 自觉性

与生活中其他行为相比,消费行为的一个显著特点是自觉性。任何消费行为的进行都是在人们自觉地支付了相应数量的货币之后才能实现,这就使得消费行为的目的性变得非常明确。在需要与动机的推动下,消费者会自觉地搜集商品信息,作出购买决定,自觉自愿地支付货币。受个人经济能力的支配和约束,消费行为还必须在个人经济能力许可的范围内进行。

不管消费者本人形成了多么美好的消费愿望,有多么强烈的消费需要,实现或满足这些愿望都必须在消费者具备了相应的经济条件后才能进行,超过了这个经济条件所允许的范围,消费需要或消费愿望就要被约束。所以人们会自觉地以个人的经济条件作为前提,控制那些难以实现的愿望。

3. 复杂性

心理活动本身的复杂性决定了消费者心理与行为也具有复杂性与多样性。比如每个人在需要和动机方面存在着较大的差异。同样一件商品,有的人是出于价格方面的原因而购买,而另外的人是出于形象方面的原因而购买,还有的人则是出于质量方面的原因而购买。面对多样的营销环境,消费者个体的表现和反应也各不相同。他们可以表现出积极的、消极的、被动的或反感的态度。在消费者的意识中,有时表现为清晰的意识状态,有时表现为潜意识或无意识的模糊状态等。这些都是消费者心理与行为的复杂性的表现。

4. 关联性

当消费者为满足一种消费需求而实现一种消费动机时,为了使其更满意,需要对另外一些商品产生消费需要和消费动机,这就是消费心理行为的关联性。这种关联性对企业进行产品的开发提出了系列化、成套化等方面的要求,也为企业提供了更多的发展机会。比如消费者对住房的需求产生了对家具的关联的需求。

5. 变化性

消费者心理与行为会随着社会、经济、文化的发展变化而不断地改变,比如社会环境的变化会引起消费者心理和行为的变化。当消费者所处的社会环境改变时,所接受的相关的信息是不同的,这就会导致消费者对商品的款式、风格以及对商品的喜好和态度发生改变。

二、消费者心理与行为研究的特点

对消费者心理与行为的研究有如下特点。

1. 综合性

现实生活中,消费者的心理和行为现象具有复杂性、变化性的特点,其影响因素也多种多样。在研究消费者的心理与行为时,如果仅从单一的角度、运用单一学科的理论与知识进行研究,很难完整准确地把握其特点和规律。这一领域的研究涉及了生理学、心理学、社会心理学、社会学、信息科学、经济学、市场学、广告学等诸多学科的研究成果,并借鉴其研究方法。所以,对消费者心理与行为的研究,具有明显的多元化的特征,是一门在多学科交叉的基础上形成的综合性、边缘性的学科。

2. 经济性

消费者心理与行为主要是从微观经济领域，即企业市场营销活动的角度出发，把人作为市场活动的主要参与者和消费活动的主体进行研究，其目的在于从消费者心理和行为的层面上，揭示市场运动过程中消费活动的规律性，并引导和促进企业生产经营活动的顺利进行。所以消费者心理与行为在基本性质上属于经济科学的范畴，它是经济科学的有机组成部分。

3. 发展性

消费者心理与行为作为一门独立的学科形成于 20 世纪 60 年代，虽然有了很大的发展，但在体系设置、理论构造、内容方法等方面尚有许多有待完善的地方，特别是对消费者心理与行为规律的揭示还需进一步深入。新的知识、新的理论和新的观点的运用，也使得对消费者心理与行为的研究内容和研究范围不断地发展。另外，由于消费需求正朝着多样化、复杂化和个性化发展这一趋势，消费者的心理倾向和行为方式也在不断地改变，这使得对消费者心理与行为的研究，也是不断发展和不断探索的。

4. 应用性

消费者心理与行为的研究目的在于，帮助商品的生产者和经营者掌握消费者心理与行为的特点和一般规律，运用所掌握的规律预测消费需求变化及趋势，激发消费者的购买欲望，有效地实现交换，并在满足消费者需求的基础上提高企业的经济效益。这一领域的研究为商品的生产者和经营者提供实际的指导和帮助，这便是应用性之所在。

三、消费者购买行为的类型

消费者购买行为根据消费者卷入程度（卷入程度是指消费者购买时的谨慎程度以及在购买过程中愿意花费多少时间和精力去收集信息，选择判断，有多少人参与购买过程）和商品差异的组合，主要有 4 种消费者购买类型。

1. 复杂型购买

复杂型购买发生在消费者初次购买那些卷入程度高、品牌差异大的商品的场合。多数消费者对这类商品知之甚少，但因其价格昂贵，属于耐用消费品，故购买前的选择决策非常谨慎，要花费时间大量收集信息，多方位挑选比较。这种购买决策最为复杂。

2. 和谐型购买

和谐型购买发生在消费者购买卷入程度高，但品牌差异较小的商品时。这种购买因不同品牌的商品价格在同一档次内，质量功能差别不大，故不需要收集很多的信息或进行评价，卷入程度高主要因商品价格较高或不经常购买引起。决策重点在买不买，买什么档次的，而不在于买什么品牌的，且更关心能否得到价格优惠，购买时间和地点是否方便等方面。

3. 多变型购买

多变型购买发生在品牌差别大，卷入程度低的商品上。消费者经常变换所购商品的品牌，主要是出于尝试一下新东西的随意性，避免单调乏味。消费者在购买这类商品前，一般并不主动收集有关信息，只是通过广告等宣传媒体被动接受信息，对商品的品评也是发生在购买之后，而且即便对所购买商品的感觉不错，下次购买时仍可能更换品牌。

4．习惯型购买

习惯型购买发生在消费者购买卷入程度低，品牌差异小的商品时，是一种多次购买后形成的习惯性反应行为。消费者经常购买某种固定的品牌，并非出于忠诚，而是出于习惯。当货架上没有这种商品时，消费者会毫不犹豫地购买另一种看上去十分相似的产品。

显然对于不同的消费者购买行为类型，企业的机会不同，促销的重点也不同。同时，企业在设计和导入 CIS（Corporate Indentity System，企业识别系统），尤其是 VIS（Visiual Indentity System，视觉识别系统）时，必然也要以不同消费者购买行为的类型为基础，使 VIS 起到识别企业产品和诱导购买的作用。

四、影响消费者购买决策的因素

影响消费者购买决策的因素可以分为几大类。

1．环境因素

比如，文化环境、社会环境和经济环境。

2．刺激因素

比如，商品的价格、质量、性能、款式、服务、广告、购买方便与否等。

3．消费者个人及心理因素

个人因素包括年龄、性别、职业、经济状况、个性等因素。其中消费者的心理因素因为不能直接看到，又被称作黑箱。而刺激因素则由企业出发，然后被输入消费者黑箱，经过消费者的心理活动过程，变为有关购买的决策输出。心理因素包括以下几点。

（1）动机。任何购买活动总是受一定的动机支配，这种来自于消费者内部的动力反映了消费者在生理上、心理上和感情上的需要。

（2）感觉与知觉。两个具有同样动机的消费者，会因为各自的感觉和知觉不同而作出不同的购买决策。

（3）学习。学习是一种由经验引起的个人行为相对持久变化的心理过程，是消费者通过使用、练习或观察等实践，逐步获得和积累经验，并根据经验调整购买行为的过程。企业应创造条件，帮助消费者完成学习过程。

（4）信念与态度。消费者在购买和使用商品的过程中形成了信念和态度，这些又反过来影响其未来的购买行为。企业最好改变自己的产品以迎合消费者已有的态度，而不是去试图改变消费者的态度。

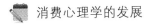 消费心理学的发展

一、消费心理学是心理学的一个分支

普通心理学是研究人的心理现象的一般规律，揭示人的心理活动的发生、发展的规律性的一门科学。消费心理学作为一个独立的学科，是近代才发展起来的，它是普通心理学的一个分支。

普通心理学综合地研究社会实践中人的心理现象的共同规律，对人类的各种意识状态作了概括的描述和解释。从 19 世纪末 20 世纪初开始，许多心理学家运用普通心理学的一般原理去研究人类在各个生活领域中特有的心理规律，从而派生出了若干心理学的

分支。从不同的角度可以将这些心理学的分支划分为不同的种类。比如按研究对象的不同，可以分为成人心理学、青年心理学、儿童心理学、男性心理学、妇女心理学等；按研究领域可分为社会心理学、教育心理学、医疗心理学、运动心理学、管理心理学、广告心理学、消费心理学等。消费心理学研究人们的消费心理问题，是心理学原理的一个重要的应用领域。

二、消费心理学的产生和发展

消费心理学的产生和发展经历了三个阶段。

（一）早期的萌芽阶段

从19世纪末到20世纪30年代，有关消费心理与行为的理论开始出现，并得到了初步的发展。工业革命之后，市场上商品供过于求，企业之间竞争加剧，为了争夺市场，为数不少的企业生产经营者开始注重商品的推销和刺激需求，推销术和广告术也开始应用。

1895年，美国明尼苏达大学的盖尔首先采用问卷调查法，研究消费者对商品广告的看法，以及广告所介绍的产品的态度。他采用的方法到现在还有很多商家采用。

1899年，美国经济学家威布伦在《悠闲者阶层的理论》一书中，提及消费心理及其社会含义。他认为，过度消费是人们想炫耀自己，想显示自己的钱财与品味。过度消费是人们在炫耀自己的心理支配下激发的。比如，一个人买了一件新衣服，如果是几十块钱，他（尤其是男士）总是不愿别人问及他的衣服价格。如果是一万块的衣服，他可能很希望别人注意到他的衣服。

这一时期对于消费心理学的研究还处在起步阶段，重点只是企业如何促进产品销售，大都与广告有关，加上只局限于理论研究，没有具体应用到市场上去，因此，没有引起足够的重视。

（二）中期的应用发展阶段

20世纪30—60年代，消费行为研究开始被广泛地应用于市场营销活动中。西方资本主义这个时候发生了一场旷日持久的经济危机，生产严重过剩，商品销售十分困难，大量的商品积压，生产厂家甚至把商品一件件地销毁。此时，"刺激消费"就被提出来。与此同时，企业开始重视市场调研，哪种消费品饱和，哪种还缺少，先做调查再生产；预测消费趋势，刺激消费需求。市场营销学、广告学、管理学和推销学在市场营销活动中得到广泛的运用，并取得了显著的成效。这些理论极大地丰富了消费心理学的研究，从而使它从别的学科中分离出来，成为一门独立的学科。

第二次世界大战后，百废待兴，人们不敢多消费，没有安全感。人们对消费者的心理现象及其活动规律就更感兴趣，特别是由于心理学在各个领域的应用都取得了极大的发展，使得企业家们强烈希望在他们这一领域也能极大地发展心理学为他们服务。于是，更多的心理学家、经济学家和社会学家都转入到这一领域，提出了到现在为止还很有价值的理论，比如1951年马斯洛的需要层次论；1953年，布朗的消费者对商标的倾向性研究；1957年，鲍恩的参照群体等。1960年，美国正式成立了"消费者心理学会"，其会员约400人。1969年，美国成立了"顾客协会"。从此消费心理学进入了发展与应用的时期。

（三）后期变革阶段

这一阶段从 20 世纪 70 年代到现在,主要表现在有关消费心理与行为的研究论文、报告和专著数量越来越多,质量越来越好,研究方法也越来越科学。随着心理学的发展,引进了计算机、经济数学、行为学、信息技术等。从 80 年代后,消费心理学随着社会经济的发展而不断深化,门类越来越多,现在已成为世界上市场营销与学校财经专业学生的一门必修课,更成为一个立志经商的商人的终身学业。

三、我国研究消费者心理与行为的历史

在我国长期的商业活动历史中,商业经营者发展了许多利用消费者心理规律的经营手段,这些手段对于提高经营业绩有很大的作用,比如"以诚相待"、"童叟无欺"等。这些商业精神也是值得现代社会继承和发扬的。但是,长期以来商业规则的建立进程缓慢,商业欺诈行为、消费者上当受骗的情况也不少。

从科学系统的角度来考察,研究消费者心理与行为的规律始于 20 世纪初。将其发展成一门学科,系统地对消费者的心理与行为进行研究是在 20 世纪 80 年代。在此之前,我国在该领域的研究非常薄弱,很少有人从心理的角度研究消费和消费者,甚至有一些基本的术语在当时也是鲜为人知的,这种现象是由于历史原因造成的。一方面,长期以来人们受极左思想的束缚,把个人消费与资产阶级生活方式等同起来,在理论上也被视为禁区,这样就造成了研究人员的匮乏;另一方面,在高度集中的计划经济体制下,企业没有直接面对市场和消费者,也没有关注和研究消费者心理与行为,加之商品短缺、消费水平低下、消费结构畸形、消费观念陈旧、消费方式单一等,使得消费心理与行为发育的成熟度明显不足。这在客观上阻碍了我国相关理论的研究和实际应用。

改革开放以来,随着社会主义市场经济体制的建立和完善,我国的消费品市场迅速发展,以消费者为主体的买方市场的格局逐步形成。与此同时,消费者在消费水平、结构、观念和方式上也发生了巨大的变化,消费者在越来越丰富的商品市场上挑选商品的余地大大增加,逐渐形成了个性化、多样化和选择式消费的特点。近年来,消费者自身的主体意识和成熟程度也远远高于以往的任何时期。在这样的背景下,消费者成为企业生存与发展的决定性因素。企业为了获取更多的经济利益,在市场上表现为对消费者的争夺。研究消费者的心理与行为便成为企业经营管理工作中极其重要的内容,也是理论界探讨的重要课题。

20 世纪 80 年代中期,我国开始系统地、大量地从国外引进有关消费者心理与行为的研究成果,这些都对我国研究消费者心理与行为的质量和研究水平有着很大的促进作用。随着研究工作的深入,在引进国外研究方法和经验的同时,还应针对我国市场的特点,发展出适合我国实际情况的消费心理与行为的研究模式和方法。比如由于我国的城乡差别较大,在选择研究样本时应该结合这个国情;又如我国实行独生子女政策,并由此形成特殊的消费群体,这一群体不仅形成了自身的消费风格,还影响了相关人群的消费心理和行为等。因此,在适应新的环境过程中,还需要不断地建立和完善该学科的基本理论,并充实对经济发展有指导价值的内容。

任务项目4

消费心理不可忽视：看看房地产营销商是如何成功的

国内一位知名房地产营销策划人士在接受记者专访时认为，要想成为一名出色的经理人，除了需要丰富的工作经验和专业知识外，还必须把握和做到"察、思、奇、杂、简、德、勤、信"八字要领。

一、"察"，即细察

荀子说："知道，察也。"讲的就是明白道理，掌握情况。任何一个房地产项目的营销策划，首先要做的便是踏勘、访谈和调查，尽可能摸清真实情况，掌握第一手资料。除了依靠专人调查外，自己还要身临现场，细查、深究。因为调查是一切营销策划的基础和源头，策划成功与否，取决于掌握的情况准不准、全不全、深不深。

二、"思"，即多思

孔子说："三思而后行。"做好一个项目的策划，不仅要三思，甚至要十思、百思、日思、夜思、冥思、苦思。事实证明，许多金点子、新创意，都是在掌握大量第一手信息情报后，在勤思中迸发出灵感火花的。思要全神贯注，不分心。作为职业经理人，还要善于纳集体之思，强调团队精神，把每个人的积极性都调动起来，以达到创新。

三、"奇"，即出奇

商场如战场，战场讲究出奇制胜。营销策划要遵循市场法则，因情循理，这便是"正"。但正不避奇，正中出奇，是制胜的法宝。奇就是独创、变化、标新和寻求差异化。事实上，出奇也是职业经理人个性的发挥和张扬。只有依据不同项目特点，扬长避短，度身制衣，将个性发挥到极致，才能尽显独特的风貌。

古人曾说："奇正之变，不可胜尝也。""善于奇者，无穷如天地，不竭如江河。"由于市场是动态的，可以随时变化，因此，任何时点的营销策划难题都是有办法克服的。

四、"杂"，即杂糅

房地产营销策划要避免单一，讲究交融、贯通，做到边界渗透、资源整合。具体而言，要做好市场调查、行业背景分析、区域环境分析，讲究消费模式，洞悉消费心理，注重营销策略和企业发展战略。做功能定位，要考虑建筑形态、市政规划和环境风水；做效应分析，要运用数学、工程学和会计学的知识；做企业形象设计，要运用经济学、社会学、心理学和美学知识；做文本设计，要运用图文、电脑和多媒体方面的知识；即使做策划方案，也要避免严肃、艰涩和机械的文风，用语清新活泼、旁征博引。房地产营销策划经理人除了精通专业之外，还要用各种知识武装自己，以便融会贯通、灵活应用、挥洒自如。

五、"简"，即求简

效率就是效益，而效率取决于实施过程是否简便、快捷。显然，在追求效益的市场环境下，房地产营销策划方案必须简洁、明了，比如对市场前景、行业背景、竞争对手、功能定位、形态布局、营销策划、整合推广、物业管理等都要有清晰的结论、量化的依据，使人一看就明了，就可以操作。这就要求营销策划的职业经理人，要有超强的理解感悟能力，追求简约、高效的工作作风。

六、"德",即道德、操守

品德是衡量一个人的道德规范标准,人品的好坏,决定着一个人在这个行业的寿命。职业经理人既要有人品,还要有良好的操守。做房地产营销策划,必须遵循这个行业的职业道德,操守要好。市场经济是法制经济和道德经济,职业经理人的道德操守和职业道德是安身立命之本,也是个人的无形资产和品牌,应加强维护,使之增值。

七、"勤",即勤奋、专业

随着城市化进程的加快,"大鱼吃小鱼"的时代已不复存在,取而代之的是"快鱼吃慢鱼"。作为房地产营销策划经理人必须适应市场变化需求,做到五勤,即手勤、腿勤、眼勤、耳勤、嘴勤,以提升专业水平,降低市场风险。

八、"信",即诚信

讲究诚信、信誉,既是对营销策划的要求,也是做人的基本准则。营销策划经理人应以高度责任心对待所负责的项目,不可敷衍塞责、欺世盗名、形而上学、闭门造车,更不可"捣糨糊"。虽然这会给经理人带来更大的压力,但也会因尽责而实现价值感到心安理得,很有成就感,同时还会为自己赢得良好的信誉。

思考:从他的成功经验中学到了什么?分析这些成功经验和消费心理的关联。

相关知识点

📝 研究消费者心理与行为的意义

从消费心理学产生和发展的过程中可以看到,对消费者心理与行为的研究是商品经济发展的产物,这一学科具有明显的社会性和科学性。了解消费者的消费心理和行为能够帮助企业的经营管理者进行经营决策,为营销研究人员提供分析消费者的基础;帮助法规制定者制定有关产品和服务购买及销售的法律规章等。所以,加强这个领域的研究,有助于实现消费者的消费需求;有助于加强企业的经营管理,并提高服务水平;有助于促进对外贸易的发展。具体来说,对消费者心理与行为的研究有以下几个方面的意义。

一、它是企业营销管理的基础

菲利普·科特勒把市场营销定义为:市场营销是个人和集体通过创造并同他人交换产品和价值以满足需求和欲望的一种社会和管理过程。从以上的定义可以看出了解消费者的重要性。首先,企业应努力满足目标市场、目标顾客的需求;其次,营销涉及对资源从一方转移到另一方的交换过程。在交换过程中,企业从消费者那里获得货币或其他资源,而消费者则从企业那里获得产品、服务或其他有价值的资源。企业为了使交换成功,就必须对影响消费者需求的因素有所了解。

"顾客至上"的原则是营销建立的核心基础。依据这一观点,消费者应成为营销工作的中心,即从消费者的角度看,营销就是全部交易。由于社会的运转越来越依赖于信息技术,对有关消费者需求信息的关注越来越重要。企业只有按市场的需求来生产适销对路、符合消费潮流、适应消费者消费水平的商品,才能在激烈的市场竞争中占据优势,取得良好的经济效益。

二、有助于提高宏观经济决策水平，促进国民经济的发展

消费者心理与行为的变化会直接引起市场供求状况的改变，从而对国民经济产生影响。它不仅影响着市场上的商品流通和货币流通的规模、速度及储备状况，而且对生产规模、生产周期、产品结构、产业结构、劳动就业、对外贸易、财政金融等各个方面带来影响。消费者的心理与行为也是影响我国改革进程和国家宏观调控效果的重要因素。为了保证国民经济稳定、协调发展，国家在进行宏观调控时，必须高度重视对消费者心理与行为的研究，尤其在与消费者利益密切相关的税收、利率等的调整方面，应该预先对消费者的心理承受能力、心理预期倾向以及行为反应的方式、强度和持续时间等进行系统的调查和准确的分析预测，根据预测结果制订和调整决策方案。

在消费者心理与宏观政策的制定方面，还应该对消费者的不当行为进行研究。研究消费者不当的心理与行为，具体包括错用产品、从事可能增加他们财产风险以及威胁其生命安全的行为。通过了解造成消费者心理与行为不当的原因，比如人们冲动购买和消费非法物品的原因，来使政策的制定者们最大可能地制定和贯彻政策和法律法规来造福社会。

三、有助于消费者提高自身素质，科学地进行个人的消费决策

消费是以消费者为主体进行的经济活动，消费活动的效果如何，不仅受社会经济发展水平、市场供求状况及企业经营活动的影响，而且更多地取决于消费者个人的决策水平和行为方式。消费者的决策水平和行为方式又与消费者自身的心理素质有着直接的内在联系。消费者的个性特点、兴趣爱好、认知方法、价值观念等，都会在不同程度上对消费决策的内容和行为方式产生影响，进而影响消费活动的效果以及消费者的生活质量。在现实生活中，消费者由于商品知识的不足、认知水平的偏差、消费观念的陈旧、信息筛选能力低下等原因，造成决策失误、行动盲目、效果不佳，甚至利益受到损害的现象屡见不鲜。因此，从消费者的角度而言，加强对消费者心理与行为的研究是十分必要的。通过传播和普及有关消费者心理与行为的理论知识，可以帮助消费者正确认识自身的心理特点和行为规律，以增强广大消费者的心理素质，提高他们的消费决策水平，使其消费行为更加合理。

面对丰富多彩的商品世界、变化多端的流行时尚、外来生活方式的冲击，有一些不良的消费心理和行为现象也在部分消费者中间发生和蔓延，比如盲目模仿、攀比消费、挥霍消费等，反映出这部分消费者的素质。这就有必要加强对消费心理与行为的研究，分析这种消费心理与行为的成因，建立基本的消费标准与模式，一方面促使消费者自动纠正心理偏差，改善消费行为，实现个人消费的合理化；另一方面利用示范效应、群体动力效应等社会心理机制，影响各个消费者群，引导社会消费向文明、适度的方向发展。

四、有助于开拓国际市场，增强企业的国际竞争力

随着世界经济一体化和企业经营全球化进程的加快，尤其是我国加入 WTO 之后，越来越多的企业参与国际经济活动，加入国际市场的竞争。为了使企业的产品在国际市场上具有较强的竞争力，必须研究和了解不同国家、地区、民族的消费者在消费需求、习惯、偏好、道德观念、文化传统、风俗民情等方面的差异和特点，对世界消费潮流的动向和变化趋势进行分析预测，并在此基础上确定国际市场的营销策略，使产品在质量、性能、款式、包装、价格、

广告宣传等方面更符合东道国市场特定消费者的心理特点。只有这样,我国的产品才有可能在激烈的国际市场竞争中立于不败之地。因此,加强对消费者心理与行为的研究,对我国进一步开拓国际市场、增强国际竞争力具有十分重要的意义。

 课后练习

一、名词解释

消费　　消费者　　消费心理

二、简答题

1. 简述消费者行为学研究的内容。

2. 简要分析消费者行为学的发展历程。

3. 简述研究消费者行为学的意义。

4. 简述情绪对消费者行为的影响。

三、思考讨论题

1. 回想一下你的消费习惯和过程,讨论你的消费行为是否受到心理活动的影响。

2. 消费者的心理活动是否可以被感知和把握。

消费者心理反应初步探析

◎了解心理学的概念和研究对象

◎了解消费心理学的研究方法

◎体会心理活动在人类行为中的影响力

案例与思考

阅读以下经常会遇到的情况，分析心理在人们日常消费行为中的作用。

"古色古香，我喜欢"

有时候，消费者即使知道自己的需要和爱好，也不见得会据实相告，他们在不经意的瞬间，可能会作出与自己意愿完全相反的决定。在一次演讲盛会中，与会妇女有两间休息室可供选择。其中一间是舒适方便的现代化套房，色调柔和，给人静谧、休闲的感觉。另一间是古朴典雅的装饰，陈列着古色古香的家具，使用东方色彩的地毯和昂贵的壁纸。几乎所有的与会妇女，都不由自主地往现代化设备的房间走去，直到座无虚席之后，后来的人只好到另一间去等候。"两个房间之中，你喜欢哪间？"主持人问与会妇女。大家经过端详、比较之后，有84%的人表示喜欢那间古色古香的房间。

果真如此吗？其实当她们走进那间现代化套房时，她们的喜好已经一目了然。但为什么又如此回答呢？这是因为，人们在接受调查时，为了给对方留下一个良好的印象，往往隐瞒真正的喜好，而以合理的、有条理和有组织的方式回答。与会妇女的回答正是如此。你若信以为真，那就真的上当了。

选择牙膏牙刷的依据

大部分人都说自己刷牙是为了保护牙齿，清除牙缝中有腐蚀作用的细菌，这也成了牙刷制造商多年来经营的重要依据，强调牙刷的除菌功能。事实上，大量的消费者调查发现：大多数人每天只刷一次牙。从牙齿保健的观点来看，他们刷牙的时间是一天中最不适当的时候——早餐之前。昨晚留下的残渣经过一个漫长的夜晚，早已完成了腐蚀的恶作剧，而吃早饭又留下了新的残渣。刷牙的作用发挥了多少呢？

"奇怪"的心理

一家百货公司做了一个小小的恶作剧。他们把一种标价为"一角四分"的滞销产品改贴"二角九分"，结果销售量竟猛增了30%，竟然从人们的非理性行为中捞了一把。美国色彩研究中心在一项调查中，发给家庭主妇们3种不同包装的清洁剂，让她们试用，然后对3种清洁剂的性能作出判断。

试用之后，主妇们认为，黄色瓶装的清洁性能过强，往往会损伤衣物；蓝色瓶装的成分不足，洗过后有时还会留下污痕；底色为蓝色，略带黄色瓶装的得到一致好评。事实上，3种瓶装的清洁剂是完全一样的。

案例分析思路

心理是人在生活活动中对客观事物的反映活动，是生物进化到高级阶段时人脑的特殊功能。心理是心理活动的简称，也叫心理现象。在物种演化过程中，心理仅有感觉、知觉、思维萌芽和意识阶段。心理就其自身来说，是一个有组织的、整体的动力系统。心理是个人在现实生活中对客观事物的主动反映活动,是大脑的一种特殊反应功能。心理活动中带有个人的特点,故为主观活动。同时,心理活动所反映的是客观的事实,属于客观物质世界的一部分,又具有客观性。

任务项目1

心理活动会影响你的思维判断吗:图片测试

人们对客观事物的认识不是无动于衷的,总是根据事物能否满足自己需要而产生一定的态度,同时产生一种态度的体验,这就是情感过程。人们生活在现实环境中,每时每刻都受到社会、自然各种因素的影响。由于每个人的生活条件和生活经历不同,其心理活动必然具有各自的特点。

图2.1为有含义的图片,请观察并思考人们的心理活动。

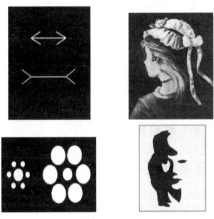

图2.1　有含义的图片

本章将诠释心理学的定义以及心理学的研究对象和心理学的主要任务;讨论心理学研究的基本原则和基本方法,以及心理学的主要研究领域、应用前景和重要意义。

相关知识点

📓 消费心理学的内涵和研究内容

知识卡片

消费者心理研究对象
- 消费者在购买行为中以某种形式表现出来的心理现象(个性心理);
- 消费行为中所反映出的一般心理规律(心理过程);
- 消费者心理发展、变化的一般趋势,对消费者行为中心理现象的研究,主要表现在消费品购买活动的售前、售中和售后服务中。

一、什么是心理学

心理学的英语词汇是"psychology"，它是由古希腊文字"psyche"和"logos"组成的。"psyche"的含义是"心灵"或"灵魂"，"logos"的含义是"解说"或"阐述"。把"psyche"和"logos"合起来即为"对心灵的解说"之意，它是心理学中最早的定义，但是这个定义并没有对心理学作出科学的解释。

1879 年，德国哲学家和心理学家冯特在莱比锡大学建立了世界上第一个心理学实验室，从此心理学从哲学中分化出来，成为一门独立的科学。随着心理学研究的深入，学者们逐渐对心理学作出了相对统一的定义：**心理学**是研究人的心理现象的科学，具体来说是研究人的行为和心理活动规律的科学。

二、消费心理学的研究对象

消费心理学的研究对象肯定是消费者的心理与行为，但除了消费活动之外，一切与消费活动有关的现象都包括其中。影响消费者心理活动及其购买行为的主要因素，比如社会环境、社会文化、社会经济、商品的质量与美观、商品销售的服务等，都可以纳入研究对象。其具体内容包括：

（1）消费者在购买行为中以某种形式表现出来的心理现象（个性心理）；

（2）消费行为中所反映出的一般心理规律（心理过程）；

（3）消费者心理发展、变化的一般趋势，对消费者行为中心理现象的研究，主要表现在消费品购买活动的售前、售中和售后服务中。

三、消费心理学研究的主要内容

心理活动对每个人来说都不陌生。我们每天醒着的时候，每时每刻都进行着心理活动，无论是我们意识到还是没有意识到。比如，我们每天享用的"色、香、味、音乐"，这里就包含了视觉、嗅觉、味觉、听觉以及心理愉悦的情绪体验，每天与他人交往的人际情感体验，每天处理问题的思维过程等。心理学就是研究人的心理活动如何发生、发展的规律，它包含了个体心理的发生、发展的规律，人类发展历史长河中心理是如何发生、发展的规律。

心理学家把人的心理活动划分为心理过程（包括认识过程、情绪、情感过程和意志过程）和个性心理（包含个性倾向和个性心理特征）。其实，各个心理过程都是密切联系、互相制约的。人的认识过程和意志过程总是伴随着一定的情绪、情感活动；人的情绪、情感、意志过程又是以认识过程为前提；情绪、情感和意志活动又促进了人的认识的发展和深入；心理过程是个性心理之源，反过来个性心理又制约着心理过程。

人的心理活动包括外显的行为和内隐的心理历程。外显的行为是可观察到的行为，内隐的心理历程是外部看不见的。比如说，人有各种不同的"笑"：微笑，大笑，甜蜜的笑，苦涩的笑，开朗的笑，奸诈的笑，自信的笑，卑微的笑，神秘的笑……各种"笑"都是内心活动的外部表现。心理学通过观察人的外部行为加以分析、研究影响心理的各种因素及其之间的相互联系，从而揭示人的心理活动规律，用以科学地解释、预测和调控心理行为的发生和发展，最终为人类服务。心理学研究的范围很广，除人的外显的行为和内隐的心理历程外，还包括部分生理过程，比如神经系统，尤其是脑机制和内分泌。

消费心理学是研究消费者购买、使用商品和劳务的行为规律的商业心理学主要的研究领域之一。这里涉及商品和消费者两个方面。与前者有关的研究包括广告、商品特点、市场营销方法等；与后者有关的研究包括消费者的态度、情感、爱好及决策过程等。消费心理学是一个跨学科的研究领域，与社会心理学、社会学和经济学有密切联系。

消费心理学是从广告心理学发展而来的。早期的消费研究主要是从消费者收集信息，以便制作更有效的广告。后来，重点转向研究产品设计前后消费者的意见和态度。这样一来，消费心理学逐渐成为一门独立的学科。到 1960 年，美国心理学会正式组建了消费心理学分支。中国的消费心理学研究还处在初期发展阶段。近年来，随着商品经济的发展，这方面的研究日益增多。

自从消费心理学成为一门独立学科以来，研究重点有所改变，从着重研究消费者购买活动转向于更一般、更全面地研究消费者。消费行为的决策观就是一例。这种观点认为，购买只是购买过程的一个阶段，消费心理学还应当研究购买前后的事件。

要全面研究消费者的行为，研究影响这个行为的一系列社会、个人和体制变量，不仅要研究说服消费者购买已有产品的问题，还要研究消费者需求及消费者福利等问题，进一步还要研究消费行为的两个方面，即社会对消费者的责任和消费者对社会的责任，前者包括卫生和文化娱乐系统的责任，后者包括消费者保护公共卫生、防止污染的责任。

本书中消费心理的研究包括以下几个方面。

（1）影响消费者购买行为的内在条件，包括消费者的心理活动过程、消费者的个性心理特征、消费者购买过程中的心理活动和影响消费者行为的心理因素。

（2）影响消费者心理及行为的外部条件，包括社会环境对消费心理的影响、消费者群体对消费心理的影响、消费态势对消费心理的影响、商品因素对消费心理的影响、购物环境对消费心理的影响和营销沟通对消费心理的影响。

尝试如下实验，看看你的反应。

心理学幻觉实验：大家说说都看到了什么

图 2.2 为心理学幻觉实验图。

1. 注视图中心 4 个小黑点 15～30 秒钟！（不要看整个图片，而是只看那中间的 4 个点）

2. 然后朝自己身边的墙壁看。（白色的墙或白色的背景）

3. 看的同时快速地眨几下眼。

图 2.2　心理学幻觉实验图

消费心理研究方法：实验法研究案例阅读

实验研究发现：打手机引起头痛是想象出来的。挪威最近公布的一项研究结果表明，受到手机磁场辐射并不会导致头痛或血压升高。有些人认为自己使用手机后出现头痛症状，是因为他们想象会发生这种情况。

挪威科技大学的奥夫特达尔博士及其同事测试了 17 名"在使用手机期间或持续使用手机 15 分钟至 30 分钟后"经常感觉头痛的人。受测试者要在受到手机磁场辐射和虚拟手机磁场辐射这两种情况下接受测试，他们并不知道哪次有辐射哪次没有。每次测试时间为 30 分钟，总共进行了 65 组这样的测试。

受测试者说他们觉得头痛和不适感加剧的次数占所有测试次数的 68％。感受这些症状的程度与测试顺序无关。

研究人员发现，真正受到辐射与受测试者所说的症状严重程度之间没有任何数据上的重大关联，而且手机辐射对受测试者的心率和血压变化没有任何作用。

研究小组因此得出结论，对受测试者所说的头痛和不适感的最可能解释是，"这些症状之所以出现，是因为他们有这方面的负面想法"。

思考：研究消费者心理需要哪些方法？

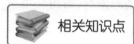

 消费心理学的研究方法

- **定量方法**：
  - 1. 行为观察法
    - （1）直接观察法
    - （2）仪器观察法
    - （3）实际痕迹测量法
  - 2. 实验法
    - （1）实验室实验法
    - （2）自然实验法
  - 3. 测量法（问卷法）
- **定性研究方法**
  - 1. 访谈法
  - 2. 投射法
- **角色扮演法**
- **造句测验法**

一、消费心理学的研究方法

（一）定量方法

定量方法也就是实证主义研究方法，即通过一定的方法搜集数据，对数据进行统计分析，进而发现消费规律的一种方法。用定量法收集数据主要有 3 种方法：行为观察法、实验法和测量法（问卷）。

1. 行为观察法

观察是一种心理现象，它是指有目的的、有意识的长时期的一种知觉活动。**观察法**是指有目的、有计划地对某一事物进行全面、深入、细致的观察，从而揭示这种事物本质和规律的一种方法。对于消费心理学而言，观察法就是有目的、有计划地观察被试的言语、行动、表情等行为，以研究消费者心理活动的规律。比如，选择超市，观察某一时段的客流量、主通道的客流量或者某种产品该时段的销售量，时间把握在高峰期、中峰期、低谷期等时段进行，确保观之有效。

观察法包括直接观察（也就是研究者直接进行观察）、仪器观察、实际痕迹测量等方法。观察法的特点是在一种日常的、自然状态的情况下对市场进行调查，它可以不与被调查对象进行口头或书面的沟通。访谈调查、问卷调查、电话访谈、核心小组访谈等市场调查方法都强调被调查对象的配合和语言上的反馈。而观察法强调的是在不打扰被调查对象的前提下，调查人员对被调查对象的行为进行系统的观察和记录。

（1）直接观察法。研究人员进入现场以视和听为主对消费者的行为进行观察，此时消费者并未意识到，研究者只是观察基本情况并记录备案。比如，超级市场的经营者可以通过公开的观察来记录顾客流量，统计客流规律和商店购买人次，重新设计商品的陈列和布局。在美国超级市场的入口处，通常陈列着厂家推销的新产品或者商店要推销的季节性商品。顾客走进商店时，多半会驻足观看甚至选购这些商品。市场调查人员可以利用这一机会，观察和收集消费者对新产品或季节性产品的注意力以及购买情况的资料。直接观察法又可以分为公开观察和隐蔽观察两种方法。调查人员在调查地点的公开观察称作**公开观察**，即被调查者意识到有人在观察自己的言行。**隐蔽观察**是指被调查者没有意识到自己的行为已被观察和记录。在大多情况下，这两种方法是直接收集第一手资料的调查方法。图 2.3 为测试图，尝试观察在图中看到了几张脸。一般人能找到 4 或 5 张人脸。如果你能找到 8 张人脸，说明你的观察力不错；如果你能找到 9 张人脸，说明你的观察力高于平均水平；如果你能找到 10 张人脸，说明你的观察力出众；如果你能找到 11 张人脸，说明你的观察力极其出众。

（2）仪器观察法。随着科学技术的发展，各种先进的仪器、仪表等工具被逐渐地应用到市场调查中。市场调查人员可以借助摄像机、交通计数器、监测器、闭路电视、计算机等来观察或记录被调查对象的行为或所发生的事情，以提高调查的准确性。比如，美国最大的市场调查公司 AC 尼尔森（A. C. Nielsen）公司曾采用尼尔森电视指数系统评估全国的电视收视情况。尼尔森电视指数系统代替了传统的调查小组日记的方法。尼尔森公司抽样挑出 2 000 户有代表性的家庭为调查对象，并为这 2 000 户家庭各安装上一个收视计数器。当被调查者打开电视时，计数器自动提醒收视者输入收视时间、收视人数、收看频道和节目等数据。所输入的数据通过电话线传到公司的电脑中心，再由尼尔森公司的调查人员对电脑记

图 2.3　测试图

录的数据进行整理和分析。其他被用于市场调查的仪器还有眼睛轨迹测量器、瞳孔测量仪、脉搏计数器、音调分析器等。市场调查人员凭此观察和测量广告对人体生理的影响以及个体对促销感染力的反应。但是，借助仪器观察人体反应的调查需要取得被调查者的同意和协作，而且必须在调查人员所设计的实验室或其他特定环境中进行。这也是借助机械的观察法不同于其他尽可能保持市场自然状态的观察法之处。

（3）实际痕迹测量法。调查员不亲自观察购买者的行为，而是观察行为发生后的痕迹，比如设顾客意见簿、用户要求联系簿或广告附上回答等做法，就属于实际痕迹测量法。观察法的主要特点是，由于观察对象并未意识到正在被调查，所以调查对象不受外界因素的影响，这往往能得到较为真实、自然的结果，搜集的资料具有较高的准确性和可靠性，从而有目的地调查现场发生的情况。它的不足之处就是通过对被调查者的观察，只能了解被调查者的行为，无法掌握被调查者内在的心理变化，无法了解被调查者的思路。比如，企业在几种报纸、杂志上做广告时，在广告下面附有一张表格或条子，请读者阅后剪下，分别寄回企业有关部门。企业从回收的表格中可以了解在哪种报纸杂志上刊登广告最为有效，为今后选择广告媒介和测定广告效果提出可靠资料。

在营销的应用上，观察法主要应用在橱窗布置调查、交通流量调查、店内商品摆设调查、顾客购买动作调查、商店位置调查、销售现场巡回调查等方面。

观察法可以用于别人，也可用于自己，形成自我观察。这种方法是把自己摆在消费者的位置上，根据自身的日常消费生活体验，去揣摩、感受消费者的心理。观察法有助于营销人员得到第一手的资料，一般用在研究广告、商标、包装和柜台设计的效果，产品价格对购买行为的影响，企业的营销状况等方面。

观察法的优点就是直观，材料一般比较真实，是消费者在没有任何心理准备情况下的自然流露的行为。其不足之处为被动、片面与局限。材料不能区分是规律性的还是偶然性的。比如在商场观察消费者的步态与目光时，有3种表现：① 脚步紧凑，目光集中，直奔某种柜台；② 步履缓慢，犹豫不决，看商品时若有所思；③ 步态自然，神情自若，随意浏览。上述3

种表现说明进店顾客大致有 3 种：买者,可能买者,逛客。但只是观察这些人还不能推算出顾客真正的购物概率。因为在消费者的行为中,还有很多偶然因素。一个步履匆匆去买一种商品的消费者,发现此商品质量不如以前了或者不如广告介绍的效果,因此,他可能放弃购买;而一个逛客无意中看到一件商品很合适,却可能发生购买行为。所以说,观察法具有局限性。

2. 实验法

实验法是指将调查范围缩小到一个比较小的规模上,进行试验后取得一定结果,然后再推断出总体可能的结果。比如调查广告效果时,可选定一定消费者作为调查对象,对他们进行广告宣传,然后根据接受的效果来改进广告词语、声像等。实验法包括实验室实验法和自然实验法。

（1）实验室实验法。这是指在实验室里借助各种仪器进行研究。比如,对于商标识别和爱好的研究经常是在实验室进行的。实验者让被试观看若干不同的标记、符号,要求他们说出哪个或哪些最容易识别,或者观看相同容器的商标,说出哪个好些。实验室实验法控制严密,结果一般比较准确,但比较机械,只适宜研究较简单的心理现象。对于消费心理学强调的生态研究、自然研究,则进入消费场所进行研究更合理,更有效。所以,我们一般不采用实验室实验法,而采用自然实验法。

（2）自然实验法。这是指在企业日常的营销环境中,有目的地创造或变更某些条件,给予消费者一定的刺激或诱导,从而观察消费者心理活动的表现的方法。在企业营销环境中,有目的地创造某些条件或变更某些条件,来探讨消费者的消费心理,比如测量包装设计、价格、促销意图、广告方案等变量对消费者的吸引力,且同一时间操纵一个变量,同时其他因素都保持不变。比如 IBM 公司想比较黑色笔记本电脑与白色笔记本电脑的销售效果,选择两个计算机商店,这两个商店在空间大小、周围环境、外观等方面十分相似。在一个地方摆放白色,一个地方摆放黑色,机器型号、硬件等都一样,只有颜色不同。如果在一段时间内白色销售得多些,就说明卖出的不同仅仅是因为计算机的特定颜色,因为其他因素都保持不变。

实验法是对研究的某些变量进行操纵和控制,设定一定的情境,以探讨消费者的消费规律的研究方法。比如,研究者通过控制某一个或某几个自变量（比如价格、包装或广告）,研究其对因变量（比如销售量、品牌态度等）的影响。在具体研究中,究竟是采用实验室实验法还是采用自然实验法,要根据研究目的来确定。从目前研究的发展趋势来看,两者有融合的趋势。实验室实验法在情境设置上接近真实环境,实验设备与主试甚至都在被试不易觉察的地方或加以隐蔽,以使被试反应自然。自然实验法则趋向使用巧妙的程序设计和现代化的仪器设备,以操纵、控制变量和记录行为反应。

3. 测量法（问卷法）

它是通过由一系列问题构成的调查表收集资料以测量人的行为和态度的心理学基本研究方法之一。"问卷"译自法文"questionnaire"一词,其原意是"一种为统计或调查用的问题单"。问卷是研究者按照一定目的编制的,对于被调查者的回答,研究者可以不提供任何答案,也可以提供备选的答案,还可以对答案的选择规定某种要求。研究者根据被调查者对问题的回答进行统计分析,就可以作出某种心理学的结论。通过事先设计的调查问卷,向被研究者提出问题,并让其予以回答,从中了解被研究者的心理。这是消费心理学常用的方法。测量法有邮件调查、电话调查、个人调查、在线调查等方法。

问卷法的类型很多，根据要求被调查者回答问题形式的不同，主要有 6 种类型。① 自由叙述式：不给被调查者提供任何答案，让其按自己的思想用文字自由地回答。② 多重选择式：让被调查者从提供的互不矛盾的答案中选择出一个或几个答案来。③ 是否式：让被调查者以"是"或"否"二择一的方法回答提供的答案。④ 评定量表法：让被调查者按规定的一个标准尺度对提供的答案进行评价。⑤ 确定顺序式：让被调查者对提供的几种答案按一定的标准（好恶或赞同与否等）作出顺序排列。⑥ 对偶比较式：把调查项目组成两个一组让被调查者按一定的标准进行比较。这 6 种问卷类型各有其优点和缺点，要根据研究的目的、任务和被调查者的特点选择使用。研究者通常几种形式并用。

问卷法的主要优点是能在短时间内调查很多研究对象，取得大量的资料，能对资料进行数量化处理，经济省时。其主要缺点是被调查者由于各种原因（比如自我防卫、理解和记忆错误等）可能对问题作出虚假或错误的回答；要想在许多场合对于这种回答加以确证又几乎是不可能的。因此，要做好问卷设计并对取得的结果作出合理的解释，必须具备丰富的心理学知识和敏锐的洞察力。

这 3 种方法称为定量方法，是目前消费心理学的一种研究趋势。用定量法收集到数据之后，还要进行数据整理。这需要用统计方法对数据进行分析统计，以期得出一个数据模型。

（二）定性研究方法

定性研究方法是根据社会现象或事物所具有的属性和在运动中的矛盾变化，从事物的内在规定性来研究事物的一种方法或角度。它以普遍承认的公理、一套演绎逻辑和大量的历史事实为分析基础，从事物的矛盾性出发，描述、阐释所研究的事物。进行定性研究，要依据一定的理论与经验，直接抓住事物特征的主要方面，将同质性在数量上的差异暂时略去。表 2.1 为定性研究方法的特点比较和分析。

表 2.1　定性研究方法的特点比较和分析

方法	焦点团体座谈（Focus Group）	深度访问（In-depth Interview）	观察法（Observation）
特点	模拟互动，适合常规情况下以互动式方式作出决定的情景（比如婴幼儿奶粉、女性服装）	适合常规情况下以个体方式作出决策的情景（比如高档轿车及各类名贵手表的购买）	适合不宜使用对话但经常会有展现机会的需求情景（比如现场购物追踪、神秘顾客）

1. **访谈法**

研究者与研究对象直接交谈，包括结构式访谈与非结构式访谈。

（1）结构式访谈。结构式也称控制式，是指研究人员先确定研究预定目标，事先写好谈话提纲，访谈时依次向受访者提出问题，让其逐一回答的访谈。这种访谈组织比较严密，条理清楚。比如电话访谈就是一种结构式访谈。

（2）非结构式访谈。有一定目标，但谈话没有固定程序，结构比较松散，可以让被试随心所欲。比如深度会谈，这种会谈是研究者与被试的、无结构的会见。研究者提出一个简单的问题之后主要由被试广泛地谈论，谈他们的活动、兴趣、态度等。访谈过程中的笔记本、录像机、录音磁带和调查对象可能用来传达其态度或动机的情绪、手势或者"身体语言"的报告一起在事后被仔细研究。它能够给营销商提供非常详细的产品设计与再设计、产品定位或再定位的思路。另一种非结构式访谈就是"中心组"。由 8～10 名被试组成，偶尔有一位分析主持与大家一起讨论,"集中"一种特殊产品或产品类型,鼓励讨论他们的兴趣、态度、反应、动机、生活风格、对该产品的感情、使用经验等问题。完成需要 2 小时左右。

有些营销商愿意选择深度会谈,因为没有其他人的参与,被试不用考虑回答的社会效应,更可以暴露私人的想法,可以随心而答;但有些愿意选择中心组,因为相对来说时间短一些,而且通过思想碰撞会产生更多的火花。

2. 投射法

这由一些消费者不能明确猜到的"测试"组成,包括含义不明确的刺激物,比如未完成的句子、无标题的图片或漫画、墨渍、与字相连的测验、对别人的描述等。投射测验的理论背景是被调查对象的内心感受影响他们感知这种刺激物的方式。不管被试者是否意识到,他们的反应可能暴露出他们潜在的需要、欲求、害怕与动机。投射法有以下几种。

(1)罗夏墨渍投射法。这是瑞士精神科医生 H.罗夏于 1921 年首创的一种测验。其方法属于投射技术。这种测验的材料是,将墨水涂在纸上,折叠成对称的浓淡不一的墨水污渍图。所以它被称为墨渍(或墨迹)测验,又称罗夏测验。图 2.4 为罗夏测验。

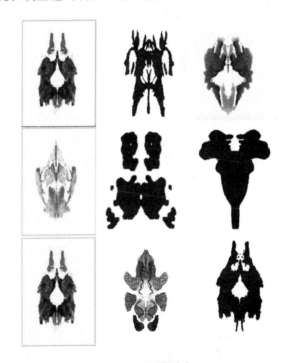

图 2.4　罗夏测验

罗夏编制的这一墨渍测验法来源于莱格和精神分析派的思想,以知觉与人格之间存在着反映和被反映关系的基本假说为理论前提。当主试要求被试描述自己在偶然形成的墨渍刺激中"看到了什么"并说出自己的知觉体验时,被试必然以自己独特的方式进行反应。在这些反应中,被试会无意地或不知不觉地将真实的自己暴露出来,有时甚至会反映出连自己也完全意识不到的某些人格特征。比如有的被试说看到肯德基香辣鸡翅,就有可能说明这种鸡翅对他有很大的吸引力,甚至从这张没有任何意义的墨渍中都看得出。这种方法要记录回答的语句、动作、表情、所用的时间等。测验结束后还可以问一些相关的问题,允许修订。

（2）主题统觉测验。主题统觉测验是心理学家亨利·默里创制的，这是投射测试的一种。1935年，默里和摩根为研究而发明了TAT法，图2.5为TAT法。测试者让被试者看19张黑白片，被试对图片里所进行的事情和为什么进行一点也不知道，但要求他就每张图片编一个故事出来，每个故事约用5分钟，可以任由被试自由想象和发挥。

图2.5　TAT法

有的图片为各种年龄和性别的被试者所共用，有的只用于男性或女性。每张都标有字母号，按照年龄和性别把图片组合成4套测验，每套20张，分成2个系列，每系列各有10张。进行测验时，主试者按顺序逐一出示图片。要求被试者对每一张图片都根据自己的想象和体验，讲一个内容生动、丰富的故事。每套测验的2个系列分2次进行。一般来说，后10张图片的内容是较为奇特、复杂、容易引起情绪反应的。2次测验结束后要与被试者作一次谈话，以了解其编造故事的来源和依据，作为分析结果时的参考。

投射法能够探究到人的内心世界和潜意识，从而得到有价值的活动资料而被试却浑然不觉。但投射法技术性很强，实际操作难度很大。

（三）角色扮演法

角色扮演法是指由实验者向被试描述某种情景，然后让被试充当情景中的某一角色，观察被试在该情景中的反应，从而取得实验结果。这是一种间接调查的方法，是以自然流露的方式间接地反映出被试的动机和态度，通过让被试扮演某种角色，以这种角色的身份来表明对某一事物的态度或对某种行为作出评价。

运用这种方法的一个典型事例是20世纪50年代在美国有关速溶咖啡的调查。速溶咖啡省时省力，味道也不错，但这一新产品当时销量平平，徘徊不前。起初用问卷法调查的结论是：消费者不喜欢速溶咖啡的味道，但并没有说出速溶咖啡和新鲜咖啡味道有什么不同。为了找出消费者持否定态度的真实动机，公司变换了调查方法，向被试展示2张购货单，让其说出购买速溶咖啡和新鲜咖啡的2个家庭主妇的特点。调查结果是：被试普遍认为购买速溶咖啡的是懒惰、不会计划开支、不称职的家庭主妇。这个结果帮助公司了解消费者不愿购买速溶咖啡的真实原因。被试在形容购买速溶咖啡的家庭主妇的特点时，不知不觉地将自己的看法投射了上去。

（四）造句测验法

造句测验法也叫文章完成法，它是由研究者提出某些未完成的句子，要求被试填上几个字，将句子完成。比如，给出"假如打算外出旅游，可以到……"，"女青年买手机要买……牌的"等。研究者通过被试填写的内容，可推知其爱好、愿望和要求，从而了解到消费者对某种商品的评价和看法。比如，当给被试提供"啤酒"一词时，考察被试的第一反应。如果被试喜欢喝"青岛啤酒"，就可能会说"青岛"或其他自己喜欢的品牌。通过研究被试选择的内容，可推知其愿望和要求。

课后练习

一、名词解释

观察法　　角色扮演　　投射法　　问卷法

二、简答题

1. 消费心理的研究方法有哪些？

2. 实验室实验法和自然实验法的区别是什么？

3. 什么是罗夏测验？

4. 消费心理研究的定性研究方法包括哪些？

三、思考讨论题

1. 试完成罗夏测验，分析你的心理。

2. 用角色扮演法分析你和其他人对于某种商品的心理感受差别并分析原因。

消费者购买的动力来源

◎了解消费者需要的产生和基本规律

◎了解消费者购买动机的来源

◎分析消费者购买行为背后的真正动力

案例与思考

1985年4月23日,可口可乐公司董事长罗伯特·戈伊朱埃塔宣布了一项惊人的决定。他宣布:经过99年的发展,可口可乐公司决定放弃它那一成不变的传统配方,因为现在消费者更偏好口味更甜的软饮料。为了迎合这一市场需求的变化,可口可乐公司决定更改配方调整口味,推出新一代可口可乐。

决策的背景及过程

直到20世纪70年代中期,可口可乐公司一直是美国饮料市场上无可争议的领导者。然而,从1976—1979年间,可口可乐在市场上的增长速度从每年递增13%猛跌至2%。与此形成鲜明对比的是,百事可乐来势汹汹,异常红火。它先是推出了"百事新一代"的系列广告,将促销锋芒直指饮料市场最大的消费群体——年轻人。

在第一轮广告攻势大获成功之后,百事可乐公司仍紧紧盯住年轻人不放,继续拼命强化百事可乐的"青春形象",又展开了号称"百事挑战"的第二轮广告攻势。在这轮广告中,百事可乐公司大胆地对顾客口感试验进行了现场直播,即在不告知参与者是在拍广告的情况下,请他们品尝各种没有品牌标志的饮料,然后说出哪种口感最好。试验全过程现场直播。百事可乐公司的这次冒险成功了,几乎每一次试验后,品尝者都认为百事可乐更好喝。"百事挑战"系列广告使百事可乐在美国饮料市场所占的份额从6%狂升至14%。

最令可口可乐公司气恼的是:可口可乐的广告费超出百事可乐1亿美元,可口可乐自动售货机数量是百事可乐的两倍,可口可乐的销售网点比百事可乐多,可口可乐的价格比百事可乐有竞争力……可为什么可口可乐的市场占有率一直下滑呢?

市 场 调 查

可口可乐公司决定从产品本身寻找原因。种种迹象表明,口味是造成可口可乐市场份额下降的一条最重要的原因。这个99年秘不示人的配方似乎已经合不上今天消费者的口感了。于是,可口可乐公司在1982年实施了"堪萨斯工程"。

"堪萨斯工程"是可口可乐公司秘密进行的市场调查行动的代号。在这次市场调查中,可口可乐公司出动了2 000名调查员,在10个主要城市调查顾客是否愿意接受一种全新的可口可乐。调查员向顾客出示包含一系列问题的调查问卷,请顾客现场作答。

根据调查结果,可口可乐公司市场调查部门得出了如下数据:只有10%～12%的顾客对新口味可口可乐表示不安,而且其中一半的人认为以后会适应新可口可乐。这表明顾客们愿意尝试新口味的可口可乐。可口可乐公司技术部决意开发出一种全新口感的、更惬意的可口可乐。1984年9月,他们终于拿出了样品。这种新饮料比可口可乐更甜,气泡更少。它的口感柔和且略带胶黏感,这是因为它采用了比蔗糖含糖量更多的谷物糖浆。

为了确保万无一失,可口可乐公司又倾资400万美元进行了一次大规模的口味测试。13个大城市的19.1万名顾客参加了这次测试。在众多未标明品牌的可乐饮料中,品尝者们仍对新可口可乐青睐有加,55%的品尝者认为新可口可乐的口味胜过传统配方的可口可乐,而且在这次测试中新可口可乐又一次击败了百事可乐。

"新可乐"上市

可口可乐公司决定用"新可乐"取代传统可乐,停止传统可乐的生产和销售。1985 年 4 月 23 日,戈伊朱埃塔在纽约市的林肯中心举行了盛大的新闻发布会,正式宣布"新可乐"取代传统的可口可乐上市了。可口可乐公司向美国所有新闻媒介发出了邀请,共有 200 余位报纸、杂志和电视台记者出席了新闻发布会。消息闪电般传遍美国。在 24 小时之内,81% 的美国人都知道了可口可乐改变配方的消息,这个比例比 1969 年 7 月阿波罗登月时的 24 小时内公众获悉比例还要高。

新可乐上市初期,市场反映非常好。1.5 亿人在"新可乐"问世的当天品尝了它。历史上没有任何一种新产品会在面世当天拥有这么多买主。发给各地瓶装商的可乐原浆数量也达到 5 年来的最高点。

决策的后果

虽然可口可乐公司事先预计会有一些人对"新可乐"取代传统可乐有意见,但却没想到反对的声势如此浩大。

在"新可乐"上市 4 小时之内,可口可乐公司接到 650 个抗议电话。到 5 月中旬,公司每天接到的批评电话多达 5 000 个,更有雪片般飞来的抗议信件。

可口可乐公司不得不开辟 83 条热线,雇用了更多的公关人员来处理这些抱怨与批评。

有的顾客称可口可乐是美国的象征、是美国人的老朋友,可如今却突然被抛弃了。还有的顾客威胁说将改喝茶水,永不再买可口可乐公司的产品。在西雅图,一群忠诚于传统可口可乐的人们组成了"美国老可乐饮者"组织,准备在全国范围内发动抵制"新可乐"的运动。许多人开始寻找已停产的传统可口可乐,这些"老可乐"的价格一涨再涨。到 6 月中旬,"新可乐"的销售量远低于可口可乐公司的预期值,不少瓶装商强烈要求改回销售传统可口可乐。

愤怒的情绪继续在美国蔓延,传媒还在煽风点火。对 99 年历史的传统配方的热爱被传媒形容成为爱国的象征。堪萨斯大学的社会学教授罗伯特·安东尼奥说:"许多人认为可口可乐公司把一个神圣的象征给玷污了。"就连戈伊朱埃塔的父亲也站出来批评"新可乐",甚至威胁不认这个儿子。

可口可乐公司决定恢复传统配方的生产,同时继续保留和生产"新可乐",其商标为 New Coke(新可乐)。消息传来,美国上下一片沸腾。ABC 电视网中断了周三下午正在播出的节目,马上插播了可口可乐公司的新闻。所有传媒都以头条新闻报道了"老可乐"归来的喜讯。民主党参议员大卫·普赖尔还在参议院发表演讲,称"这是美国历史上一个非常有意义的时刻,它表明有些民族精神是不可更改的"。

 **案例分析思路**

人类个体作为一个生活在自然和社会中的有机体,总是不断受到来自机体内部和机体外部的刺激。来自机体内部的刺激有饥饿、疲乏、病痛等,来自机体外部的刺激有同龄人的成就、同事的擢升、英雄的荣誉、集体的温暖等。刺激会使人产生一种紧张感,即不舒服。如果刺激因素一直存在,紧张感的强度增加到一定程度,就会产生需要,需要的强化将会形成动机。在条件允许的情况下,动机将驱使人们采取能满足需要的行为。行为的发生将满足

个体的需要,这样人的紧张感就会消除,有机体重新得到平衡。由此可见,消费者购买行为也就是满足需要的过程。因而,要考察消费者的购买行为,追本溯源,就需要研究消费者的需要和动机。

研究消费者的消费行为是对下面几个方面进行考察:何人(who)于何时(when)在何地(where)买了何种商品(what),以及为何要买(why)。5 个 W 中,前 4 个 W 可以看得见,是现实生活中的实际情况。但产生购买、消费行为的原因,即第五个 W(why),消费者为什么购买、消费,则是由消费心理过程决定的。而前面 4 个 W 也有一个为什么消费的问题。表面上,特定的消费者在特定的地方、特定的时间、特定的地点购买、消费了特定的消费对象,非常普通,但是为什么是他们而不是别人? 为什么是在当时而不是在其他时间? 为什么刚好在此地而不是在别的地点? 为什么正好购买、消费了特定消费对象而不是别的什么? 所有这些,都源于人们的需要和动机在特定条件下的体现。

消费动机来源：中国消费者为什么而醉

中国的酒文化与中国的古代音乐、戏剧、书法艺术、绘画等都有密不可分的关系;醉拳、药酒更在酒文化中融入了中国独有的武术、中药中医等。白酒从来都不是一种简单的消遣饮料。我们品尝白酒,事实上很大程度上是在消费文化。我们的祖先用酒来表达中国人保守的情谊,离愁送别写酒的诗篇,成就了无数流传千古的佳话;中华五千年将军用酒来激起将士的士气,出征前喝酒祈福,胜利归来喝酒庆功。事实上白酒早已和中国人的精神生活紧密地连在一起了。

思考：中国消费者为什么而醉? 他们购买白酒的动机和原因是什么?

 消费者需要与动机

- 消费者需求特征：多样性、层次性、发展性、伸缩性、习惯性、周期性、互补性、从众性

- 消费者需求形态 ⎨ 现实需要 / 潜在需要 / 退却需要 / 不规则需要 / 充分需要 / 过度需要 / 否定需要、无益需要、无需要

一、消费者的需要与营销活动

（一）消费需要的含义

需要是个体由于缺乏某种生理或心理因素而产生内心紧张，从而形成与周围环境之间的某种不平衡状态。其实质是个体对延续和发展生命，并以一定方式适应环境所必需的客观事物的需求反映，这种反映通常以欲望、渴求和意愿的形式表现出来。

消费需要，是指消费者为了实现自己生存、享受和发展的要求所产生的获得各种消费资料（包括服务）的欲望和意愿。人们的消费需要包括吃、穿、住、用、行、文化娱乐、医疗等方面的需要。任何需要都是有对象的。消费者的需要总是针对能满足自身生理或心理缺乏状态的物质对象而言的。在商品社会中，消费需要具体体现为对商品和劳务的需要。倘若现实生活中不存在或社会尚不能提供某种商品，对这种商品的消费需要就无从产生，需要本身也就变得毫无意义。

消费需要按其层次又可分为基本生活需要（即维持生存和劳动力再生产的需要，又叫生存需要）、享受需要（即满足人们生存需要以外的需要的一部分）和发展需要（即使人们的才能、智力、体力和个性获得充分发展的那部分需要）。消费需要包含在人类一般需要之中，体现为消费者对以商品和劳务形式存在的消费品（消费资料）的直接需要。消费者行为不仅来源于人类的一般需要，并且带有消费需求的基本特征。在社会生产、科学技术和文化艺术日益发展的今天，消费者希望提高物质和文化生活水平的各种心理需要也不断产生。

一个企业要想在竞争中保持不败，发现或激发消费者潜在需要是一个关键的因素。比如，普通消费者对于人体必需的营养元素和维生素的缺乏并不完全知晓，但企业通过医师形象在广告中倡导的科学养生劝说，会激发消费者的需求。而企业大量采用明星代言做广告，消费者因为对明星的崇拜，看到明星穿了某品牌衣服觉得好看，激发了自己变得更漂亮的潜在需要，于是卷起抢购的热潮。

（二）消费者需要的特性

消费者需要有某些共同的趋向性和规律性，这些共性或规律性体现于消费者的基本特征之中，具体表现为以下几个方面。

1. 消费者需要的多样性

首先，消费者需要的多样性体现了人类需要的全面性。人不仅有衣食住行等方面的物质消费需要，还具有高层次的文化教育、艺术欣赏、娱乐消遣、社会往来、旅游休闲、体育竞赛等精神消费的需要。由于不同消费者在年龄、性格、工作性质、民族传统、宗教信仰、生活方式、生活习惯、文化水平、经济条件、兴趣爱好、情感意志等方面存在不同程度的差异，消费者心理需求的对象与满足方式也是纷纭繁杂的，对主导需要的抉择是不一致的。比如我国人多地广，消费习惯多种多样。以吃来说，处于牧区的蒙古族、维吾尔族、藏族等习惯食奶制品，比如奶豆腐、奶干、奶酪、酸奶等，品种十分丰富。回民族出于信仰的原因，只食牛、羊、鸡、鸭、鹅等肉食。我国东北地区的居民习惯食豆类、面类。云南有的少数民族喜欢吃生的或半生不熟的肉食。又如，在满足基本物质需要的前提下，青年知识分子在结婚时一般有购置写字台、书橱的习惯，而青年工人结婚较少购买这些家具，代之以装饰橱和梳妆台。再如，青年人喜欢电影、舞蹈这种现代化的艺术形式，而大多数老年人则偏爱地方戏。

其次,消费者需要的多样性体现了人们需求的差异性。众多的消费者,其收入水平、文化素质、职业、年龄、性格、民族、生活习惯等各不相同,他们在消费者的需要上就表现出各种各样不同的兴趣和偏好;再次,消费者需要的多样性还表现为消费者对同一商品的需求往往有多个方面的要求。比如,既要求性能优越,又要求外观新颖漂亮,操作简单,维修方便,经济实惠等。消费者需要的多样性要求企业在营销工作中应特别注意分析各类消费者的不同爱好和兴趣,注意掌握不同消费者的消费心理及其变化,根据消费者的需要开发适销对路的产品。

2. 消费者需要的层次性

人们的需求是有层次的。一般来说,消费者需要总是由低层次向高层次逐渐发展和延伸,即低层次的、最基本的生活需要满足以后,就会产生高层次的精神需要,追求人格的自我完善和发展,这就是消费者需要的层次性。但是消费者的收入水平、文化修养、信仰观念、生活习惯等方面存在着差异,因此,不同的消费者其消费层次的发展就会因人而异。比如,在网络消费中,人们的需求是由高层次向低层次扩展的。在网络消费的初期,消费者侧重于精神产品的消费,比如通过网络书店购书,通过网络光盘商店购买光盘。到了网络消费的成熟阶段,消费者在完全掌握了网络消费的规律和操作,并且对网上购物有了一定的信任感后,才会从侧重于精神消费品的购买转向日用消费品的购买。

3. 消费者需要的发展性

消费需要的内容,从静态分布上看就是多样化,从动态观点看就是由低到高,由简到繁,不断向前推进的过程。随着商品经济的发展和精神文明的提高,心理需要会不断地产生新的对象。消费者的某项需要一旦满足以后,就不再受该项需要激励因素的影响,而渴望并谋求其他更高一级的需要,并不断向新的需要发展。随着社会经济的发展和人民生活水平的不断提高,人们对商品和服务的需求不论是从数量上、质量上、品种上,还是审美情趣等方面都在不断发展。消费者需要的发展性在现实生活中有诸多表现,许多潜在需求,会不断地变成现实的消费者需要,同时又会产生新的潜在需求。消费者需要的发展性客观上受到当时当地社会经济发展水平的制约,这就形成了人们消费活动的时代特征。比如,我国居民20世纪70年代的消费热点是"老三件",即自行车、手表和缝纫机;20世纪80年代的消费热点是"新三件",即彩电、冰箱和洗衣机;20世纪90年代则出现了"超级三大件",即汽车、住房和电子计算机。就不同需要来说,当某种需要获得某种程度的满足后,另一种新的需要又产生了。任何时候都不可能有绝对的满足。从这个意义上说,需要是永无止境的。消费者需要是随社会的发展而发展的。随着改革开放的进行,部分地区和个人先富起来了。我国部分城乡消费者20世纪50年代主要追求"吃饱穿暖",20世纪80年代中期到20世纪90年代就要"吃讲营养,穿讲漂亮,住讲宽敞,用讲高档",而21世纪的"个性化"成了社会上消费心理的新动向。

消费者需要的发展性要求我们注意掌握消费者需要发展的规律性,要根据消费者需要的发展制定科学的产业政策,调整产业结构,不断开拓和推出性能更好、质量更优、价格更合格、使用更方便的产品,更好地满足消费者的需要。

4. 消费者需要的伸缩性

伸缩性表现在消费者对心理需要追求的高低层次和强弱程度。在现实生活中,消费者需要,尤其是以精神产品满足的心理需要,具有很大的伸缩性,可多可少,时强时弱。当客观条件限制了需要的满足时,需要可以抑制、转化、降级,可以滞留在某一水平上,也可以是以某种可能的方式同时或部分地兼顾满足几种不同性质的需要。影响消费者需要的外因因素主要包括商品的供应状况、价格、广告宣传、销售方式、售后服务、他人的实践经验等。内因因素主要是指消费者本人的需求欲望的特征、强度、购买力等。在现实生活中,每个消费者都几乎同时具有多种消费者的需要。但是在一定时期内,绝大部分消费者的支付能力是有限的,这就使消费者的需要只能有限地得到满足,并表现出一定的伸缩性,即消费者的需要并非只能增加,不能减少;或者只有当低层次(或最紧要)的消费者需要百分之百获得满足之后,才能进入高一级层次(或次要)的消费者需要,这就是通常家庭开支中说的"量入为出"、"钱花在刀刃上"。一般来说,日常生活必需品消费者需要的弹性比较小,而许多非生活必需品,或中、高档消费品的消费者需要的伸缩性较大。

5. 消费者需要的习惯性

消费者需要的习惯性是指消费者在长期消费活动中积存下来的一些消费偏爱和倾向。由于受文化、历史、心理等因素的影响,某些消费者需要的习惯性在人们的消费活动中长期存在,有时会给新产品的推广和新消费观念的倡导带来重重阻力。比如,燃放鞭炮是我国的古老风俗。要改变某些习惯性的消费者需要是相当困难的。因此,应该积极引导好的消费习惯,政府应该广泛进行宣传教育,必要时,应采取强有力的经济、行政或法律的措施进行控制和引导。

6. 消费者需要的周期性

人的消费是一个无止境的活动过程。一些消费者需要在获得满足后,于一定时期内不再产生,但随着时间的推移还会重新出现,并具有周期性。也就是说,消费者统一需求在形式上总是不断翻新,重复出现的,也只有这样,需求的内容才会丰富、发展。比如,女性头巾多少年来总是在长形、方形和三角形的式样之间变化;皮鞋也总在方头、圆头和尖头之间翻来覆去地变花样,女性商品的服装流行趋势也会轮回兴起。消费者需要的周期性主要由人的生理机制运行引起,并受到自然环境变化周期、商品生命周期和社会时尚变化周期的影响。研究消费者需要的周期性,对企业加强生产、经营的计划性有重要意义。

7. 消费者需要的互补性和互替性

消费者对某些商品的需求呈现出互补性的特征。比如,购买汽车的同时会购买保险产品,购买新房会相应考虑装修市场的产品等。再如,女士们在购买衣服时,常常会很自然、很乐意地购买与之搭配的围巾、提包、饰物、鞋子等。因此,经营互有联系或互补的商品,不仅会给消费者带来方便,还能扩大商品的销售额。另外,从消费者需要的满足来看,消费者需要还具有互替性。这是因为许多商品的功能具有互相替代的特点,在一定程度上同样可以满足人的需要。比如,丝绸和棉绸都具有透气、吸汗的特点,但丝绸穿着舒适,华美胜于棉绸;而棉绸价格大大低于丝绸,且好洗免熨,因此消费者可以根据个人经济条件和实际需要选择丝绸或棉绸。企业应及时地把握消费者需要的变化趋势,有计划、有意识地根据消费者需要变化规律安排各种商品的生产和供应,更好地满足消费者的消费者需要。

8. 消费者需要的从众性

从心理学上讲,群众中的"意见领袖"或群体中大部分人的行为和态度,将对群体中的个人产生心理上的压力,在这种心理压力下,个体的行为和状态往往或自动或被动地与群体保持一致。表现在消费者的消费活动中,就呈现出一种从众的特征,即在某一特定时空范围内,消费者对某些商品或劳务的需求趋向一致,这就是消费者需要的从众性。消费者需要的从众性有3种基本表现形式。第一种是消费流行,或叫消费时尚、时髦,它是消费者追求时兴事物而形成的从众化消费风潮。第二种是消费者消费活动中的攀比现象,它包括社会集团消费攀比和居民个人消费攀比。盲目的攀比型消费不仅给消费者个人带来沉重的经济负担,对社会上讲排场、摆阔气、铺张浪费的不良风气也会起到推波助澜的作用。第三种是由于国家经济政策的调整,政局的变动,居民心理预期的变化等,往往会引起消费者需要在某一时空范围大大增加,具体表现为"抢购"风潮,对市场造成强大的压力。对于第一种从众化消费者需要,我们应及时把握,充分利用,根据消费流行变动的规律,制定出适宜的营销策略,使之成为企业成功的机会。对于后两种从众性消费者需要,我们应高度重视,科学分析,进行正确的宣传和引导,同时,要采取综合性的措施加以调控。

二、消费者行为与需求的类型

（一）按消费者购买目标的选定程度区分

1. 全确定型

此类消费者在进入商店前,已有明确的购买目标,包括商品的名称、商标、型号、规格、样式、颜色以及价格的变动幅度都有明确的要求。消费者进入商店后,可以毫不迟疑地买下商品。很多男性消费者属于全确定型消费。

2. 半确定型

此类消费者进入商店前,已有大致的购买目标,但具体要求还不甚明确。这类消费者进入商店后,一般不能向营业员明确地提出所需产品的各项要求。实现其购买目的,需要经过比较和评定阶段。

3. 不确定型

此类消费者在进入商店前没有明确的或坚定的购买目标,进入商店一般漫无目的地看商品或随便了解一些商品的销售情况,碰到感兴趣的商品才会购买。此时店内装潢、灯光、音乐和广告都会起到促进购买的作用。

（二）按消费者的购买态度与要求区分

1. 习惯型

此类型消费者往往根据过去的购买经验和使用习惯采取购买行为,或长期惠顾某商店,或长期使用某个品牌、商标的产品。

2. 慎重型

此类型消费者购买行为以理智为主,感情为辅。他们喜欢收集商品的有关信息,在购买过程中,往往要经过对商品细致的检查、比较、反复衡量各种利弊因素,才作购买决定。

3. 价格型（即经济型）

此类型消费者在选购商品时多从经济角度考虑,对商品的价格非常敏感。比如有的从价格的昂贵确认产品的质优,从而选购高价商品;有的从价格的便宜评定产品的低廉,从而选购廉价商品。

4．冲动型

此类型消费者心理反应敏捷,易受产品外部质量和广告宣传的影响,以直观感觉为主,新产品、时尚产品对其吸引力较大,一般能快速作出购买决定。

5．感情型

此类型消费者兴奋性较强,情感体验深刻,想象力和联想力丰富,审美感觉也比较灵敏,因而在购买行为上容易受感情的影响,也容易受销售宣传的诱引,往往以产品的品质是否符合其感情的需要来确定购买决策。

6．疑虑型

此类型消费者具有内向性,善于观察细小事物,行动谨慎、迟缓、体验深而疑心大。他们选购商品从不冒失仓促地作出决定,在听取营业员介绍和检查商品时,也往往小心谨慎和疑虑重重,他们挑选商品动作缓慢,费时较多,还可能因犹豫不决而中断,购买商品需要“三思而后行”,购买后仍放心不下。

7．不定型

此类型消费者多属于新购买者。由于缺乏经验,购买心理不稳定,往往是随意购买或奉命购买商品。他们选购商品时大多没有主见,一般都渴望得到营业员的帮助,乐于听取营业员的介绍,并很少亲自再去检验和查证商品的质量。

(三) 按消费者在购买现场情感反应区分

1．沉实型

此类型消费者在购买活动中往往沉默寡言,情感不外露,举动不明显,不愿与营业员谈离开商品内容的话题。

2．温顺型

此类型消费者选购商品往往尊重营业员的介绍和意见,作出购买决定较快,并对营业员的服务比较放心,很少亲自重复检查商品的质量。

3．健谈型

此类型消费者在购买商品时,能很快与人们接近,愿意与营业员和其他顾客交换意见,兴趣广泛,并富有幽默感,喜爱开玩笑,有时甚至谈得忘掉选购商品。

4．反抗型

此类型消费者在选购中,往往不能接受别人的意见和推荐,对营业员的介绍异常警觉,抱有不信任的态度。

5．激动型

此类型消费者在选购商品时表现出不可遏止的劲头,在言语表情上显得傲气十足,甚至用命令的口气提出要求,对商品品质和营业员的服务要求极高,稍不如意就可能发脾气。这类消费者虽然为数不多,但营业员要用更多的注意力和精力接待好这类顾客。

(四) 按购买者在购买时介入程度和产品品牌差异的程度区分

表 3.1 为购买行为的 4 种类型。

表 3.1　购买行为的 4 种类型

品牌差异　　　　　　介入程度	高度介入	低度介入
品牌之间差异极大	复杂的购买行为	寻求多样性的购买行为
品牌之间差异极小	减少失调感的购买行为	习惯性的购买行为

1. 复杂的购买行为

如果消费者属于高度购买介入者，并且了解现有各品牌之间存在显著的差异，则消费者会产生复杂的购买行为。如果购买属于贵的、不常购买的、冒风险的和高度自我表现的，则消费者属高度介入购买。通常这种情况是消费者对此类产品知道不多但要了解的地方又很多，比如一个购买个人电脑的人可能连要找什么样的产品属性都不知道。在这种情况下，这个购买者将经过认识性的学习过程，其特征是首先逐步建立他对产品的信念，然后转变成态度，最后作出谨慎的购买决定。

2. 减少失调感的购买行为

有时消费者高度介入某项购买，但他看不出各品牌有何差异，这种高度介入的原因在于该项购买是昂贵的、不经常的和冒风险的。在这种情况下，购买者会四处察看以了解何处能买到该商品。但由于品牌差异不明显，故其购买将极为迅速，购买者可能主要因便宜的价格或某时、某地方便而决定购买。

3. 寻求多样性的购买行为

有些购买情境的特征是低度消费者介入但有着显著的品牌差异，此时可看到消费者经常在转换品牌。饼干的购买就是一例。消费者有一些信念，不过没有太多评估便选择了某种品牌的饼干，然后在消费时才加以评估，但可能消费者在下一次购买时会因为厌倦原有口味或想试试新口味而寻找其他品牌。品牌转换是因为追求多样性而不是有什么不满之处。

4. 习惯性的购买行为

许多产品是在消费者低度介入和品牌没有什么差异的情况下被购买的。盐的购买就很能说明该问题。消费者很少介入产品，他们走进商店时随手拿起一种品牌就买下了，如果他们一直在寻找某一品牌，比如说莫顿牌（Morton），这是出于习惯，并没有强烈的品牌忠诚感。实例证明消费者对大多数价低的经常购买的产品介入度低。

三、消费者需要的基本形态

消费者需要的存在形态的差异对消费需要激发购买动机的强度以及促成购买行为的方式有着直接影响。研究消费需要的存在形态，对于了解市场需求的构成状况和变动趋势具有重要意义。

从消费需要和市场购买行为的关系角度分析，消费者的需要具有以下几种基本存在形态。

1. 现实需要

现实需要指可随时转化为现实的购买行为的消费者需要。

2. 潜在需要

潜在需要指目前尚未显现或明确提出，但在未来可能形成的需要。

3. 退却需要

退却需要指消费者对某种商品的需要逐步减少,并趋向进一步衰退之中的需要。导致需要衰退的原因通常是时尚变化、消费者兴趣转移;新产品上市,对老产品形成替代;消费者对经济形势、价格变动、投资收益的心理预期,等等。

4. 不规则需要,又称不均衡或波动性需要

不规则需要指消费者对某类商品的需要在数量和时间上呈不均衡波动状态。

5. 充分需要,又称饱和需要

充分需要指消费者对某种商品的需求总量及时间和市场商品供应量及时间基本一致,供求之间大体趋于平衡。但任何供求平衡都是暂时的、相对的,不可能永远存在下去。

6. 过度需要

过度需要指消费者的需要超过了市场商品供应量,呈现出供不应求的状况。这主要是由于外部刺激和社会心理因素引起的。

7. 否定需要

否定需要指消费者对某类商品持否定、拒绝的态度,因而抑制其需要。

8. 无益需要

无益需要指消费者对某些危害社会利益或有损于自身利益的商品劳务的需要。

9. 无需要,又称零需要

无需要指消费者对某类商品缺乏兴趣或漠不关心,无所需求。

不是任何需要都能够直接激发动机,进而形成消费行为的,也并不是任何需要都能够导致正确、有益的消费行为。所以,正确的方法应当是区分消费者需要的不同形态,根据具体形态的特点,从可能性和必要性两方面确定满足需要的方式和程度。

任务项目2

挖掘消费动机:营销方案实战训练

在中国,几乎每个人都吃过烤红薯,但是焦黄喷香的烤红薯却难登大雅之堂。据了解,世界卫生组织(WHO)经过 3 年的研究和评选,评出了六大最健康食品和十大垃圾食品。人们熟悉的红薯,被列为 13 种最佳蔬菜的冠军。卖烤红薯不需要固定摊位,推着三轮车往路边一站,就可以开始一天的生意。烤红薯这么好的东西,为什么还是以这种散乱的、个体的经营在运行,而且成为城市的顽疾,城管撵着走,消费者也不愿意接受,一直卖不好呢?之所以受冷落,是因为从五大消费动机圈的价值、规范、情感、习惯和身份出发,烤红薯没有一项能满足消费者的需求。

思考:请你根据所在地区的消费者心理需求和动机,为烤红薯做一个整体策划方案,让消费者接受这种食品。

相关知识点

消费者需要的种类与基本内容

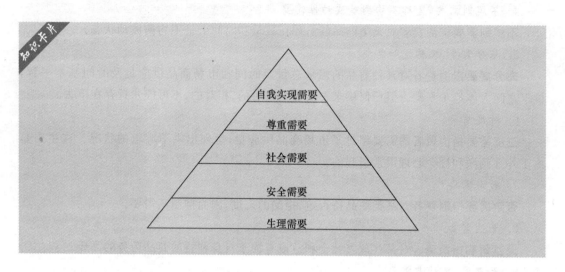

一、需要的种类划分

人们的消费需要是多方面、多层次的。社会经济的发展，极大地丰富了消费需要的内容。我们可以从不同角度对消费需要进行分类。

（一）自然性需要和社会性需要

从消费需要的起源上来说，马克思曾经把人们的需要区分为"社会制造的需要和自然的需要"。根据这种区分原则，可以得出两点结论：其一，人的需要应该包含自然性需要；其二，人的需要主要表现为社会性需要。所谓**自然性需要**，是指人们为维持机体生存和发展所必需的本能需要，主要是衣食住行等基本生活需要等。而**社会性需要**，则是指人们为了丰富社会生活、进行社会交往、提高消费层次和质量的消费需要。

人既然是大自然的产物，他就不能完全摆脱自然界的制约，绝不会没有任何自然性需要。从历史上看，人的社会性需要以自然性需要为前提，并从自然性需要中发展起来。自然性需要是社会性需要的基础。正如马克思、恩格斯所说的："人们首先必须吃、喝、住、穿，然后对才能从事政治、科学、艺术、宗教等。""饥饿总是饥饿，但是使用刀叉吃熟肉来解除饥饿不同于用手指和牙齿啃生肉来解除饥饿。"

（二）物质需要、精神文化需要和生态需要

从消费需要的对象来说，可以分为物质需要、精神文化需要和生态需要。物质需要是通过消费品的使用价值而得到满足的需要，表现在人们的物质生活方面，如对食品、衣服、鞋帽、家具、家用电器等物品的需要。物质需要是人类最基本、最直接的需要，也是人类社会的基础。精神文化需要，既包括主体自由地发挥自己的智力资源进行各种各样的创造消费活动的才能，又包括对文化成果的享用。比如，对文化艺术、对人类积累的科学知识的需要，对美的需要，认识的需要等，都属于精神文化需要的范畴。随着科技、文教的不断进步及社会经济的不断发展,精神文化需要越来越重要。精神文化需要的满足是不断提高人的素质、促进人的全面发展的不可缺少的条件。

生态消费需要是指消费的内容和方式符合生态系统的要求,有利于环境保护,有助于消费者身心健康,能实现经济的可持续发展的需要。随着工业和社会的发展,环境被污染,生态平衡遭到破坏,严重地威胁着人们的生存和发展。生态需要对人的生存和发展,对满足人的消费需要具有极端重要性。生态需要不仅是最基本、最重要的生存需要,而且是很重要的享受与发展需要。生态需要的满足程度不仅成为反映消费层次、消费质量的标志,而且成为反映社会进步和社会文明的尺度。

从消费需要的实际对象看,也可分为实物消费需要和劳务消费需要。实物产品是人和自然之间物质变换的产物,它的产品是使用价值,是经过形式变化而适合人的需要的自然物质。劳务产品主要是活劳动的产物,主要不是作为物,而是作为活动体现的。我们不仅要满足人们的实物消费需要,而且要满足日益增长的劳务消费需要。社会越发展,劳务消费越重要,它在消费需要中的比重将不断提高。

(三) 个人消费需要和公共消费需要

从满足消费需要的途径来说,可分为个人消费需要和公共消费需要。**个人消费需要**主要是指通过按劳分配或其他方式得到的收入,以个人或家庭消费的形式而实现的需要。它反映人们对消费资料或劳务的依赖关系。当前我国居民的收入主要是通过按劳分配取得的,部分通过资产收入(比如存款利息、债券利息、股息等)、合法经营收入(比如私营企业、个体经济的经营收入、风险收入等)和从退休金、困难补助中获得的收入。农村居民个人收入主要来自于承包土地的劳动收入和其他一些经营性收入。**公共消费需要**是指主要通过分配社会消费基金或集体消费基金而实现的需要。比如基础教育、卫生防疫、妇幼保健、公共交通及公共文化、体育、娱乐等。公共消费需要是人们生活消费需要的重要组成部分。个人消费需要主要是在家庭中进行的,具有分散性、灵活性和多样性的特点;公共消费需要是人们对具有非竞争性和非排他性的公共消费品的需要,具有相对的统一性和公共性。个人消费需要与公共消费需要常具有互补性,应使它们协调发展。

此外,从消费需要的实现形式来看,可以分为商品性消费需要和非商品性消费需要。**商品性消费需要**是以货币为中介,通过市场而满足的需要,体现一定的市场交换关系。**非商品性消费需要**则是以自给自足或自我服务的形式来满足的需要,体现一定的自然经济关系。随着社会主义市场经济的发展,消费需要的满足越来越依靠市场,商品性消费比重将越来越大,这是经济生活不断繁荣发展的必然趋势。

(四) 按照需要的层次划分

按照需要的层次,可以分为生理需要、安全需要、社会需要、尊重需要和自我实现的需要。美国人本主义心理学家马斯洛于1943年提出了"需要层次理论",把人类多种多样的需要划分为上述5种基本类型。

1. 生理需要

生理需要就是指人们日常生活中穿衣吃饭解决温饱等类型的需要。但是在现实生活中穿衣吃饭这样的需要包含了复杂的其他消费需要和消费动机,引用马斯洛本人的话,生理需要是指维持人们体内的生理平衡的需要,比如对水、无机盐的需要,对温暖的需要等。当生理需要没有得到满足时,它是驱使人们进行各种行为的强大的动力。这是人类最原始的也是最基本的需要,包括饥、渴、性和其他生理机能的需要。只有在生理需要基本满足之后,高一层次需要才会相继产生。

2. 安全需要

马斯洛认为,当人们的穿衣吃饭问题得到了一定程度的满足之后,人们最需要的是周围不存在威胁他生存的因素。人们的生活环境具有一定的稳定性,有一定的法律秩序,即所生活的社会有一定的安全感,或者生活中有一种势力能够进行相应的保护,需要所处的环境没有混乱、恐吓、焦躁等不安全因素的折磨。当一个人生理需要得到满足后,满足安全的需要就会产生。个人寻求生命、财产等个人生活方面免于威胁、孤独、侵犯并得到保障的心理就是**安全需要**。

3. 社会需要

在人们的生理需要和安全方面的需要得到一定程度的满足时,人们会强烈地需要朋友,需要心爱之人,需要亲人的关怀等,即需要在团体中找到一种归属感,需要被人爱护。如果这种需要不能得到满足,人们就会强烈地感到孤独、被抛弃。在这种需要的驱使下,人们会去主动地交朋友、寻找喜欢自己的人与自己所爱的人,这是一种社会需要。包括同人往来,进行社会交际,获得伙伴之间、朋友之间的关系融洽或保持友谊和忠诚。人人都希望获得别人的爱,给予别人爱;并希望为团体与社会所接纳,成为其中的一员,得到相互支持与关照。

4. 尊重需要

有了朋友和亲人后,人们还需要朋友、亲人以及社会上的其他人对于自我的良好评价。人们都具有自尊和自重的欲望,需要他人承认自己的实力和成就,得到个人的荣誉和威信,还需要有自信心、拥有个人的自由和独立性,能胜任工作和任务等。这种需要可能指向于内部,也可能指向于外部或二者兼有。指向于内部的自尊的需要反映的是个体对自我接纳、成功、自主、圆满完成工作取得满意感的需要。指向于外部的自尊的需要包括个体对威望、名声、地位以及他人的认同的需要。假如一个人有“赶时髦”的欲望,这种欲望就是对指向于外部的自尊需要的一种反映。尊重需要包括受人尊重与自我尊重两方面:前者是希求别人的重视,获得名誉和地位;后者希求个人有价值,希望个人的能力和成就得到社会的承认。

5. 自我实现的需要

如果一个人在以上4个方面的需要都得到了较好的满足,那么他就会激发一种最高层次的需要,即实现自我价值和发挥自我潜在能力的需要。**自我实现的需要**是指实现个人理想、抱负,最大限度地发挥个人的能力的需要,即获得精神层面的臻于真、善、美至高人生境界的需要。在这种需要的驱使下,人们会尽最大的力量发挥自我的潜能,实现自我的目标,将自己的价值付诸行动。

20世纪70年代,马斯洛在上述分类的基础上又增添了认知和审美两种需要。认知的需要产生于人们对未知事物的好奇心和对客观世界的探索欲望。审美的需要是出于人类爱美的天性,表现为对美好事物的追求和向往。

6. 认知的需要

这是人人都具备的一种基本需要,即人们对于各种事物的好奇、学习和探究事物的哲理、对事物进行实验和尝试的欲望。马斯洛以人们的安全需要为前提推论出,人们进行各种学习和探究,其最终目的也包括获得生活和生存的安全以及取得安全的方法。洞察事物的奥秘,满足认识事物的需要是一件令人愉快和幸福的事情。学习和探究事物的奥秘也是人们自我实现的一种方式。

7. 审美的需要

人们对于美的需要也是一种基本的需要,比如希望行为的完美,对于事物的对称性、秩序性、闭合性等美的形式的欣赏,对于美的结构和规律性的需要等。

人类的需要层次,马斯洛是按照 3 条原则加以安排的。首先,人类基本的需要必须先得到满足,然后才会进一步追求较高层次需要的满足。其次,人类需要与个体生长发展密切相关。人出生时,最主要的是满足生理需要,然后逐渐考虑到安全、社会和自尊的需要,最后才追求自我实现的需要,因此,个人的需要结构之发展过程是波浪式的演进,各种需要的优势由一级演进至另一级。最后,人类需要的高低与个体生存有关。马斯洛认为,一个理想的社会,除了应该满足人们的基本的生理需要外,还要满足人们较高层次的需要,并鼓励个人去追求自我实现。我们认为,一个人只有把个人的需要和国家的需要以及社会发展的需要联系起来,才能有永不衰竭的动力,才能充分发挥个人的潜能,达到最大限度的自我实现。

依照马斯洛的观点,大多数人都没能很好地满足自尊需要而进入到自我实现的需要之中。马斯洛认为:"一个人有潜力成为什么样的人,他就一定会成为什么样的人。"不同的人用不同方式来表达这种需要。

二、消费者需求新趋势

随着人们对健康、舒适、便捷、丰富等情感元素的更加关注,消费需求也必然随之改变。国家统计局调查数据显示:2006 年我国城镇居民人均收入以较快速度增长,恩格尔系数持续降低。《2006 年中国居民生活质量调查报告》也显示:城市居民对自己未来一年生活质量和收入水平比较看好。生活水平的提高使得城市居民脱离了追求简单物质满足的层次,对健康、舒适、便捷、丰富等情感元素更加关注,由此产生的消费需求变化,则是企业要面对的新形势。

1. 城市居民的休闲生活更加便捷多样

截至 2013 年 1 月,互联网改变了消费者的消费行为模式。根据在 CNNIC 调查社区进行的搜索营销调查显示,有 77% 的互联网用户在购买产品前会上网搜索信息。根据 AISAS 模型(如图 3.2 所示),搜索作为整个消费行为最重要的瓶颈,搜索结果有没有,搜索结果的好坏会直接对消费行为造成影响,并通过分享成倍扩散。网络上的信息、评论对购物决策的影响已经逐渐超过传统媒体。

2012 年年末,中国网民数量已经达到 5.64 亿,其中包括超过 4 亿的宽带 PC 网民和 4.2 亿手机网民,且网民主要分布在城市,具有年轻、教育程度高和收入高等特征,是网络消费最具消费能力的群体。

网络营销的效果优于其他媒体。基于用户数据库的分析,网络营销能够实现精准投放。同时,互联网是唯一一个能够集问题识别、信息搜集、评价选择、决策购买和购后评价这一系列消费者行为为一体的媒体平台。大大提高了用户的购物效率,能够使营销直接产生购买效果。网络对其他媒体的融合使得用户的媒体消费习惯越来越集中于网络。这必然导致广告资源随之流向互联网。

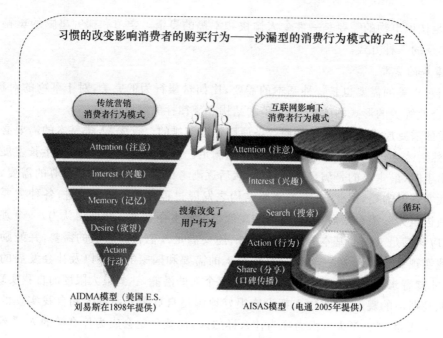

图 3.2　AISAS 模型

2. 流行周期缩短

随着经济实力的提升,在释放消费欲望的同时,人们的消费更加趋于自由,能够根据个人喜好来选择消费的机会增多。城市居民在消费的过程中,越来越显示出注重个性和求新求变的特点。

人们对个性的重视从本质上来说是彰显对差异化的内在心理需求。《2006 年中国中高收入城市居民时尚指数研究报告》发现:74.5%的人希望"自己的服饰、用品和别人的不一样,有自己的特点"。这种差异化需求使得产品在消费过程中产生了内在的竞争力,产品选择趋于多样化,居民消费空间不断扩大。

城市居民消费的求新求变促使消费更迭频率加快。以快速消费品中的服装为例,在过去半年时间里,城市居民平均每人添置了 4.6 件衣物。20 世纪 80 年代的年轻人追新求异的特点更加明显,衣物添置频率最高,为 6.4 件(资料来源:零点研究咨询集团编制发布的《2006 年城市居民生活变迁报告》)。从前那些被人们认为可以长期使用的耐用消费品也变成了可以快速更换的消费品。中高收入城市居民中,16.5%的消费者不到一年就会更换手机;26.1%的人不到两年就会更换 MP3;数码相机、个人笔记本电脑、私家轿车等高价位产品也出现了快速更新的趋势。高更换频率使得越来越多的消费物品实际利用率降低,流行周期不断地缩短。一个新品推出后会更快地在短时间内受到市场热烈追捧,但很快其所受关注程度便会降低,然后被更新的产品超越。

3. 关注"跨位消费"

中国的传统消费是以单纯追求需求满足为主,目前城市居民的消费则增添了很多时尚化的色彩,从对以使用功能为主的耐用产品逐步演变为对体现个人风格和独特品位的符号化产品的消费。中高收入的城市居民人均用于时尚产品和服务上的消费支出超过万元,约占人均总支出的两成。时尚越来越成为城市居民经济生活的重要组成部分,认为"时尚在自

己的生活中很重要"以及"愿意花钱使自己更时尚"的人占到了中高收入城市居民的 40%
左右。

目前城市居民的消费普遍具有向上选择的进取性,每个阶层的人都在向上看,向往并希
望拥有上一阶层人群的经济生活方式。收入较高的人可以用常规的购买力进行全面的奢侈
消费,收入较低的人虽然不能全面支撑自己奢侈消费,但能够通过减少自己日常消费的种类
或者进行有限频率的消费来购买某些奢侈品,使得自己貌似社会较高阶层。特别是在我们
这个快速转型、没有为不同阶层设置刚性约束的社会中,这种"跨位消费"的现象更容易发
生。比较不同时尚消费占总支出的比例可以明显看出这一点。购买能力较低的群体,比如,
职场新人和青年学生,时尚消费占了其总支出的三成以上,明显高于消费能力较高的特殊新
富群体和高级白领。奢侈消费欲求以高出奢侈消费能力更快的速度增长。近两成受访者有
过为了买某件奢侈品而攒钱的经历。当奢侈消费欲求强而能力尚有限时,城市居民的奢侈
化消费目前还主要集中于实物产品,特别是以身份符号功能和外观展现功能见长的服装和
珠宝首饰类产品。

4. 高情感需要与感性消费趋向

现代社会,快节奏、多变动、高竞争、高紧张度取代了平缓、稳定、优哉游哉的工作方
式,与全新的工作方式和生活方式相对应,人们的情感需要也日趋强烈。正如美国著名未
来学家奈斯比特所说:"每当一种新技术被引进社会,人类必然产生一种要加以平衡的反
应,也就是说产生一种高情感,否则新技术就会遭到排斥。技术越高,情感反应也就越强
烈。"作为与高技术相抗衡的高情感需要,在消费领域中直接表现为消费者的感性消费
趋向。

根据西方营销理论的研究,消费者的需求发展大致可以分为 3 个阶段:第一是"量的消
费时代";第二是"质的消费时代";第三是"感性消费时代"。在感性消费阶段,消费者所看重
的已不是产品的数量和质量,而是与自己关系的密切程度。他们购买商品是为了满足一种
情感上的渴求,或是追求某种特定商品与理想的自我概念的吻合。在感性消费需要的驱动
下,消费者购买的商品并不是非买不可的生活必需品,而是一种能与其心理需求引起共鸣的
感性商品。这种购买决策往往采用的是心理上的感性标准。因此,所谓感性消费,实质上是
高技术社会中人类高情感需要的体现,是现代消费者更加注重精神的愉悦、个性的实现和感
情的满足等高层次需要的突出反映。近年来,我国消费者需要的感性化趋向在逐渐增强。
与之相适应,有远见的企业在产品的设计和宣传促销上越来越注重加强感性化和个性化诉
求。这具体表现在以下 3 个方面。

1. 消费与劳动生活方式的统一

消费与劳动生活方式的统一表现在人们在消费观念和消费态度上会体现出自身劳动生
活方式的特点,寻求与所从事劳动职业相互协调一致的消费方式。比如,美国硅谷的计算机
工程师们通常有着区别于他人的独特的衣着特点。又如,电子技术的革新改变了传统的办
公方式,在家办公趋势的兴起激发了 SOHO 一族对家庭办公用具的大量需求。

2. 消费与家庭生活方式的统一

家庭结构、家庭关系、家庭管理方式等与人们的消费活动关系极为密切。与传统家庭生
活方式相比,现代家庭正在向规模小型化、结构核心化趋势发展。单身家庭、单亲家庭、无子

女家庭等非传统化家庭形式的比重逐步上升,家庭管理方式也更加趋向民主化。与此相对应,现代消费者在消费需求观念、方式和内容上也发生了明显改变,以求与现代家庭生活方式相一致,相适应。比如,小型家庭的娱乐、旅游、教育消费支出明显增加;独生子女家庭中儿童对消费决策的影响作用越来越大。

3. 消费与闲暇生活方式的统一

闲暇生活涉及人们多方面需求的满足,因此,现代消费者对闲暇生活的重视程度不断提高,闲暇生活在社会生活方式中占有越来越重要的地位。与此相适应,在消费活动中,人们一方面努力提高自身的收入水平,增加旅游、娱乐、教育、社交等非商品性消费的支出,以便丰富和改善闲暇生活的内容与质量;另一方面,人们也在不断寻求新的消费方式,以求创造和占有更多的闲暇时间。消费趋向表明,现代消费者对闲暇生活的需要大大增加,已经把增加更多的闲暇时间和提高闲暇生活质量作为消费行为的重要导向。

购物返券大揭秘——商家刺激消费动机的策略

每逢节假日,商家们都会绞尽脑汁开展各种各样的促销活动,其中最为常见的招数便是购物返还购物券或现金。那么购物返券活动中到底暗藏着什么样的陷阱呢?为了使广大消费者清楚地了解返券的本质,笔者对购物返券进行了解读和剖析,以提醒消费者谨慎对待购物返券,做自主自立的消费者。

1. 返券使消费者被动地接受重复购物。商家采用满一定数额获得返券的优惠经常是限了单品再限单价,在价格的设定上费尽苦心。比如消费者购买某品牌商品满 1 000 元返100 元代金券,而商品的价格却设定为 1 999 元,仅差 1 元便不能得到 100 元的购物券,这就使原本看似九折的优惠变成了九五折。

2. 购物返券提高了消费数量。比如买 1 000 送 100,买 3 000 送 350,这就使得原本已经花了 900 多元或 2 000 多元的消费者有可能为了更多的优惠而再次购物。

3. 卖的是不透明商品。这些商品往往低值高价,其相对较高的利润空间不仅会弥补返券的成本,还会有较多的剩余利润,而这种商品往往不是消费者所需要的商品。此外,"返券"的限制还有很多,诸如限型号、限品牌、限数量、限活动、限时间、限价格、不开足额发票、分 A 券 B 券等。

4. 返券不找零。比如某个消费者有 100 元的返券,当他面对一个 110 元的商品和一个90 元的商品时,通常会选择后者。因为这 100 元的返券好像是"白来的",即使损失 10 元也无所谓。因此,商家利用消费者的这种心理将 90 元的商品利润设得较高,再加上不给顾客找回的 10 元,自然就成了大赢家。

（资料来源:骗术研究网 http://pianshu.jkFAQ.cn）

提示:返券其实是商家利用顾客贪图小利的消费心理和信息不对称,与顾客进行的一种消费游戏。

 **相关知识点**

 消费者的动机与营销活动

为什么有的人愿意买昂贵、名牌的服装，而有的人即使腰缠万贯也爱买便宜货？为什么有的人即使一个字不写也要在居室里摆上一个大大的写字台？为什么一个仅仅是轻微感冒的人要买名贵的抗生素药品？为什么有的人即使没有生病也要买一大堆药品？因为这些商品能满足这些人的某种需要，比如名牌服装能炫耀买主的身份和地位，大写字台能表明爱学习、文化修养高等。由于要满足这些特定的需要，因此决定了人们购买这种商品而不买另一种。这种影响顾客选择某种商品的原因就叫**购买动机**。

购买动机是在消费需要的基础上产生的引发消费者购买行为的直接原因和动力。动机把消费者的需要行为化，消费者通常按照自己的动机去选择具体的商品类型。因此，研究消费者动机可以为把握消费者购买行为的内在规律提供更具体、更有效的依据。

- 消费者动机：消费者购买并消费商品时最直接的原因和动力。
- 消费者动机的影响因素 { 消费者自身的因素　经济因素　环境因素

一、动机的概念

心理学将**动机**定义为引发和维持个体行为并导向一定目标的心理动力。动机是一种内在的驱动力量。消费者的消费行为也是一种动机性行为，他们所从事的购买行为直接源于各种各样的购买动机。动机是个体对自身需要的意识或体验，是个体一切行为的动力。或者说，动机是有机体朝一定目标活动的内在心理活动或内部心理动力。

消费者的动机是消费者购买并消费商品时最直接的原因和动力。在现实生活中，消费者受到某种刺激时，其内在的需要就被激活了，进而产生了一种不安的情绪（紧张、不自在）。这种内在的不安情绪与可能解除生理缺乏的消费对象结合，演化成一种动力，就是消费动机的形成。对消费者而言，消费动机激发消费者的需要，促使消费者去寻找能满足自己需要的东西，采取购买、消费行为，从而使生理上的不安情绪得到消除。

需要是个体生理或心理上的一种状态，一种对某方面需求的缺乏，它可能未被意识到它为产生具体的行为倾向和行为提供了可能性；而动机表现为激发个体意识到缺乏，并且为个体提供满足需要的具体行为指向。

相对于消费者的需要而言，动机的表现更为清楚明显。需要购买电动车的顾客，在需要的心理阶段，仅仅是一种倾向性的反映，有了具体的购买动机之后，人们会构思应该买多大动力、什么颜色、什么外形、什么牌子的电动车，这就是消费动机的表现了。动机把消费者的需要行为化，人们按照自己的动机去选择具体的商品类型。因此，研究消费者的动机可以为广大工商经营管理者提供更加直接、有效的参考依据，用于指导生产和经营。

二、消费者购买行为的类型

由于消费者需要复杂多样，因此在此基础上产生的消费者购买行为也是多样化的。消费者的购买行为可分为以下几种。

1. 习惯性购买

此类消费者对所要购买的商品早有了解，购买时会不假思索地选中目标，对某种商品常常会执拗地信任和偏爱。其心理状况往往是"你有千条计，我有老主意"，不为别人的劝说、非议所动。购买的对象一般都是普通生活必需品或烟、酒之类的嗜好品。具有习惯性购买动机的人，往往十分注意商品的商标，并牢牢记住自己喜爱的商品商标。对一些为大众所称道的名牌高档商品，人们会自然地产生一种信任感，形成习惯性购买。

2. 理智性购买

此类消费者在购买商品前一般都经过深思熟虑。他们对所要购买的商品有足够的知识和经验，对其特点、性能和使用方法等早已心中有数，因而在品评比较时，不受周围环境气氛和言论的影响。在商品选择过程中，他们除了注重外观和价格外，还着重检查商品的内在质量和特殊功能，并充分运用视觉、触觉、听觉等器官，以及记忆、想象、思维等方法，反复挑选，在恰当的时机立即决断。这类人在购买时，往往直奔目标，十分自信，一旦选中，不再退货。他们常常希望售货员认真配合他们进行挑选，但又不希望干涉他们的反复比较和选择。

3. 自信性购买

此类消费者在购买商品前一般都心中有数。对所要购买的商品，有自我确定的标准和选择的理由。他们不大受周围环境和他人的影响，即使临时改变主意，也是意料中的事。因此在这种购买动机的驱使下，购买的选择性很强，但选择的面较窄。自信性购买动机类似于理智性购买动机和习惯性购买动机。但在所要购买的商品面前，其理智和冷静的成分更多一些。自信性购买动机是消费者在某时、某地或某种心境下所产生的购买欲望，他们往往认准了商品的某一特点而特别偏爱。所以在买下商品受到别人非议时，他会寻找种种理由说服别人，并为自己的购买行为辩护。即使在购买发生失误的情况下，他也情愿坚持到底。

4. 冲动性购买

此类消费者在购买商品时，往往会被商品的外观、式样和包装的新奇所吸引和刺激，缺乏必要的比较。他们的购买活动常常表现为：心头一热→买下再说→后悔不迭。他们事先没有明确的购物目标，只是在浏览商品时无意中发现，引起了兴趣，决定购买，极易受周围环境、气氛和他人言论的影响，选择商品时心中无数。在冲动性购买动机支配下发生的购买行为，最易产生退货现象。在退货时，买者会为自己找出各种理由，但始终不会承认自己"不识货"。冲动性购买与理智性购买是相互对立的。在日常的购买活动中，理智性购买并不多见，而冲动性购买却常出现。即使是那些平时头脑较为冷静的人，在他所不了解的商品面前，也可能产生冲动性购买动机。这种购买行为往往会破坏原来早已安排好的购买计划，给消费者带来麻烦，所以需要人们随时注意控制。

5. 诱发性购买

这种消费者的心理过程是：好奇心→探究竟→被说服→掏钱买。它与冲动性购买很相似，都是事先没有什么计划和考虑的、偏重于感情的购买心理。但两者又有区别，冲动性购买一般说来是主动的、迅速的，而诱发性购买则是一个被动的、缓慢的过程。因此，它的后悔程度和退货率没有冲动性购买那么高。处理品、新奇产品等往往是产生这种动机的诱导对象。一般来说,妇女和青年容易产生这种购买行为。另外,这种行为又经常建立在消费者对商品和推销者比较信任的基础上。因此,尽管它是被动的,但却是情愿的。

6. 被迫性购买

这种消费者总是在不情愿的情况下,由于某种无法摆脱和回避的原因,不得不购买商品和劳务。他们并不是出于对商品好恶而是为了照顾某种人际关系而违心地破费。它是买者在权衡各方利弊后,被迫购买某种商品或劳务所作出的让步。尽管购买的物品对自己可能无益,购买是被迫的,但从其他方面考虑还是必需的,买后一般不后悔,很少发生退货现象。

7. 时髦性购买

这是由于外界环境的影响或社会风尚的变化而引起的购买心理。消费者力图借助所购买的商品达到引人注目,或显示主人身份和地位,或为了突出购买者的形象、美化居住场所等目的。它与冲动性购买一样,受感情的驱使。所不同的是,时髦性购买动机一般体现着人们对生活的向往和美好的追求,是生活水平逐步提高过程中自然产生的购买欲望。它不一定是在一时冲动下产生的,大部分经过长时间的考虑和比较,只要不超过力所能及的范围,一般没有必要过于非议。

8. 保守性购买

这是一种相对于冲动性购买或诱发性购买而言的购买行为。在商品紧缺、供不应求的情况下,较易使消费者产生冲动性购买(或诱发性购买),因而此时消费者似有"饥不择食"或不买就会"坐失良机"的心理。然而,在商品供过于求(或商品供应结构不合理所带来的局部性供过于求)时,同类商品的竞争加剧,促使产品质量不断提高、品种花色不断增多、价格不断下降。这给消费者带来有利条件,他们要经过充分挑选,满足自己的愿望,竭力做到"买最有利的"。保守性购买行为与理智性购买行为相似,两者都在消费支出前考虑再三。但保守性购买有时也带有盲目性,具有侥幸心理,一旦时机错过,也会后悔不迭。它不像理智性购买那样,对所要购买的物品有非常清晰的了解和认识,而只是由于市场供求情况促使他采取等待态度,所以也不像理智性购买行为那样能做到"心中有数"。

三、影响消费者动机的因素

影响消费者动机的因素主要有三大类:消费者自身的因素、经济因素和环境因素。下面分别加以说明。

(一) 消费者自身的因素

消费者自身的因素包括消费者的生理因素,比如消费者的性别、年龄、健康状况和生理特征等;心理因素,比如个性和认知因素等,是影响消费者行为的内在因素和行为因素。消费者行为过程主要包括认识问题、信息收集、产品评价、购买决策和购后行为,消费者已经发生或正在发生的外在行为影响其后续行为。

具体就个性和认识心理因素而言,兴趣对消费者有十分稳定而显著的影响,兴趣能促使消费者去积极地认识消费对象,有助于消费者作出消费决策,为购买活动做好准备,并能促使消费者经常从事有关消费活动,进行长期性、重复性购买。消费者的气质特点主要反映在他们购买商品前的决策速度、购买时的行为特点和情绪反映强度、购买后消费商品的体验等方面。不同性格的消费者,其消费行为差异也表现在消费观念的陈旧与更新、消费情绪的乐观与忧郁、消费决策的果断与犹豫、消费态度的节约与奢华、购买行为的冷静与冲突等方面。由于消费能力差异,每个人可能在进行某一方面或某类商品的消费时表现出充分的信心,而对另一种商品消费又表现为缺乏信心。消费者对商品的感知辨别力、分析评价能力及选购决策能力直接影响消费效果。从认知角度来看,消费需要是消费者行为的基础和源泉,感受和态度对商品的评价和购买倾向有重要影响,经验的获取与积累有利于提高消费能力、完善消费行为。前面提出的消费行为之所以表现出不同的类型,关键在于消费者自身的特性,尤其是心理倾向的不同。

（二）经济因素

经济因素是制约消费行为的一个基本因素。经济因素包括宏观经济因素和微观经济因素。微观经济因素主要涉及消费者以往经济状况、现有经济状况、预期经济状况、经济地位等一系列因素。宏观经济因素是指整体的经济环境,这与经济周期有关。当经济处于繁荣时,人们的经济状况良好,可以有更多可支配的收入,消费水平也相对高;当经济处于衰退时,人们的收入减少,人们可能节省可支配收入,消费水平就会降低。

经济因素对消费行为的影响主要集中于收入和价格对消费行为的约束上。家庭收入越高,人们食品方面的支出在收入中所占的比例(即恩格尔系数)就越小,用于文化、娱乐、卫生、劳务等方面的费用支出所占比例就越大。一般地,恩格尔系数在59%以上,属于绝对贫困;恩格尔系数为50%~59%,属于基本温饱;恩格尔系数为40%~50%,属于小康水平;恩格尔系数为20%~40%,属于富裕家庭(或社会);恩格尔系数在20%以下,为极其富裕。因此,根据恩格尔系数划分的消费结构水平代表了一个国家或一个家庭的生活水平,并可以据此分析消费者的消费行为与消费趋势。与此相似的是,菲利浦·科特勒等人对亚洲各国的收入水平和消费特点进行了研究。表3.2为收入水平与消费特点(亚洲)。

表3.2　收入水平与消费特点(亚洲)

年收入/美元	消费特点
1 000以下	主要集中在基本食品上;很少有可自由支配的消费开支
1 000~2 000	某些消费品开支;开始在外吃饭;某些超级市场购物开支,但所购产品范围有限
2 000~3 000	在超级市场采购范围很广的食品;娱乐或休闲的开支很显著;耐用消费品的开支增加,购买个人使用的小型汽车或摩托车
3 000~5 000	多样化的饮食消费,多样化的休闲开支,包括旅游度假;耐用消费品开支范围很广,包括非必需的耐用品(比如摄像机或高保真音响);个人健身的开支增加;购买汽车的增多
5 000~10 000	在外吃饭的开支增加,基本食品已为冷冻的加工食品所代替;休闲开支,包括海外度假与购买奢侈品;出现投资
10 000以上	投资;购买奢侈品;家庭娱乐

资料来源:菲利浦·科特勒.市场营销管理(亚洲版)(上)[M].中文1版.北京:中国人民大学出版社,1997:16.

商品价格也是影响消费者行为的非常重要而且很敏感的因素。商品价格具有衡量商品价值和品质、显示社会价值和社会地位、传达市场信息、引导消费方向等许多功能,直接影响消费者行为。不同商品的价格需求弹性是不同的。企业通常通过营销战略、产品策略、价格策略、渠道策略、促销策略等营销因素直接或间接作用于商品价格,从而影响消费者对价格的选择、态度等。

(三)环境因素

环境因素指消费者外部世界的所有物质和社会要素的总和,包括有形的物质体,比如商品和商场;空间关系,比如消费者与商场的空间距离、商场的位置及商品在商场中的位置;其他人的社会行为,比如周围是什么样的人,他们在想什么、做什么等。环境因素是影响消费者心理与行为的重要因素。比如,商场的装潢、与消费者住所的距离远近、前往商场的路途交通状况、周围的人对该商场的评价以及是否乐意到该商场购物都影响消费者的购买决策。许多营销人员比较重视可视环境(也称功能环境),因为它直接影响消费者的行为。但是对非可视环境的研究也不能忽视。根据环境因素的空间覆盖范围和影响人数的多少,环境因素可分为微观环境因素和宏观环境因素两个层次。微观环境因素指消费者直接接触到的、具体的物质因素和社会因素的总和。比如商场的购物环境、人流的多少、售货员的服务技能和态度、家人和朋友对某商品的看法等这些看似较小的因素都会影响消费者的特定行为。宏观环境因素指大规模的、具有普遍性的、影响广泛的物质环境和社会环境的总和。包括人口因素、经济因素(这里仅指宏观经济环境)、政治法律因素、社会文化因素、自然因素、科学技术因素等。下面重点说明社会文化因素对消费者行为的影响。

1. 社会角色对消费者行为的影响

每一个消费者都在社会生活的大舞台上扮演了一定的角色,消费者自觉不自觉地体现身份和地位的行为,最终都可以在消费中得到凸现。每个人扮演的角色也不是一成不变的和唯一的。比如,某人虽现为文教科研人员,但是一旦成为企业管理人员,其角色就发生了变化;而一位妇女则可能同时身兼女儿、母亲、妻子、公司职员等多种角色。每个人常常希望自己的消费行为与自己所担任的社会角色相吻合。作为家庭中的角色,比如妻子或母亲,她就比较关注日常生活用品、化妆品、服装及儿童用品。作为社会中所扮演的角色,会给消费者造成某些限制和规范,因而影响其消费行为。比如作为教师、干部,一般会非常关注自己服饰仪表的庄重性,对奇装异服则很少关注;而作为一名文艺界明星,则重视服装的时髦、新潮以引起别人的关注。因此每个人的角色意识会影响其消费结构,并反映在消费行为的特点上。

2. 社会阶层对消费者行为的影响

每个社会都按照某些标准或某些社会准则将其成员划分为若干社会阶层。属于同一社会阶层的人具有某些相似的价值观念和行为的准则,这些共同的观念和行为的方式对消费行为有很大的影响,这使同一阶层的消费行为有很大的相似性。不同阶层的消费者行为会有很大的差异性,这突出表现在不同阶层的消费者在产品和品牌选择、购货频率、信息来源、对创新的态度等消费决策上有很大不同。比如,高收入阶层追求新颖,倾向购买高档、豪华消费品,低收入阶层则仍以满足基本的消费需要为主,面对新颖、高价消费品一般持比较慎重的态度。正视这些因素对消费者行为的影响,对于企业营销中细分目标市场,制定具有针对性的策略是很有帮助的。

3. 相关群体对消费者行为的影响

相关群体主要指社会关系群体,包括家庭、学校、朋友、邻居、同事、社会团体等。相关群体影响了个人的态度和价值观念,向人们展示了新的行为和生活方式。由于相关关系不同,各相关群体对消费者行为的影响程度是不一样的。其中，家庭作为一个基本的消费单位，是相关群体中对消费者行为影响最大的。家庭结构不同和在家庭生命周期的不同阶段，消费者的行为都会有所不同。比如，独生子女家庭与非独生子女家庭中消费者的行为明显不同。只有一个孩子的父母为了满足孩子的需要甚至可以不惜一切，独生子女本人的消费行为一般表现出无忧无虑、任性随意等特点。而非独生子女家庭负担相对较重，要照顾大家，均衡支出，孩子们也慢慢地养成了安守本分、不搞特殊化的消费习惯。又如，未婚青年消费者常常对新产品敏感，好冲动和追赶时髦；新婚夫妇则努力追求家庭"基本建设"，购买欲望十分强烈；随着孩子的诞生及成长，家庭消费的投向开始分流，逐渐向孩子转移，消费生活的内容也会发生变化。在家庭生命周期的不同阶段，家庭的不同成员分别扮演着消费行为的影响者、决策者和身体力行者的角色。

另外，一些特殊的、并无直接关联的社会群体有时候也会对消费者行为产生影响。比如，影视体育明星、商界大款、政界要人等，他们的消费行为常常成为部分人模仿的对象，由此更加证明了相关群体对消费者行为有着不容忽视的重要影响。

4. 社会文化对消费者行为的影响

社会文化常常直接或间接地影响消费者的兴趣、爱好、思想等，进而影响消费者行为。生活在不同文化环境的人，其价值观念、行为方式、行为习惯、行为准则等也不同。社会文化分为地理文化、种族文化、民族文化、宗教文化等亚文化，因此不同的地理区域、不同的种族、不同的民族、有不同宗教信仰及风俗习惯的消费者，他们的消费行为可能是大相径庭的。一个总的趋势是，社会生产力发展水平越高，社会文明的发育程度越高，社会文化对于消费者行为的影响的积极、进步因素就越多，社会整体的消费水平和消费质量就越高。

任务项目4

消费动机：什么样的消费者需要白酒？

延续千年的中国酒文化和"无酒不成席"的传统饮酒习俗，仍然对当今人们的生活和工作产生着巨大影响，白酒无形中成为人们在各种社交场合中联络感情、相互交流和沟通的一种工具。

正是由于白酒这种人际交往载体的属性，同时又是个体消费品，因而消费者在饮用白酒时不可避免地同时存在社会性需求和自我性需求两方面动机。

1. 社会性需求

研究表明，消费者对于白酒的消费动机具有强烈的社会性需求特征，他们普遍认为饮用白酒多在聚饮场合，此时饮酒无疑是一种社会行为，如同人之衣物，外界评价最为重要，人们往往需要通过白酒显示良好的交往能力。总体而言，消费者希望通过白酒最终建立自信，图3.3为消费者心理利益阶梯。

2. 自我性需求

另一方面，消费者一致要求白酒最好能给自己带来轻松和休闲的感觉，他们认为目前工作和生活节奏日益加快，心理压力也不断增强，需要白酒对生理和心理进行放松和调节，让

图 3.3 消费者心理利益阶梯

自己无拘无束、心情舒畅。消费者认为业务招待的过程负担相对较重,他们普遍存在能否招待好、办成事的顾虑;一旦目的最终达成,消费者可以充分享受成功的喜悦,增强自信。

　　思考:试分析消费者动机类型的多样性和复杂性。

相关知识点

　　消费者动机的类型

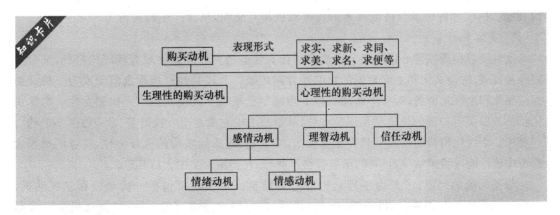

　　消费者的需要和欲望是多方面的,其消费动机也是多种多样的。从不同角度可以对动机的类型作多种划分。按照需要的层次不同,可以分为生存性动机、享受性动机和发展性动机;按照动机形成的心理过程不同,可以分为情绪性动机、理智性动机和惠顾性动机;按照动机作用的形式不同,可以分为内在的、非社会的动机,外在的、社会性动机等。就购买活动而言,消费者的购买动机往往十分具体,其表现形式复杂多样,与购买行为的联系也更为直接。

因此，对于企业经营者来说，深入了解消费者形形色色的购买动机，对于把握消费者购买行为的内在规律，用以指导企业的营销实践，具有更加现实的意义。消费者的购买动机可以作如下划分。

一、基本动机

人们购买消费商品时最基本的并且普遍存在的原因和动力，称为基本动机。基本动机包括实用型动机、便型动机、美感动机、健康型动机、安全动机、表现型动机、低价动机、好奇型动机、习惯动机、储备型动机、留念型动机、馈赠动机、补偿型动机和心理平衡动机等内容。

二、主导动机

主导动机是消费某一种商品时，引起消费者购买这种商品直接的并且起主要作用的原因和动力，比如，购买食物的主导动机是满足人们补充能量的需要；购买衣服的主导动机是满足人们遮体的需要。这些是消费食物与衣物最直接的目的也是最主要的目的，是其他商品很难替代的特性，具有相当的独特性。

1. 食品消费

食品消费的主导动机是追求绿色健康。2008年三鹿奶粉事件发生后，消费者对中国的食品安全环境表示担忧。现代人的饮食不仅是为了饱腹，已开始追求营养与健康。超市中的绿色蔬菜、天然水质养殖的水产品、人工散养的草鸡和鸡蛋成为现代人餐桌的新宠。

2. 服饰消费

服饰消费的动机复杂。设置在购物大厅中广告播放的画面音响或者刺激眼球的精美时尚橱窗陈列会对女性消费者造成强烈的感官冲击，她们往往经不住这些诱惑，引起好奇心和幻想情绪。大多数女性都有购买服装的嗜好，甚至有的女性是"购物狂"。所谓"购物狂"，就是对商品有一种强烈的占有欲，当她们面对琳琅满目的服装时，就会大掏腰包。哪怕她们的衣橱里已经有了各式各样、数量众多的服装，但仍然觉得"始终少一件衣服"。追求品牌、流行、舒适、档次和各种场合搭配需要的各种动机相互交织，从而产生购买行为。

3. 美容化妆品

女性美容消费差异心理明显。后消费时代女性的消费心理既体现着传统的特征，又会受到经济发展、时尚文化和主流意识的影响而背离传统。上述共性也就逐渐演变成为一种新型的情感化和个性化消费，对一些商品获得心理满足已超过了其使用价值。比如女性认为购买化妆品或做美容护理的价值就是保护皮肤，从情感上说它满足了女性爱美、希望红颜不老的心理要求。个性化消费则代表了消费者或张扬、或含蓄、或离经叛道的独特个性，就像广州等大都市中流行的牙齿镶钻项目一样，虽然价格不菲，却在新新人类中大行其道。

根据动机的起源，可分为生理动机和心理动机。生理动机包括一次动机和二次动机。一次动机是生物起源性的，以饥饿、性欲、渴、好奇心等生理方面为基础；二次动机是心理起源性的，以成就归属、地位等社会心理方面为基础。比如，用"渴"这个一次动机很难解释消费者选择"可口可乐"的理由。二次动机是在与其他人相互作用的过程中学习而形成的，人类的大多数动机，比如恐惧、寻求父母赞同、希望与他人交往、获得权力、取得成就等，均源于二次动机，它们受文化的影响很大；它也能在与一次动机的联结中形成，比如学生追求高分并非一次动机，它源于少儿时代父母运用奖惩方法使然，在作为一次动机的奖惩长时期消失后,分数或成绩仍然强有力地影响着人的行为;二次动机可以成为其他二次动机的基础,比如在回避痛苦这个一次动机之上的二次动机(即减少威胁)可成为归属动机的基础。

心理动机具体包括情绪动机、情感动机、理智动机和惠顾动机。① 情绪动机是由人的喜、怒、哀、乐、恶、欲、惧等情绪引起的动机,具有冲动性、即时性和即景性的特点。因此,节日历来是商家销售的最好时机。② 情感动机则是由道德感、群体感、美感等人类高级情感引起的动机,具有稳定性和深刻性的特点。③ 理智动机是在人们对商品的客观认识的基础上,经过分析比较而产生的动机,具有周密性、客观性和控制性的特点。④ 惠顾动机兼有理智动机和情感动机的特征,是建立在以往消费经验基础之上,对特定商店或品牌产生信任和偏爱而形成的动机,具有相对稳定和长期性的特点。

三、基本动机的类型

(一) 追求实用的动机

它是指消费者以追求商品或服务的使用价值为主导倾向的购买动机。在这种动机的支配下,消费者在选购商品时,特别重视商品的质量和功效,要求一分钱一分货。相对而言,商品的造型与款式等不是特别强调对商品的象征意义所显示的“个性”。比如,在选择布料的过程中,当几种布料价格接近时,消费者宁愿选择布幅较宽、质地厚实的布料,而对色彩、是否流行等给予的关注相对较少。具有这种购买动机的消费者比较注重商品的功用和质量,要求商品具有明确的使用价值,讲求经济实惠,经久耐用,而不过多强调商品的品牌、包装、装潢和新颖性。这种动机并不一定与消费者的收入水平有必然联系,而主要决定于个人的价值观念和消费态度。

产生实用性消费动机的原因一般有 3 种。一是商品的价值主要表现为它的实用性,比如洗衣粉、毛巾等,消费者不必刻意去追求商品别的特性。二是消费者已经形成实用性消费观,成为他购买所有商品的一条准则,选购商品时会把商品的实用性放在第一位。三是消费者的经济能力有限,没有能力追求商品的精美外表,或购买价格昂贵、知名度很高,但实用性差的一类商品。消费者在购买商品或劳务时,特别重视商品的实际效用、功能质量,讲求经济实惠、经久耐用,而对商品的外观造型、色彩、商标、包装等不大重视。在购买时大都会比较认真仔细地挑选,也不太受广告宣传的影响。一般而言,消费者在购买基本生活资料、日用品的时候,求实动机比较突出;而在购买享受资料、较高档次的、价值大的消费品时,求实动机不太突出。此外,也要看消费者的消费支出能力和消费的价值观。

(二) 求得方便的消费动机

它是指消费者以追求商品购买和使用过程中的省时、便利为主导倾向的购买动机。在求便动机的支配下,消费者对时间、效率特别重视,对商品本身则不甚挑剔。他们特别关心能否快速方便地买到商品,讨厌过长的候购时间和过低的销售效率,对购买的商品要求携带方便,便于使用和维修。一般而言,成就感比较高,时间机会成本比较大,时间观念比较强的人,更倾向于持有求便的购买动机。追求便利是现代消费者提高生活质量的重要内容。受这一动机的驱动,人们把购买目标指向可以减少家务劳动强度的各种商品和服务。这是为了减少体力与心理上的支出而出现的消费原因。求得方便的形式可以分为 3 种。一是商品可以减少或减轻消费者的劳动强度,节省体力。在房地产市场上,尽管精装修房的价格不菲,但是仍然有相当多的购买者因为可以"拎包入住"而购买。二是商品具有一些方便消费者使用的功能,减少操作使用的麻烦,比如多功能产品、方便食品等。三是可以方便消费者的购买,减少购买过程的麻烦。顾客以在购买过程中追求购买过程简便、省时为主要特征。2008 年 10 月,美国知名的网络调查分析公司 Compete.com 进行了一项关于"人们为什么选择这家银行,或者选择这家银行的竞争对手"的市场调查,筛选出了人们选择银行的十大原因,其中第一位就是银行位置的便利性以及是否布放有 ATM 机。

（三）追求美的动机

它是指消费者以追求商品欣赏价值和艺术价值为主要倾向的购买动机。消费者购买商品时特别重视商品对人体的美化作用、对环境的装饰作用、对其身体的表现作用和对人的精神生活的陶冶作用,追求商品的美感带来的心理享受。购买时受商品的造型、色彩、款式和艺术欣赏价值的影响较大。强调感受,而对商品本身的实用性要求不高。这样的消费者往往文化素质较高,生活品位较强。但从现在的情况看,也有这样两个趋势。其一是随着人们生活水平的提高、收入的增加和用于非食物方面开支比重的增大,求美动机越来越强烈了。其二是随着时间的推移,人们休闲时间的增加,越来越多的人注重求美的动机了。在这种动机支配下,消费者选购商品时特别重视商品的颜色、造型、外观、包装等因素,讲究商品的造型美、装潢美和艺术美。求美动机的核心是讲求赏心悦目,注重商品的美化作用和美化效果,它在受教育程度较高的群体以及从事文化、教育等工作的人群中是比较常见的。据一项对近 400 名各类消费者的调查发现,在购买活动中首先考虑商品美观、漂亮和具有艺术性的人占被调查总人数的 41.2%,居第一位。而在这中间,大学生和从事教育工作、机关工作及文化艺术工作的人占 80% 以上。

（四）追求健康的动机

健康动机是人们为了使身心得到调整和休养而产生的一种动机。健康动机包括两个方面:生理上和心理上的健康动机。人人都有追求健康长寿的愿望。随着人们生活水平的不断提高,身体健康日益成为人们关注的焦点,花钱买健康已成为大家的共同目标。现代人生活节奏快,在工作中面临激烈竞争,由此造成了巨大的心理压力,此时,追求心理上的健康也成为现代人消费的新潮动机。出外旅游度假、重视闲暇时间的安排、摆脱压力和消除心理紧张方面的动机日益明显。图 3.5 为现代人健康动机的来源。

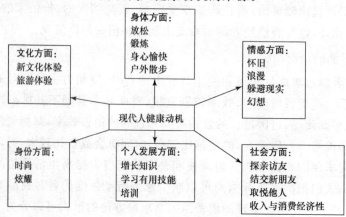

图 3.5　现代人健康动机的来源

（五）追求安全的动机

抱有这种动机的消费者通常把商品的安全性能和是否有益于身心健康作为购买与否的首要标准。就安全性能而言,消费者不仅要求商品在使用过程中各种性能安全可靠,而且刻意选购各种防卫保安性用品和服务。与此同时,追求健康的动机日益成为消费者的主导性动机。此动机有两种表现形式。一是为了人身与家庭财产的安全,消费者需要购买相应的商品以防止具有危害性的事情发生。比如女性消费者为防身用的喷雾器和家用防盗报警装置。二是在使用商品的过程中,希望商品的性能安全可靠。我国现阶段很多商品的安全性能都需要提高,以便消费者在使用的过程中能得到一种安全感。

（六）求名的动机

这是指消费者通过购买特殊的商品来宣扬自我、夸耀自我的一种消费动机。这是消费者为追求名牌、高档商品,借以显示或提高自己的身份、地位而形成的购买动机。当前,在一些高收入层、大中学生中,求名购买动机比较明显。求名动机形成的原因实际上是相当复杂的。购买名牌商品,除了有显示身份、地位、富有和表现自我等作用以外,还隐含着减少购买风险、简化决策程序、节省购买时间等多方面考虑因素。这是因仰慕产品品牌或企业名望而产生的购买动机。求名的购买动机不仅可以满足消费者追求名望的心理需要,而且能够降低购买风险,加快商品选择过程,因而在品牌差异较大的商品,比如在家用电器、服装和化妆品的购买中,成为带有普遍性的主导动机。

因人们的人性特点不同,这种动机的强烈程度也就因人而异。有些消费者求名的动机十分微弱,有些消费者的求名动机十分强烈。这一动机以追求名牌为主要特征。在这种动机的驱使下,顾客购买几乎不考虑商品的价格和实际使用价值,只是通过购买、使用名牌来显示自己的身份和地位,从中得到一种心理上的满足。具有这种购买动机的顾客一般都具有相当的经济实力和一定的社会地位。此外,表现欲和炫耀心理较强的人,即使经济条件一般,也可能具有此种购买动机。他们是高档名牌商品的主要消费者。一般而言,青年人和收入水平较高的人常常具有这种购买动机。

（七）求廉的动机

这是以注重商品价格低廉,希望以较少支出获得较多利益为特征的购买动机。消费者以追求商品和服务的价格低廉为主导倾向的购买动机。在求廉动机的驱使下,消费者选择商品以价格为第一考虑因素。他们宁肯多花体力和精力,多方面了解、比较产品价格差异,选择价格便宜的产品。相对而言,持求廉动机的消费者对商品质量、花色、款式、包装、品牌等不是十分挑剔,而对降价、折让等促销活动怀有较大兴趣。有这种动机的消费者,选购商品时会对商品的价格进行仔细比较,在不同品牌或外观质量相似的同类商品中,会尽量选择价格较低的品种。同时喜欢购买优惠品、折价品或处理品,有时甚至因价格有利而降低对商品质量的要求。求廉的动机固然与收入水平较低有关,但对于大多数消费者来说,以较少的支出获取较大的收益是一种带有普遍性的甚至是永恒的购买动机。

价格敏感是这类消费者的最大特点。在购买时不大看重商品的外观造型等,而是受处理价、优惠价、大特价、清仓价、"跳楼价"等的影响较大。一般而言,这类消费者收入较低或者经济负担较重。有时也受对商品的认识和价值观的影响。近年来还有一种趋势,就是在目标市场营销中,较低档次的消费者对于较高档次的消费品而言,往往是求廉购买。比如在广州不少的时装专卖店,本来是面向高收入者的,他们讲究时装的质地、款式、时髦与否,看重服务、购物环境等,普通大众一般的时候是不会光顾的,但在换季大减价清仓处理时,普通的消费者就会去抢购,这就是求廉动机的激发。

(八) 好奇性的消费动机

这是消费者以追求商品、服务的时尚、新颖、奇特为主导倾向的购买动机。在这种动机的支配下,消费者选择产品时,特别注重商品的款式、色泽、流行性、独特性与新颖性,相对而言,产品的耐用性、价格等成为次要的考虑因素。一般而言,在收入水平比较高的人群以及青年群体中,求新的购买动机比较常见。改革开放初期,我国上海等地生产的雨伞虽然做工考究、经久耐用,但在国际市场上,却竞争不过我国台湾省、新加坡等地生产的雨伞。原因是后者生产的雨伞虽然内在质量很一般,但款式新颖,造型别致,色彩纷呈,能迎合欧美消费者在雨伞选择上以求新为主的购买动机。当人们对于面前的事物觉得新鲜、有趣和奇特的时候,人们想要了解它、理解它和尝试它的好奇心就产生了。促使消费者产生好奇心,并且激发购买愿望的商品,都是些外观新颖、功能奇特或者给消费者意想不到的发现的商品。比如,一家商店门口遮得严严实实,只有5个字"男士禁入内",这让人们产生无尽好奇,于是,有女伴的纷纷让女伴入内看看里面到底有什么,其实也不过一些女士用品,但由于开始激发了人们的好奇心,销售量大为增加。

好奇性的购买动机虽然普遍,但就某一种特定商品而言,消费者的好奇动机难于长时间地保持下去,这与人们的感觉适应性密切相关。因此,好奇的动机是不稳定的,人们的好奇心容易转移到别的更有新意的商品上去。

(九) 馈赠的动机

中国是个很重视人情往来的国家。馈赠的目的是为了表达一种情感,增进双方的友谊,或是为了纪念一件事情,或出于一种风俗习惯,或为了某种利益的交换等,因此馈赠商品时人们挑选和购买的标准是各不相同的。

(十) 补偿性动机

补偿心理是一种心理适应机制,个体在适应社会的过程中总有一些偏差,以求得到补偿。从心理学上看,这种补偿,其实就是一种"移位",即为克服自己生理上的缺陷或心理上的自卑,而发展自己其他方面的长处、优势,赶上或超过他人的一种心理适应机制。由于有些消费动机不能转化为现实的消费行为,经过较长的时间并且消费者具备了相应的条件后才出现的消费动机,这时的动机表现为一种补偿性。比如某个科幻电影,因为某种原因没能去看而后悔,下次再有类似电影就一定要去看,以取得心理的补偿。

四、消费者购买动机的可诱导性及应用

(一) 购买动机的可诱导性

所谓**诱导**,就是营销员针对消费者购买主导动机指向,运用各种手段和方法,向消费者提供商品信息资料,对商品进行说明,使消费者购买动机得到强化并对该商品产生喜欢的倾向,进而采取购买行为的过程。

(二) 诱导的方式方法

营销人员运用购买动机的可诱导性,必须掌握科学的诱导方式和方法。主要的诱导方式有证明性诱导、建议性诱导和转化性诱导。

1. 证明性诱导

证明性诱导主要包括实证诱导、证据诱导和论证诱导。

（1）实证诱导。即当场提供实物证明的方法。这种方法逐渐被采用。如今电视购物中多采用实证诱导的方法，在摄像机的镜头下，将产品的功能性一一展示。比如把手表放入水槽中陈列，以证明其防水性能，诱导顾客的信任。实证诱导方法可因行业、因商品采用，比如玩具当场操作表演，收录机、电视机当场收听、收看，服装让顾客穿在身上，面料做成使用状态给顾客看等。

（2）证据诱导。即向消费者提供消费效果证据的方法。有些商品不适合采取实证方法，就可以适用证据方法诱导。比如健身饮料如何向消费者证明其营养价值、健身功效呢？各种保健品和保健饮料可以通过专业人士对产品所含维生素等营养元素的介绍来进行证据诱导。证据诱导要使用消费者所熟知的、又有感召力的实际消费证据，才能使消费者相信所购商品。

（3）论证诱导。即用口语化的理论说明促进信任的方法。这种方法要求营销员有丰富的商品学知识，对出售商品的理化成分、生产、工艺、质量性能、使用方法有清楚的了解，同时有诉说能力，可以简明扼要地向消费者介绍。比如，对化纤纺织品，无须说明化纤有七大类，只需向顾客说明"化纤产品，洗后不用熨烫就可穿用，挺括结实"，便能收到诱导效果。

以上3种诱导方法，从一次诱导角度分析，实证诱导效果较佳，证据诱导效果次之，论证诱导效果较小。从多次诱导结果看，效果顺序正好相反。实际运用中，应结合消费者购买动机系统的主导动机，配合商品特点，灵活运用。

2. 建议性诱导

建议性诱导是指在一次诱导成功后，乘机向消费者提出购买建议，达到扩大销售的目的。提购买建议一般有下列的机会：① 顾客目光转向其他商品的时候；② 顾客询问某种商品本店是否有售的时候；③ 顾客提出已购商品的使用维修问题的时候；④ 顾客向营业员话别的时候。建议性诱导的内容，有以下5个方面。第一，建议购买高档次商品。提这类建议的条件是要对顾客的购买预算作出判断，以免建议不妥伤了顾客的自尊心。第二，建议购买替代商品。提这类建议的条件是消费者要购买甲牌商品，本店无货，但有在质量、性能、价格与甲牌商品不相上下的乙牌商品，建议时不要强求顾客购买。第三，建议购买关联商品。进行关联商品购买建议时要注意，若两项商品有主次之分，当顾客购买主项商品时，建议其购买次项商品极易成功，反之则较困难。比如，向购买火石的消费者建议购买打火机，往往徒劳。第四，建议购买大包装所需商品。同类商品大包装比小包装在费用上较为经济。对于某些连续使用的消耗性商品，这种建议容易成功。第五，建议购买新产品。新产品对消费者来说，没有使用经验的参考，购买欲望难以形成。营业员要做好宣传，并作出退换、保修承诺，才有可能建议成功。进行建议性诱导，营业员时刻要记住顾客有潜力可挖，彻底破除实现一次销售就等于接待完一位顾客的观念。

3. 转化性诱导

以上两种诱导方式方法在运用时消费者可能会提出问题，甚至针锋相对，使买卖陷入僵局。这时就需要通过转化性诱导，缓和气氛，重新引起消费者的兴趣，使无望的购买行为变为现实。常用的转化性诱导有以下几种。

（1）先肯定再陈述。先肯定顾客言之有理的意见，使顾客得到心理上的满足，然后再婉言陈述自己的意见，这样可以令消费者自然地回心转意，从而采取购买行为。

（2）询问法。即找出顾客不同意见的原因，再以询问方式，转化对方意见，询问中态度要和蔼，否则顾客被问得哑口无言，顾客失去了面子，为了自尊，宁可到其他商店去买。

（3）转移法。即把顾客不同意见的要点，直接联结到出售商品的特点上去，使顾客心理通过思维的桥梁，集中到销售商品的特点上。

（4）拖延法。遇到顾客提出意见难以回答时，就不能急于用不充分的理由去诉说，可以先给顾客看商品说明书，用短暂的时间考虑有说服力的回答。

总的来说，运用购买动机的可诱导性，因时、因地、因人和因商品使用各类诱导方法，能够唤起消费者的潜在欲望，促使他们采取购买行为，能够顺利实现消费者的意识欲望，使购买活动成功。图 3.6 为消费者的需要和动机的产生、自我形象与生活方式的形成。

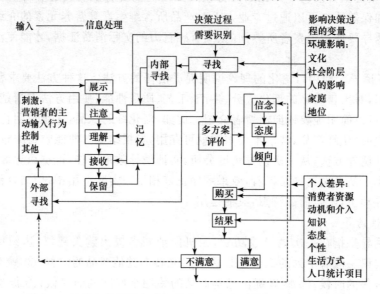

图 3.6　消费者的需要和动机的产生、自我形象与生活方式的形成

 课后练习

一、名词解释

求新动机　　求名动机　　补偿动机　　需要层次论

二、简答题

1. 影响购买动机的因素有哪些？

2. 生理性购买动机与心理性购买动机有哪些区别与联系？

3. 马斯洛的需要层次论对制定营销策略有何启示？

4. 举例说明补偿性动机的存在。

三、思考讨论题

1. 分小组讨论旅游产品的现状以及刺激消费动机产生的原因。

2. 结合自己的某一次购买行为过程，绘出购买行为的流程图，并表明其中受到哪些因素的影响，产生哪些行为选择分支。

消费者的认知心理过程

◎了解消费者认知的基本过程

◎了解消费者注意、感觉、错觉与学习

◎验证消费者对商品的认知及影响因素

 **案例与思考**

在家电行业,格兰仕是众所周知的"价格屠夫",这个称号在初期是消费者发自内心的赞誉之词,但后期却成了一种戏称。为了提升品牌的美誉度,2006年年底,格兰仕集团制定了由"世界工厂"向"百年企业 世界品牌"转型的战略计划。然而,在2006年至2007年期间,微波炉行业遇到了发展瓶颈,出现了数次月销售增幅下降的现象。格兰仕在此关键时刻策划出一个活动,解决了行业发展瓶颈和企业品牌提升的双重任务。而任务的症结在于导致这两个问题产生的同一根源——消费者对微波炉的认知停留在"加热工具"这个层面上。

发 掘 信 息

微波炉发明60周年的信息被成功挖掘出来。以此为契机,打造一个集文化、营销、技术交流等在内的综合性盛会,一揽子解决两个问题的方案便自然形成。这次盛会被命名为"微波炉节",它的首要任务不是销售,而在于从根源上解决消费者对微波炉的认知问题。

项 目 调 研

微波炉节的创意产生以后,应该采用什么样的定位、容纳哪些内容引起了广泛的争论。最终微波炉节被定义为消费者的节日,原因在于消费者对微波炉的错误认知是造成一切问题的根源。

从1996年起,格兰仕发起的数轮价格战使其市场占有率迅速飙升,它的成功鼓舞了微波炉行业中的所有企业,价格战随之成为这个行业竞争的不二法门,同时给消费者留下了太过深刻的印象。与此相对应的是,消费者对微波炉的认知仅停留在"加热工具"这个层面上,多数消费者仅仅将微波炉用来热牛奶,热剩菜、剩饭。事实上,加热功能是所有高中低档微波炉所共有的功能,但在市场上,这一共有功能却几乎被视为微波炉的唯一功能。

格兰仕所做的市场调研表明,微波炉功能的使用率只有5%,95%以上的功能都没有被消费者认知。要破解微波炉行业的这一难题,首先要解决消费者对微波炉的认知,要让消费者认识到,微波炉不仅仅是加热工具,更是烹炒煎炸、蒸煮煲炖的厨房好帮手。为此,格兰仕微波炉节孕育而生。

2007年是美国人斯本塞发明微波炉的60周年,这对格兰仕而言是一次天赐良机,可以对微波炉的发展进行一次断代——将微波炉前60年的发展划为第一代微波炉,将此后的微波炉定义为新一代微波炉。

微波炉节的推广将以此为基调,通过对微波炉进行划时代的推广,强化消费者对微波炉历史发展的认知。同时,通过"强化微波炉不同发展历史阶段",让消费者意识到自己的消费者意识停留在60年前的水平,要想跟上时代潮流,必须改变观念。

创 意 策 略

在纪念微波炉发明60周年的核心创意被确认后,需要有一种新产品为微波炉的发展进行断代。为此,格兰仕整合中国、韩国和美国3地的科研力量,研发出一款顶级蒸汽光波微波炉,成为整个微波炉节的神来之笔。

这款微波炉最终被命名为"60 经典",它集合了微波炉发明 60 年来的使用功能。在传播推广方面其意义在于,一方面通过"60 经典"让消费者意识到微波炉具有多种功能,认识到它不仅仅是用来加热的;另一方面清楚地告诉消费者"60 经典"代表了发明以来的最高水平,自"60 经典"之后,微波炉行业将进入一个新时代。

此外,微波炉节还构建了一系列与消费者沟通的平台。首先,携手 CCTV 打造"美食美客 三人餐桌"栏目,并开通了多条热线,与格兰仕形成人员、信息等多方面的互动;其次,联合全国各地主要卖场举办"微波改变生活"大型图文展,面向全国启动"我与微波炉的难忘记忆"大型有奖征文活动。

在二、三级市场,格兰仕充分利用自建的格兰仕家电生活馆,将微波炉节直接推向消费者。当地所有的格兰仕家电生活馆经过精心准备,迎接市民前来参观、品鉴和购物。格兰仕把生活馆作为定点展示舞台,把老百姓喜闻乐见的"大篷车"活动方式作为户外展示舞台,举行了一系列丰富多彩的活动,通过趣味互动、欢乐共享的方式,让大家更好地了解和应用微波炉。微波炉节期间,全国各地大卖场、家电商场等格兰仕专柜,准备了关于微波炉的各类有奖趣味问答、现场微波炉美食展示、赠送美味光碟等系列活动。如果消费者在微波烹饪上拥有绝活,还可以上台展示出色厨艺,与大家分享微波美食心得。

案例分析思路

消费者是千差万别的,每个消费者都有特定的心理活动方式。同一个消费者对不同的商品将产生不同的情感和意志,不同的消费者对同一商品也会有不同的态度。对消费者的心理研究,首先要从这种复杂的千差万别的心理现象中,找出其一般的心理活动规律,以便从总体上认识和研究消费者心理。在商品经济发展的条件下,任何消费行为都不能不和购买行为联系在一起。因此,我们研究消费者的心理过程不能离开他们的购买行为。消费者的心理活动过程是指消费者从接触商品到购买商品时心理活动产生、发展和变化的全过程,是消费者的不同心理活动现象对商品现象的动态反映。心理学认为,任何心理活动都有它发生、发展和完成(或转移)的过程,这些过程包括认知过程、情感过程和意志过程。同样,消费者从购买商品之前到把商品买去使用的整个过程,一般来说也存在着对商品的认知过程、情感过程和意志过程。这些过程既互相区别,又互相联系,并互相促进。

消费认知从哪里开始:广告疲倦效应体验

《重庆商报》2008 年 2 月 15 日报道:2 月 6 日(除夕)夜开始,一则著名毛纺品牌"恒源祥"的电视广告在全国多家电视台的黄金时段播出。1 分钟的时间里,广告背景音从"鼠鼠鼠"一直叫到"猪猪猪",把十二生肖叫了个遍,其单调的创意和高密度的播出,遭到许多观众炮轰。这则名为"十二生肖"的广告制作其实很简单,也可以算是该品牌"羊羊羊"系列的延伸。在长达1分钟的时间内，由北京奥运会会徽和恒源祥商标组成的画面一直静止不动，广告语则由原来的"恒源祥，羊羊羊"变成了由童声念出的"恒源祥，北京奥运会赞助商，鼠鼠鼠"（以下依次将十二生肖叫了个遍，直至猪猪猪）。"我还以为我家电视机坏了！"这是春节期间在家初次看到这则广告时，市民孙小姐的第一反应。她的感受是"太恶俗了"。与孙小姐一样，很多网友认为这则新版的广告就是简单而机械的重复，而且时间长达一分钟，令人无法忍受。

思考：分析为什么企业特意制作的广告却引来如此恶评。

 消费者的注意与营销活动

- 消费认知全过程：
  注意→感觉→知觉→记忆→联想→学习
- 消费者注意的特点：指向性、集中性
- 消费者注意的分类
  - （一）不随意注意
  - （二）随意注意
  - （三）随意后注意

一、注意的含义及特点

1. 注意

注意是一种心理现象，是人的心理活动对某一事物的指向与集中，指向性与集中性是注意的两个特点。**指向性**是指注意从某一事物转移并指向某一特定的对象。**集中性**是指注意在指向对象上集中起来。从注意的本质可以看出，注意并不是一个独立的心理过程，而是一种独特的心理状态，它不仅伴随在感觉、知觉、记忆、思维等心理活动中，而且是这些心理活动不可缺少的条件。因为只有注意着什么，才能感知、记忆和思维着什么。如果顾客根本没有注意到某一商品的存在，他也就不会考虑此商品对自己有什么用处，以及决定是否购买。

2. 注意的特点

注意具有两大特点：指向性和集中性。

指向性，表明的是人的心理活动所具有的选择性，即在每一瞬间把心理活动有选择地指向某一目标，而同时离开其他对象。所谓集中性，是指人的心理活动只集中于少数事物上，对其他事物视而不见，听而不闻，并以全部精力来对付被注意的某一事物，使心理活动不断地深入下去。在广告活动中，充分地利用注意的这两个特点，可以使消费者专注于广告宣传对象，使之离开一切与广告宣传无关的其他事物。这样，就可以使广告宣传的内容在消费者的心理活动中得到清晰、鲜明的反映。

人在同一时间内不能感知一切对象，而只能感知其中少数对象。在满天星星的夜晚，我们只能同时看清楚几颗星星，而不能看清楚所有的星星；在思考问题时，我们也只能同时想到少数几个问题，而不能想到所有的问题。注意的对象可以是客观存在的具体事物，也可以是自己的行动或思想，在后面这种意义上，通常用"专心"来表达。由于心理活动对一定对象的指向和集中，这些少数对象就被清晰地认识出来；而同时作用的其他对象，就没有意识或意识得比较模糊。所以一个人注意到某一些对象时，他同时便离开了其他对象。集中注意的对象是注意的中心，其余的对象有的处于"注意的边缘"，多数处于注意范围之外。

从注意的指向性和集中性可以看出，注意本身并不是一种独立的心理过程，而是感觉、知觉、记忆、思维等心理过程的一种共同特性。我们经常说"注意灯光"、"注意铃声"，并不是说注意本身就是独立的心理过程，而是把"注意看灯光"、"注意听铃声"中的"看"字和"听"字省略了。另外，平时讲"没有注意"并非指人在清醒状态时，心理活动在进行时什么也不注意，而是说人的心理活动没有指向并集中于当前应该注意的对象，而指向并集中于当前不应该注意的对象上去了。

二、注意的分类

（一）不随意注意

1. 不随意注意的概念

不随意注意是指事先没有目的、也不需要意志努力的注意。注意的引起不是依靠意志的努力，而是由刺激物本身的特点决定的。引起不随意注意的原因包括刺激物本身的特点以及人自身的状态。刺激物的强度越大，新异性越强，与周围环境形成越鲜明的对比，具有的运动变化性越容易引起人们的注意。人自身的状态、需要、情感、兴趣、过去经验等也起一定的作用。刺激物的意义性使得某些物理强度上异常微弱的刺激也能引起人们的不随意注意。刺激物的变化和新异性也会引起人的不随意注意。当周围环境发生某种变化，在环境中出现了某种新异刺激物的时候，人很容易以各种方式去探寻这种刺激物。比如在熟悉的人或事物的外貌上突然有了显著的变化，光线、声音的加强或减弱，以及物体的运动等，都会发生这样的作用。新事物很容易成为注意的对象，而刻板的、千篇一律的、多次重复的东西就不易引起人的注意。

2. 刺激对不随意注意的影响

（1）刺激物的强度。刺激物的强度对于引起不随意注意具有重大作用。强烈的刺激物，比如强烈的光线、巨大的声响和浓郁的气味都容易引起不随意注意。按照条件反射的强度规律，刺激物在一定限度内的强度越大，它所引起的兴奋就越强，对这种刺激物也就越容易进行分化和形成条件联系。在这里，刺激物的相对强度有重要意义。一个强烈的刺激物如果在其他强烈刺激物构成的背景上出现，就可能不引起注意；相反，一个不甚强烈的刺激物，如果在没有其他刺激物的背景上出现，也可能引起注意。比如在喧嚣的地方，很大的声音也不会引起人的注意；而在寂静的环境里，即使很小的声音，也会引起人的注意。刺激物之间的对比关系在引起不随意注意上也是有作用的。客观刺激物之间的任何一种显著的差别——形状、大小、颜色或持续时间等方面的差别，都会引起不随意注意。在一些大物体中间，很容易把一个小物体区分出来；在一些断续的、短促的声音中，很容易把一个长的声音区分出来；一个有颜色的物体很容易从无颜色的物体中区分出来；一个外国单词在汉字中会特别引人注意。

（2）刺激物之间的对比关系。刺激物在形状、大小、颜色、持续时间等方面与其他刺激物存在显著差别，构成鲜明对比时，会引起人们的注意。刺激物在形状、大小、颜色和持续时间等方面与周围环境和其他刺激物对比强烈、差异显著时，很容易引起不随意注意，比如，"绿叶中的红花"、"鹤立鸡群"等。喧嚣的闹市中，大声的叫卖未必能引起别人的注意，但在安静的阅览室中小声交谈就可能引起别人的注意。

（3）刺激物的活动和变化。活动的、变化的刺激物比不活动、无变化的刺激物容易引起人们的注意，处于活动和变化状态的刺激物常会成为人们注意的对象。都市夜晚闪烁的霓虹灯、音乐演出中乐团指挥的手势，以及大道上疾驰而过的车辆都容易引起人们的不随意注意。比如，松下电器在北京做的路版彩电广告，用几千片镀铝构成图案，随风闪动，非常引人注目。

（4）刺激物的新奇性。新东西很容易成为注意的对象，而千篇一律的、刻板的东西很难引起人的注意。外形新奇、功能独特的事物常会成为人们关注的焦点，是因为它们很容易引起人们的不随意注意。当在我们以往生活中从未经历过的刺激物出现时，自然会引起注意，这是刺激物的绝对新颖性。比如对于一个新设计的外星人模型，人们很容易注意到它。另外，各种已熟悉的刺激物的独特组合也是引起不随意注意的因素。比如，在一次新科技展览会上，一只背上长着人耳的老鼠吸引了众人的目光，这就是刺激物的相对新颖性在起作用。

（二）随意注意

随意注意是指有预定目的、需要一定意志努力的注意。它是在不随意注意的基础上发展起来的，是人类所特有的心理现象。随意注意受多种因素的影响，比如，活动的目的与任务、对活动的兴趣与认识、个体的知识经验、活动的组织、个体的人格特征及意志品质等。一般来说，活动的目的越明确、越具体，越容易引起随意注意；有趣的事物容易引起随意注意；正确地组织活动，也影响随意注意的引起和维持；和自己的知识经验有一定的联系又保持一定新异性的事物，容易维持注意。一个具有顽强、坚毅性格特点的人，易于使自己的注意服从于当前的目的与任务。

为了保持随意注意，对任务的理解和要完成任务的愿望起着重要作用。从工作的任务出发，人就能自觉地去指导自己的注意；同时，这种任务也有助于培养他对工作的兴趣。任务越重要，对任务的意义理解得越深刻；完成任务的愿望越强烈，为了完成这项任务所必需的一切就越能引起随意注意。在完成一定任务的时候，为了保持随意注意，人就必须有计划地组织自己的活动，使所做的一切服从于当前的任务。这样就能保证最清晰地反映那些与任务有关的对象。有计划地组织自己的活动常常要求作出巨大的努力，当多次成功地组织活动以后，这种对活动的组织就越容易实现，随意注意也就能更顺利地进行。随意注意和不随意注意常常不能分开。不随意注意可能转化为随意注意。比如一个人偶然为某种活动所吸引而去从事这种活动，后来才认识到它有重大的意义，因而就自觉地、有目的地去从事这种活动，这就是不随意注意转化为随意注意。

（三）随意后注意

随意后注意是注意指向一个对象后期出现的一种特殊形式。它同时具有不随意注意和随意注意的某些特征。它和自觉的目的、任务联系在一起，在这方面，它类似于随意注意；但它不需要意志努力，在这方面，它又类似于不随意注意。随意后注意既服从当前的任务要求，又可以节省意志的努力，因此有利于完成长期的、持续性的任务。多增加对任务的了解，试着让自己真心喜爱上这些活动,从中发掘出成就感,这样才能保持我们对任务的长期而稳定的注意。

 任务项目2

消费认知与消费情绪:音乐的条件刺激体验

体验前。对浅蓝色、米色笔的评价是"中性的";电影音乐能唤起积极的情绪;东印度音乐能唤起消极的情绪。

体验内容。4组(被告知是为一个有关钢笔的商业广告挑选音乐)。

1. 喜欢的音乐播放

看到绘制钢笔的广告;一组看蓝色,一组看米色。

2. 不喜欢的音乐播放

看到绘制钢笔的广告;一组看蓝色,一组看米色。

体验假设。当是"喜欢"的音乐播放时,不论什么颜色的钢笔都会受到欢迎;当是"不喜欢"的音乐播放时,即使是大家喜欢的颜色也会变得不喜欢。

两组被试都将选择"蓝色"钢笔。

思考:消费者的感觉如何影响对商品的感知呢?

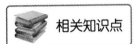 相关知识点

 消费者的感知觉与营销活动

在日常生活中,我们看到一道光线,听到一声音响,闻到一种气味,尝到一种滋味,感到冷暖等,这类心理活动就是所谓的感觉。用心理学的话说,**感觉**是人脑对直接作用于一种感觉器官的外界事物的个别属性的反映。消费者的感觉是商品外部的个别属性作用于消费者不同的感觉器官而产生的主观现象。比如商品的色彩、味道、温度等方面的信息在头脑中的反映。消费者对商品的认知过程离不开五官的感觉,商品正是通过消费者的外部感觉器官,刺激了视觉、听觉、嗅觉、味觉和触觉(皮肤觉),形成对这种特定商品的个别属性的反映,引起消费者的感觉。

● 消费感觉:感觉是人们的感官对各种不同刺激能量的觉察,并将它们转换成神经冲动传往大脑而产生的。

● 消费者感觉现象
　　感觉的适应
　　感觉的对比
　　感觉的融合
　　感觉的累积效应

● 知觉的一般规律:整体性、选择性、恒常性、理解性、错觉

一、感觉的定义

感觉是人们从外部世界，同时也可以从身体内部获取信息的第一步，是人们的感官对各种不同刺激能量的觉察，并将它们转换成神经冲动传往大脑而产生的。比如眼睛将光刺激转换成神经冲动，耳朵将声音刺激转换成神经冲动，传入到大脑的不同部位，就引起不同的感觉。

人类感觉根据它获取信息的来源不同，可以分为 3 类：远距离感觉、近距离感觉和内部感觉。远距离感觉包括视觉和听觉，它们提供位于身体以外具有一定距离处的事物的信息，对于人类的生存有重要意义，在各种感觉中得到最好的发展。近距离感觉提供位于身体表面或接近身体的有关信息，包括味觉、嗅觉和皮肤觉。皮肤觉又可细分为触觉、温度觉和痛觉。内部感觉的信息来自身体内部，机体觉告诉我们内部各器官所处的状态，比如饥、渴、胃痛等；肌动觉感受身体运动与肌肉和关节的位置；平衡觉由位于内耳的感受器传达关于身体平衡和旋转的信息；感受器是接受感觉刺激的器官（眼、耳、鼻、口和皮肤）。感觉功能有看、听、闻、尝和触觉。

二、感觉的特点

（一）感觉本身依赖于能量的变化

人的感受性是指感觉经验，对刺激的感受性随感受器的性质和它所接触的刺激的强度和数量的变化而变化。比如视敏度高，视觉感受性就大；刺激强、高而强的声音，明亮而鲜艳的色彩都会使感受性增大。数量多，感受性大——这是一种积累效应。

但如果毫无特点或无变化的环境，不管其感觉输入的强度如何，都很少或完全不能提供感觉。比如居住在市中心的商业街的消费者很少能感受或感受不到吵闹刺激的输入，比如汽车号角的鸣叫声、刹车时汽车轮胎的尖叫声、发动机的轰鸣声，因为这些声音太平常了。在有大量感觉输入的情况下，感官不能觉察出微波的改变或输入的差别。

（二）绝对阈限

个体能产生感觉的最少刺激水平叫**绝对阈限**，即个体能觉察"有些"和"没有"之间的差别的点，是他对那个刺激的绝对阈限。比如司机在高速公路上能识别某一广告牌的距离是他的绝对阈限。两个人一起骑车，可能会在不同的时间识别广告牌；因此，他们显现了不同的绝对阈限。

（三）差别阈限

在两个相同的刺激之间能被觉察到的最小差别叫**差别阈限**。差别阈限依赖的不是刺激强度变化的绝对值，而是刺激强度变化的相对差。也就是说，如果原来的刺激强度很小，那么一个较小的变化就会引起差别感觉；而如果原来的强度很大，那就需要一个较大的变化值才会引起差别感觉。

（四）几种觉的感觉现象

1. 感觉的适应

在持续刺激条件下，比如驾车经过广告牌廊，绝对阈限增加。驾车通过广告牌廊一小时后，很难说哪个广告还能给人留下深刻的印象。因此，我们常说习惯于热水澡、冷水澡、明亮的太阳或在封闭的房间里的汗味,这些都是感觉适应。感觉适应问题引起了许多国家的广告商们的关注,对那些一成不变的广告定期地换掉,以至于人们再也看不见这些广告。因为如果过于重复,就会使消费者对这些广告视而不见。

2. 感觉的对比

当两个刺激作用于同一个感受器时,感觉反应发生变化的现象叫感觉的对比。

3. 感觉的融合

两个独立的刺激由于时间或空间上的接近,会产生感觉的融合现象,我们的感觉上,这两个刺激是连续的。比如电扇刚刚启动时,我们可以看到一片片的扇页在转动,但当转速提高到一定程度后,我们就看不到单片的扇页了,而是一个高速运转的圆。

4. 感觉的累积效应

一个微弱的刺激单独作用时,不能引起人们的感觉,但如果许多微弱刺激同时发生作用或一个微弱刺激长时间发生作用,就会引起人们的感觉,这种现象叫感觉的累积效应。一个是空间累积效应,一个是时间累积效应。视觉、听觉、触觉等感觉都存在累积效应,视觉的累积效应表现得尤为突出。比如人们在摄影时,如果光线不足,就会延长曝光时间,缩小焦距,目的是为了使光线在时间和空间上得到累积,以获得和强光同样的效果。

三、感觉在消费者购买行为中的作用

1. 感觉使消费者获得对商品的第一印象

感觉是消费者认识商品的起点,是一切复杂心理活动的基础,消费者只有在感觉的基础上,才能获得对商品的全面认识。在市场销售中,消费者对商品的第一印象是十分重要的。俗话说:"耳听为虚,眼见为实。"对商品的认识和评价,消费者首先相信的是自己对商品的感觉,正因为如此,有经验的厂商在设计和宣传自己生产或经营的产品时,总是千方百计突出自己商品与众不同的差别和特点。因为感觉使消费者对商品有初步印象,而第一印象的好与坏,深刻与否,往往决定着消费者是否购买某种商品。比如日本电器产品,在中国几乎是家喻户晓,妇孺皆知,除了其质量稳定可靠以外,日商率先将产品打入中国市场,先入为主是重要原因。其他发达国家同类高素质产品,给中国消费者的感觉和印象却不如日本产品,感觉就是这样奇妙地左右着消费者对商品的看法。

2. 感觉是引起消费者某种情绪的通道

消费者普遍具有一种先验心理,所谓先验心理,是由于人的直接感觉而产生的连锁心理反应。客观环境给予消费者感觉上的差别,会引起他们不同的情绪感受。工商企业营业厅环境布置的优劣、商品陈列造型和颜色搭配、灯光与自然光的采用、营业员的仪容仪表,都能给消费者以不同的感觉,从而引起不同的心境,对购物的可能性亦会产生影响。国外有人还利用感觉的作用创造"气味推销法"。嘉华电影院安装了散发香味的电子装置,影片《查理和巧克力工厂》放映时,放映厅内弥漫着浓郁的巧克力香气。该公司的营销负责人说,公司用这种方法吸引观众到嘉华电影院而不是其他影院观看这部电影,其结果是观众很开心,许多人说看完电影后觉得很饿,想吃巧克力。

3. 对消费者发出的刺激信号要适应人的感觉阈限

不同的客体刺激对人所引起的感觉不相同,相同的客体刺激对不同的人引起的感觉也不相同。所以,工商企业在做广告、调整价格和介绍商品时,向消费者发出的刺激信号强度,

就应当适应他们的感觉阈限。刺激信号强度过弱不足以引起消费者的感觉，达不到诱发其购买欲望的目的。暴露频次最能左右广告效果。所谓**暴露频次**，是指在一段时间内，某一广告暴露于目标消费者的平均次数。广告次数过少，未能超过受众的感觉阈限，没有效果；广告次数过多会引起消费者的厌烦情绪。

4. 推销员职业对感官的要求

无论从事何种职业，对感觉器官的发达程度都有一定要求，比如飞行员和特工人员的职业要求他们感觉要灵敏、承受能力要强。一般来说，对于优秀的推销员，要求他们感觉器官的灵敏度有一定的界限。最佳感觉界限是高度的上限阈限和中等的下限阈限。如果营业员感受性过高，则容易伤感或激动，对推销服务工作无益。同时要求推销员有一定的心理承受能力，才能在与难对付的客户打交道中保持"平常心"，以顽强的毅力做成买卖。

5. 感觉导致流行的趋势

日本的专家经过系统的观察，得出这样一个结论：战后40多年来由于消费者的感觉而导致的流行趋势，决定了世界消费市场的变化。这些专家指出，目前无论在欧美、日本等发达国家还是发展中国家的消费市场上，消费风潮形成的顺序大体是先从听觉和视觉引起的，接着是触觉和味觉，最后才是嗅觉。他们举例说，在发达国家的消费市场上，最先形成收音机和电视机的热潮，然后出现奥黛丽·赫本发型和乞丐装的流行，接着出现了喝保健饮料的风潮，最后才流行香水和清洁剂。

四、感觉的内容

（一）视觉

1. 视觉的作用

人类视觉刺激是电磁辐射的一部分，称可见光（visible light）。其波长为400~750 nm。自然界中不同的动物各有适合其生存条件的不同视觉系统。人的视觉虽然在某些方面似乎不如动物敏锐，但是人眼是一个非常完善的视觉机构，它能够看近处和看远处，在亮光下和在昏暗处看东西，适应各种环境，并且更重要的是，人的眼睛有完美的色觉，使人能够欣赏到色彩缤纷的美好世界。

2. 视觉适应和色觉

视觉适应指的是在刺激物持续作用下感受性发生的变化，适应既可以提高感受性，也可以降低感受性。视觉的适应现象最常见的有明适应和暗适应两种。明适应又称光适应。在夜晚由明亮的室内走到室外时，开始时我们的眼前一片漆黑，什么也看不清楚，一段时间后，眼睛就能分辨出黑暗中物体的轮廓了，这种现象叫暗适应（dark adaptation）。相反，由漆黑的室外走进明亮的室内时，开初感到耀眼炫目，什么都看不清楚，只要稍过几秒钟，就能清楚地看到室内物体了，这种现象叫明适应（light adaptation）。

色觉指在一定强度下，一种波长的光引起一种特定的颜色感觉。但眼睛很少接受到单一波长的纯光。比如，日光是由各种波长的光波混合而成。颜色感觉具有3种属性：色调、饱和度和亮度。

色调是颜色的基本特征或表现，比如红色和绿色。它由混合光中起主导作用的波长所决定。在产生白、灰、黑系列的混合光中，由于没有起主导作用的波长，一般认为它们不具色调，称它们为无彩色或中和色。各种彩色依据它在心理上的相似程度排列，可构成一个环形,称色环(图 4.1 为色环)。在色环上,凡相邻两种不同波长的色光相混合,都会产生位于两者之间的另外一种颜色。比如红与黄相混合会出现橙色。

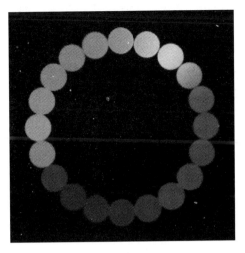

图 4.1　色环

饱和度与光的强度有关。在一个颜色中,起主导作用的波长越强,表现出的色调越纯,也就是该颜色的饱和度越大。

亮度指构成该颜色的全部光波的总强度。白色亮度最大,当其亮度减弱时,表现出一系列灰色,最终达到全部黑暗时,视觉消失。

（二）听觉

1. 听觉的作用

声波是听觉的适宜刺激。它是由物体振动产生的,物体振动使周围的介质(比如空气)产生周期性的压缩、膨胀的波动,这就是**声波**。声波通过介质传递给人耳,并在人耳中产生听觉。声波的物理性质包括频率、振幅和波形。

频率指发声物体每秒振动的次数,单位是赫兹(Hz)。人耳所能接受的振动频率为 20～20 000 Hz。低于 20 Hz 的振动叫**次声**,高于 20 000 Hz 的振动叫**超声波**,是无法引起人的听觉的。**振幅**是指振动物体偏离起始位置的大小。振幅决定声音的强度,振幅大,压力大,我们听到的声音就强;振幅小,压力小,我们听到的声音就弱。空气振动传导的声波作用于人的耳朵产生了听觉。声波的波形包络指单个乐音振幅起始和结束的瞬态,也就是波形的包络。

人们所听到的声音具有 3 个属性,称为感觉特性,即音强、音高和音色。**音强**指声音的大小,由声波的物理特性振幅,即振动的大小所决定。音强的单位称分贝,缩写为 dB。0 分贝指正常听觉下可觉察的最小的声音大小。**音高**指声音的高低,由声波的频率,即每秒振动的次数所决定。常人听觉的音高范围很广,可以由最低 20 Hz 到 20 000 Hz。日常所说的长波指频率低的声音,短波指频率高的声音。由单一频率的正弦波引起的声音是纯音,但大多数声音是许多频率与振幅的混合物。混合音的复合程序与组成形式构成声音的质量特征,称**音色**。音色是人能够区分发自不同声源的同一个音高的主要依据,比如男声、女声、钢琴声和提琴声表演同一个曲调,听起来各不相同。

2. 听觉的适应

听觉适应所需时间很短，恢复也很快。听觉适应有选择性，即仅对作用于耳的那一频率的声音发生适应，对其他未作用的声音并不产生适应现象。如果声音较长时间（比如数小时）连续作用，引起听觉感受性的显著降低，便称作**听觉疲劳**。听觉疲劳和听觉适应不同，它在声音停止作用后还需很长一段时间才能恢复。如果这一疲劳经常性地发生，会造成听力减退甚至耳聋。如果只是对小部分频率的声音丧失听觉，叫做**音隙**。若对较大一部分声音丧失听觉，则叫做**音岛**，再严重就会完全失聪。

五、知觉及其一般规律

（一）知觉的含义

知觉就是人脑对直接作用于感觉器官的客观事物的各个部分和属性的整体的反映。人们通过感官得到内部和外部环境的信息，这些信息经过头脑的加工（整合和解释），产生了对事物的整体认识，这就是知觉过程。知觉是在感觉的基础上产生的，是对感觉信息的整合和解释，是在感觉的基础上，根据以往的经验、动机、态度，对感觉提供的个别信息进行综合、加工之后形成的。感觉和知觉几乎是同时进行的，人们很难从认识过程中分辨出纯粹的感觉。当我们的视觉指向同一个物体，比如一只钱包，我们的第一认识就是这是个钱包，而并非孤立地认识到是什么颜色、形状或大小等。通常人们是以知觉的直接方式比较全面地认识事物，但感觉现象及其规律并非停留在理论的层面上。在销售活动中，是否善于利用知觉现象及其规律，意义非常重大。

（二）知觉的特征

1. 知觉的整体性

知觉的整体性指人在过去经验的基础上把由多种属性构成的事物知觉作为一个统一的整体的特性。知觉的整体性是知觉的积极性和主动性的一个重要方面，它首先依赖于刺激物的结构，即刺激物的空间分布与时间分布。图4.2为知觉的整体性，它很容易被知觉为一个正方形。

图4.2　知觉的整体性

2. 知觉的选择性

人在知觉事物时，首先要从复杂的刺激环境中将一些有关内容抽出来组织成知觉对象，而其他部分则留为背景。根据当前需要，对外来刺激物有选择地作为知觉对象进行组织加工的特征就是知觉的选择性。消费者无意地在他们知觉环境的某些方面时运用了大量的选择性。个体可以看见某些方面而忽视其他方面，从其他静止的刺激上转移注意。实际上，人们仅仅接收或顾及了接触的刺激的一小部分。知觉对象具有一定意义,并且轮廓清晰,似乎突出在背景之上,而作为背景的部分则轮廓模糊,对你不具有意义,也不会给你留下深刻的印象。知觉中的对象与背景的关系通常很明显,但有时也并不清楚。双关图形是最好的示例。图4.3为双关图,你可以把它看成两个人的面孔或一个花瓶,两者可以反复变动,但你不可能同时把两者都当作知觉对象,看到两者都同时存在。

图 4.3 双关图

选择哪一个刺激依赖于两个因素以及刺激本身的特性:消费者先前的经验,它影响消费者的期望;他们在当时的动机。每一个因素用于增加或减少刺激被知觉的可能性。一般情况下,刺激强度和刺激物形体越大,越容易引起人们的知觉注意,如强光、巨响、大幅广告等。除了刺激物的绝对强度和绝对大小,相对强度和相对大小对人们的知觉选择性也有重要意义。如"万绿丛中一点红"、"鹤立鸡群"都是对比鲜明的刺激。

3. 知觉的恒常性

在一定条件下,当客观事物的物理特性发生变化时,知觉仍然保持不变的特性被称为**知觉的恒常性**。知觉恒常性包括大小恒常性、形状恒常性与颜色恒常性。图4.4为知觉的恒常性,你看到的第一个是门,无论这个构成门的方形如何变化,你认为你看到的还是门。

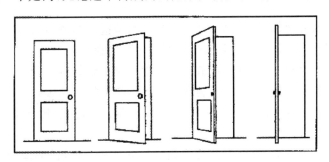

图 4.4 知觉的恒常性

(1)大小恒常性(size constancy)。对物体大小的知觉不因网像大小的变化而变化,称为大小恒常性。大小知觉是由网像大小与知觉距离二者共同决定的,对于网像大、距离近与网像小、距离远的两种组合,人们可以根据经验作出物体大小相等的知觉解释。

(2)形状恒常性(shape constancy)。对物体形状的知觉不因它在网膜上投影的变化而变化,称为形状恒常性。

（3）颜色恒常性（color constancy）。在不同照明条件下，同一件物品反射到你眼中的光有很大变化，但它们的颜色看起来好像没有变，这是颜色的恒常性。它与经验有很大关系。比如在绿光照射下，问你桌子上的香蕉是什么颜色，你肯定会把香蕉看成黄色。但是倘若在这种条件下，让你说出各种纸片的颜色时，知觉结果就可能受到光照的影响了。此外，颜色恒常性产生的另一个原因是与背景有关。在日光照射下，煤与周围背景相比仍然最暗，白纸与阴影中的背景相比仍然最亮。

4. 知觉的理解性

知觉的理解性是指在知觉中，人们总是根据自己的知识经验，对感知的事物进行加工处理，并用词语加以概括，赋予其一定的意义的特性。在对现时事物的知觉中，需有以过去经验和知识为基础的理解，以便对知觉的对象作出最佳解释和说明，知觉的这一特性叫理解性。不同的知识背景和理解力影响对同一对象的知觉。图 4.5 为斑点图，正是以知识和经验为基础的理解作用，使我们填补了画面信息的不足，把对象知觉为一个有意义的整体形象。

图 4.5　斑点图

5. 错觉

错觉是指人们对外界事物不正确的感觉或知觉，是指对客观事物的错误知觉。"杯弓蛇影"、"草木皆兵"就是众所周知的错觉实例。胆小者夜晚独经旷野，心中恐惧，会把树木当成人形，把自己的脚步声误认为是有人在追赶。错觉现象十分普遍，差不多在各种知觉中都有发生。错觉不同于幻觉，错觉是在客观刺激的作用下产生的对刺激的主观歪曲，而幻觉是在不存在的客观刺激的情况下产生的，是一种虚幻的知觉。实际上，错觉是在特定条件下产生的歪曲知觉。

错觉是特殊的知觉现象，每个人都会因刺激物的性质、所处的环境、个人的生理特点而产生错觉现象。人们常常会主动利用错觉以达到某一效果。比如在墙上镶上镜子，会使原本狭窄的销售场地变得宽敞明亮起来；在货架上也可利用镜子使人感觉商品繁多、琳琅满目，等等。在服装的设计上，更可以利用颜色、款式、花纹等给人造成不同的错觉，而为不同体形、不同外貌的人设计不同的服装。比如，深色、竖纹给人以收缩感，浅色、横纹给人以膨胀感。图 4.6 为错觉，你能看出图上的横线是平行的么？

图 4.7 为错觉效应，看看图中图形是螺旋的还是圆形的？（当然是圆形的）

图 4.6 错觉

图 4.7 错觉效应

（三）社会知觉

社会知觉是人们在社会活动中对人、对己、对群体进行认识的过程。它是人对社会刺激物的知觉，是一种最基本的社会心理现象，是人所特有的高级知觉形式。

1. 知觉的防卫

知觉的防卫是指人们对不利于自己的信息会视而不见或加以歪曲，以达到保护自己的目的。人们会更多地注意那些积极的或能够使自己产生满足感的事物，而忽略那些不愉快的刺激。比如厂家急聘人员时，往往对人员的其他方面的特性忽略不见，到紧张期过去，才发现原来招聘来的只是一个很平庸的员工。

2. 社会刻板印象

社会刻板印象是指我们将世人依照其国籍、民族或职业的不同而分成若干类，对某一类人持有一套固定的看法，并依此作为判断人的社会角色或人格的依据。刻板印象让我们在消费时感觉到商品的好坏与它的产地、生产商甚至生产者有关。社会上对于某一类事物产生的一种比较固定的看法，也是一种比较概括而笼统的看法。"物以类聚，人以群分"，这是有一定道理的。作为学生，生活在同一个区域、有着相同家庭背景的往往容易产生共同点。如果学习情况、生活环境和文化程度大致相同，我们就会具有更多的相同点，如爱好、兴趣、观点、态度等。在日常生活中，有些刻板效应与地区、职业、年龄等有关。比如，一般人认为法国人浪漫、美国人现实、中国人踏实；老人弱不禁风、山东人直爽而且能吃苦、湖南人能吃辣、东北人能喝酒等。

3. 晕轮效应

晕轮效应是指我们在观察某个人时，对于他的某种品质或特征有清晰明显的知觉，由于这一特征或品质从观察者的角度来看非常突出，从而掩盖了对这个人的其他特征的知觉。换言之，这一突出的特征或品质起着一种类似晕轮的作用，使观察者看不到他的其他品质，从而由于点作出对这个人整个面貌的判断，即以点带面。晕轮效应的实质在于个别品质掩盖了其他品质，左右了对整体的判断。对晕轮效应的认识有助于提高消费者对企业和商品的知觉能力。比如消费者认为在电视上大幅度做广告的大品牌产品就一定是质量很好的放心产品，但是 2008 年因三聚氰胺事件而上含三聚氰胺黑名单的奶粉品牌，几乎全都是知名品牌，这让消费者大跌眼镜，这种认知就是晕轮效应。

4. 首因效应

首因效应又称第一印象或最初印象，人们根据最初获得的信息所形成的印象不易改变，甚至会左右对后来获得的新信息的解释，这就是首因效应。比如，日本有一家饭店，在开业之前请10天客，免费请社会上各界人士前来吃饭，只是要求他们在离开的时候对饭店提意见，他们尊重每条意见并进行改善。10天后正式开业，一开业就是完美的形象展现在大众面前，从此，此饭店生意异常红火。

5. 投射作用

投射作用是指在认知中及对他人形成印象时，以为他人也具备与自己相似的特性。这便是人们常说的推己及人的情形。

（四）知觉在市场营销中的意义

知觉是综合的、带有理解力的认识活动，它具有多种特征，同消费者心理活动的各个方面都有联系，因而对我们研究市场策略有重要意义。

1. 知觉的主观作用与商品的宣传

消费者在知觉事物和商品的过程中，经常是把知觉到和观察到的客观事物与他们本人的自我想象、猜测及其一定的信念、态度、偏好等混淆在一起，往往使知觉的结果带有很多不真实的成分，这就是主观的知觉。比如，很多消费者在选购商品之前就表现为事先倾向于接受某些信息而抵制另外一些信息。在选购商品时易从主观意志出发评价商品的优劣。根据消费者知觉的这一特征，工商企业在进行产品宣传时，就应注意消除消费者的主观偏见，使产品的优点和特点被消费者所理解。

2. 知觉的选择性帮助消费者确定购买目标

知觉的选择性帮助消费者确定购买目标，主要是由于购买目标成为符合他们知觉目的的对象物，感知很清楚。而其他商品，相对而言成为知觉对象的背景，或者没有注意到，或者感知得模模糊糊。知觉的选择性特点可以运用于商业设计中的许多场所，比如我们为了突出某一类商品的形象，吸引消费者对它的注意，可以利用消费者的注意活动的心理特点，尽量隐去商品的背景布置，使商品的形象得以更加醒目。为了突出一些名贵商品的价值，也可以在商品的背景中，衬以非常豪华及特殊的包装品，以吸引消费者的注意。

3. 知觉的理解性与整体性在广告中的应用

根据知觉的理解性，企业在广告中要针对购买对象的特性，在向消费者提供信息时，其方式、方法、内容、数量必须与信息接收人的文化水准和理解能力相吻合，保持信息被迅速、准确地理解、接收，否则就劳而无获。知觉的整体性特征告诉人们，具有整体形象的事物比局部的、支离破碎的事物更具有吸引力和艺术性。因此在广告图画设计中，把着眼点放在与商品有关的整体上比单纯把注意力集中在商品上，效果更为突出。

4. 知觉的连贯性与系列产品的销售

消费者容易根据原有的信息来解释新的信息，凭借以往经验确认当前的事物，把有相似特征的事物看作是相同的。这个心理现象对市场营销活动有利有弊。比如某种商品创出名牌后，使用同一商标的系列产品或其他产品也会得到消费者的好感，反之亦然。由于人们不愿放弃自己习惯使用的商品，所以知觉的连贯性可以成为消费者连续购买某种商品的一个重要因素。但有时又成为阻碍消费者弃旧图新，不利于新产品推销的因素之一。在创造一种新产品时，如果原有的同类产品名誉不佳，要使消费者能觉察到两者的差别，才不至于混为一谈。

5. 知觉的误差性与推销商品的艺术

感知的误差即"错觉"。这种误差性并不都是坏事。生产经营者若能合理巧妙地利用人们的错觉,有时能在市场经营中收到良好的效益。利用空间错觉,丰富商品陈列,降低经营成本。一位行人路过一家房顶悬挂各种灯具的商店,各式各样的灯具连成一片,璀璨夺目,吸引他不由信步走了进去,看着看着才发现这个商店并不大,只是由于周围全镶上了镜子,从房顶延伸下来,使整个店堂好像增加了一倍的面积,由于镜面的折射和增加景深的作用,使得屋顶上悬挂的灯具也陡然增加了一半,显得丰盛繁多,给人以目不暇接之感。这就是空间错觉在商业中的妙用。在寸土寸金的商场中,如何陈列商品,直接关系到商品的销售效果。如果借鉴以上做法,在商品的陈列中充分利用镜子、灯光之类的手段,不仅能使商品显得丰富多彩,而且能减少陈列商品的数量,降低商品损耗和经营成本。在一些空间较小的区域,利用镜子、灯光等手段使空间显大,不仅能调节消费者的心情,而且也能使销售人员以好的心情为消费者服务,避免由于心情不好而造成主顾间的矛盾冲突。

6. 利用运动错觉,调整服务手段

浙江黄岩市长潭水库大坝的码头附近有一家切糕摊,店老板卖糕时,故意少切一点儿,过秤后见分量不足,切一点添上,再称一下,还是分量不足,又切下一点添上,最终使秤杆尾巴翘得高高的。如果你是一位顾客,亲眼见到这两添三过秤的一切,就会感到确实量足秤实,心中也踏实,对卖糕人很信任。如果卖糕人不这样做,而是切一大块上秤,再一下两下往下切,直到秤足你所要的分量,你的感觉就会大不一样,眼见被一再切小的糕,总会有一种吃亏的感觉——这就是运动错觉对顾客的影响效果。聪明的卖糕人正是巧妙地利用了顾客的这种极其微妙的心理活动变化,并实实在在地做到了童叟无欺,使糕摊处地利、人和之优而终日生意红火。可见,总是"一刀准"、"一抓准"也不见得就是好事,不见得就是良好服务的标志。

利用运动错觉,调整服务的手段有以下几种。

(1) 利用对比错觉,科学制定商品价格。商品价格是市场中极为敏感的要素,价格学中有两个重要概念:比价和差价。所谓**比价**,就是指不同商品之间价格的对比。其实质就是消费者对商品价格的错觉。所以,充分利用商品比价进行商品陈列,促进商品销售,是营销人员需要好好研究的重要课题。

(2) 利用形重错觉,促进商品销售。一斤棉花和一斤铁哪一个重?棉花重——这就是形重错觉。有这样一个笑话令人深受启发:一位老太太领着孙子去买拖鞋,结果,买了一双"大"拖鞋回来。孩子穿着不合适,挂不住脚,老太太却兴奋地说:"大拖鞋与小拖鞋价格一样,当然买大的了,划算。"这就是形重错觉产生的销售效果。有些商家把大小(包括体积、重量、尺寸、厚薄等)不一但价格相等的商品放到一起销售,人们就会觉得买大的比买小的合适。这样,商家的"愚蠢"就使消费者"占了便宜",从而也就促进了商品的销售。

(3) 利用颜色对比错觉,提高经济效益。日本三叶咖啡店的老板发现不同颜色会使人产生不同的感觉,但选用什么颜色的咖啡杯最好呢?于是他做了一个有趣的实验。他邀请了30多人,每人各喝4杯浓度相同的咖啡,但4个咖啡杯分别是红色、咖啡色、黄色和青色。最后得出结论:几乎所有的人都认为使用红色杯子的咖啡调得太浓了;使用咖啡色杯子认为太浓的人数约有2/3;使用黄色杯子的感觉浓度正好;而使用青色杯子的都觉得太淡了。

从此以后，三叶咖啡店一律改用红色杯子盛咖啡，既节约了成本，又使顾客对咖啡质量和口味感到满意。

（4）利用时间错觉，调整心态，提高经营绩效。也许你有过"等人"的经历，时间的难熬令人头痛不已，心情也出奇的糟糕。如果你一边等人，一边看书或听音乐，你就会发现时间过得挺快的。这是由于你在看书或听音乐时，分散了对时间的注意，实现了对时间由随意注意到不随意注意的转移，从而造成了"时间快"的时间错觉。在很多商场里我们都能听到音乐声，但大多数商场却不知道音乐到底该怎样播放才好。音乐对人的情绪的影响是很大的，乐曲的节奏、音量的大小，都会影响到顾客和营业员的心情。心情好，主顾之间就会避免很多不必要的矛盾和冲突，就会出现很多的商机，就会取得更高的社会效益和经济效益。如果在顾客数量较少时播放一些音量适中、节奏较舒缓的音乐，不仅能使主顾心情更加舒畅，而且还能放慢顾客行动的节奏，延长在商场的停留时间，增加较多的随机购买概率，也使销售人员的服务更加到位。如果在顾客人数较多时播放一些音量较大、节奏较快的音乐，就会使主顾的行动节奏随着音乐的节奏而加快，就会提高购买和服务的效率，避免由于人多效率低而引起的心情不好而导致的矛盾冲突增多的情况的出现。

营销人员在向顾客推荐纺织、服装类商品时，也可运用人们知觉中产生错觉的规律，合理科学地推荐，提高服务艺术。比如向身材矮胖的顾客推荐深颜色、竖条纹服装；劝说脸形大而圆的顾客不要穿圆领口、带圆光图案的服装；头形小的顾客不要穿鸡心领或 V 字领服装，否则会更显"鹤立鸡群"等，这样一定会使顾客满意而归。

任务项目3

消费者对品牌的记忆：商家辨别测试

一种产品或服务在消费者头脑中的形象或定位对于它的成功是很重要的。当商家把与消费者建立稳固联系作为计划目标，强调它的产品是唯一能满足消费者需要的产品的时候，它就希望消费者能从其他同类竞争产品中辨别出它的产品来。

思考：图 4.8 为各种商标，你能否辨别出下列商家？

图 4.8　各种商标

 相关知识点

■ 消费者记忆与购买行为

记忆是人们过去经历过的事情在头脑中的反映，比如过去感知过的事物，思考过的问题，体验过的情感，进行过的行为与活动等，都能以经验的形式在头脑中保存下来，并在一定的条件下重新再现，这就是记忆的过程。由于有了记忆的心理活动，人们在以后的行为之前，就可以用以前记忆中的经验作为行为的参考依据。消费者的记忆与消费者搜集商品的信息（尤其是从广告中得到商品的信息），对商品的认识、对购物场所的认识以及消费者购买的决策等活动的关系十分密切。

> ● 消费记忆：记忆是在头脑中积累、保存和提取个体经验的心理过程。
> ● 消费者记忆类型 { 陈述性记忆和程序性记忆 情景记忆和语义记忆
> ● 消费者记忆在购买行为中的应用：品牌识别、广告传播效果、商品识别

一、记忆的概念

记忆是在头脑中积累、保存和提取个体经验的心理过程。运用信息加工的术语，就是人脑对外界输入的信息进行编码、存储和提取的过程。人们感知过的事物，思考过的问题，体验过的情感和从事过的活动，都会在人们头脑中留下不同程度的印象，这个就是记的过程；在一定的条件下，根据需要，这些储存在头脑中的印象又可以被唤起，参与当前的活动，得到再次应用，这就是忆的过程。从向脑内存储到再次提取出来应用，这个完整的过程总称为记忆。

二、记忆的类型

根据记忆的内容，可以对记忆进行如下分类。

（一）陈述性记忆和程序性记忆

陈述性记忆处理陈述性知识，即事实类信息，包括字词、定义、人名、时间、事件、概念和观念。陈述性记忆的内容可以用言语表达。程序性记忆又称技能记忆，记忆程序性知识，比如怎样做事情或如何掌握技能，通常包含一系列复杂的动作过程，既有多个动作间的序列联系，也包括在同一瞬间同时进行的动作间的横向联系，这两方面共同构成的复合体是无法用语言清楚表述的。比如打篮球，你所知道的规则和方法是储存在陈述性记忆中的，但你擅长拦网和远投，这些运动技巧则储存在程序性记忆中。

（二）情景记忆和语义记忆

情景记忆是指对个人亲身经历过的，在一定时间和地点发生的事件或情景的记忆。语义记忆是对字词、概念、规律、公式等各种概括化知识的记忆，它与一般的特定事件没有什么

联系。对信息的这种意义特征的记忆不依赖于接收信息时的具体时间和地点，而是以语义为参照。情景记忆和语义记忆之间并没有严格的界限。日常所从事的大多数活动中，语义记忆、情景记忆和程序性记忆3种记忆都要参加。

三、记忆的种类

1. 短时记忆

短时记忆(short-term memory，STM)也称工作记忆，是信息加工系统的核心。在感觉记忆中经过编码的信息，进入短时记忆后经过进一步的加工，再从这里进入可以长久保存的长时记忆。信息在短时记忆中一般只保持20～30 s，但如果加以复述，便可以继续保存。复述保证了它的延缓消失。短时记忆中储存的是正在使用的信息，在心理活动中具有十分重要的作用。首先，短时记忆扮演着意识的角色，使我们知道自己正在接收什么以及正在做什么。其次，短时记忆使我们能够将许多来自感觉的信息加以整合构成完整的图像。最后，短时记忆在思考和解决问题时起着暂时寄存器的作用。比如，你从朋友那里听来一个电话号码，马上根据记忆来拨号，过后就记不住了。另外，听课时边听边记笔记，也是依靠短时记忆。

2. 长时记忆

长时记忆(long-term memory，LTM)是信息经过充分的加工后，在头脑中保持很长时间的记忆。长时记忆就像是一个巨大的图书馆，它保存着我们将来可以运用的各种事实、表象和知识。长时记忆的容量是个天文数字，几乎是无限的。在长时记忆中，信息可能保存至永远。比如，你来记 information 这个单词，如果你一个字母一个字母地去记会很费劲，而且还容易丢掉字母。要是把这个单词分成4个部分 in、for、ma、tion 就好记了。这是短时记忆。你要想长期地记住它，就要反复进行短时记忆(即复习)，才能把这个单词记住，不会忘记。

四、消费者记忆在购买行为中的应用

1. 记忆影响消费者购买决策

消费者实现购买决策时，要依靠各种信息，其中一部分信息是从记忆中搜索。因此记忆的强弱可以影响消费者对信息源的使用。商品的命名、商标、包装和广告都是消费者记忆的主要方面。特别是商品的商标，是消费者识别和购买商品的主要标志。在国外的有关消费者行为理论研究中，有专门有关"商标忠诚者"购买行为的研究。消费者凭对某一种商品的忠诚与信赖，重复购买某一品牌的商品。

在消费者市场中，消费者虽然会看到许许多多的商品，会听到形形色色的商品信息，但消费者都不会记得很多。大多数信息将被遗忘或根本未被注意，只有那些能引起消费者特别注意的商品，才会留在消费者的记忆中。因此，研究消费者的记忆规律，对商品生产者和经营者来说，意义非常重要。这些规律为妥善的设计、编排广告提供了理论依据。根据这些规律，可以有效地提高广告宣传的效果，在消费者心目中树立起商品的良好形象和留下美好的记忆，从而使他们成为商品的潜在购买者，为商品销售开辟新的市场。

2. 理解有助于记忆

理解是识记材料的重要条件。建立在理解基础上的意义识记，有助于识记材料的全面性、精确性和巩固性，其效果优于建立在单纯机械识记基础上的记忆。这是由于材料本身的

意义,反映出事物的本质,也反映出材料和学习者已掌握的知识经验的联系。这样所学习的材料就会被纳入学习者已掌握的知识系统中去,因而记忆效果好。在商业广告宣传中,有些广告把新产品与消费者所熟知的事物建立起联系,潜移默化地提高了记忆效果,原因就在于利用了理解有助于记忆的原理。

3．活动对记忆的影响

当识记的材料成为人们活动的对象或结果的时候,由于学习者积极参加活动,记忆的效果会明显地提高。在商品销售活动中,如果能把消费者吸引到对商品的使用活动中,则会明显调动他们活动的积极性,从而加深对商品的记忆,扩大销售。比如,让消费者试穿服装,当场操作家用电器,现场演示玩具的玩法,当场品尝食品等,都是常用的方法。

4．情绪和情感对记忆的影响

从记忆的效果看,人们的记忆容易受情绪与情感因素的影响,消费者的情绪处于愉快、兴奋和激动的状态时,对商品及有关信息会形成一个良好的记忆形象。对这样的记忆也会保持较长的时间,消费者也愿意经常回忆这样的良好体验。

5．广告信息传达与消费者记忆

广告的目的是为了向用户传达一些信息,因此广告传达的信息是否被用户真正地记住并理解,是一个非常重要的评价指标。为了测定广告的效果,人们归纳出了"阶梯效果"的测定方法,即将广告效果分为"媒介传播—广告记忆—态度改变—购买行动",各个阶段分别测量,各阶段测量的核心分别是"接触媒体的人中多少人看到了广告"、"多少人记住了广告"、"对广告产品认识程度"、"多少人成为广告产品的消费者"。在广告信息的加工阶段,广告效果主要通过记忆的效果来测定。

广告的理想效果就是诱发消费者购买行为,而这一行为的发生常常是延迟的,这就要求广告的印象必须在消费者心目中保持足够长的时间。因此,广告的可记忆性一直被作为评价广告的重要指标。广告记忆评价法分为回忆评价法和再认评价法两种,它们分别建立在传统的回忆和再认心理学研究的基础上。广告回忆度有较深刻影响的因素,比如广告歌曲、声音效果、消费者的情绪等。

比如,很多人可能到现在还记得由"美少女"组合演绎的"背背佳"的电视音乐广告里的韵律和歌词,"背背佳"广告的成功,掀起了广告学术界的讨论和研究,同时也成了 1998 年广告领域的经典案例;娃哈哈纯净水上市销售的初期,娃哈哈专门为此广告片创作了后来家喻户晓的"我的眼里只有你"的流行歌曲;爱是 LOVE,爱是 AMOUR ——正大集团。当时随着《正大综艺》的播出,这首歌曲家喻户晓,一播就是好几年,但这首歌也同时是正大集团形象广告的歌曲。正大集团的形象不知不觉就深入人心。

任务项目4

消费联想：经典条件反射在市场营销中的作用

商业广告视频分析。

拍洗发水的广告,找几个美女在镜头前甩甩头发,再回眸一笑。

酒类广告。为了让消费者能把酒与豪华、尊贵之类的形象联系起来，卖个好价钱，总以豪门夜宴作为背景，绅士、淑女谈笑风生，衣鬓飘香。

"不用吞服的安眠药（舒眠乐）"获得了全国第五届广告作品展全场大奖，相信首先打动评委们的是那两只"非同寻常"的枕头。广告画面的焦点集中在两只造型有别的枕头上，一只是皱巴巴的枕头，借喻主人辗转反侧的情形，失眠的痛苦；一只是平整饱满的枕头，借喻主人使用舒眠乐后可以获得舒畅、安详的睡眠。两只普通的枕头，简单对比，联想自然，理解容易，不失含蓄委婉的味道，对失眠者而言，确有引起共鸣的震撼力。

思考：试分析这些广告是怎样利用人们日常生活感受引起的条件反射，使人们对产品产生好感的。

 相关知识点

 消费者的联想、想象与营销活动

回忆常常以联想的形式出现。由当前感知的事物回忆起有关的另一件事物，或由想起的一件事物又想起另一件事物，都是联想。拿破仑彩色电视机的命名就是一个很好的例子。拿破仑彩色电视机在1973年的台湾电视机市场中，创下了辉煌的销售记录，据有关各方分析，其主要原因就是名称定得好。这是一种直式落地型电视机，看上去"矮矮胖胖"的，给人一种"宽阔壮伟"的感觉。这里利用的就是拿破仑的身材体形和与众不同的风格和气概与新品种彩色电视机的外形的某种类似所形成的联想。没有到过大草原的人，读到"天苍苍，野茫茫，风吹草低见牛羊"时，如果懂得这诗句，并具有有关的表象时，头脑中就会浮现出一幅草原牧区的美丽图景（蓝蓝的天空下，一望无际的大草原，微风吹拂着茂密的牧草，不时显露出草原深处的牛羊）。在开展营销活动中，可以控制消费者所处的购物环境，使用各种方法来激发消费者形成有益于营销活动的联想。

- **消费联想：**联想思维是由一事物想到另一事物的心理过程，其实质是一种简单的、最基本的想象。
- **消费者联想分类**
  - （1）接近联想
  - （2）相似联想
  - （3）对比联想
  - （4）因果联想
- **消费心理中联想的主要表现形式：**色彩联想、音乐联想

一、联想的概念和分类

1. **联想的概念**

联想思维是由一事物想到另一事物的心理过程，其实质是一种简单的、最基本的想象。联想的主要特征一是只在已经存入的记忆表象事物中展开；二是这种表象间的联系、结合、

接续可不断发生,形成联想链;三是可诱导、激励、参与创造想象。缺乏联想思维,人们的形象思维无法得以进行,也无法进行创造想象。

2. 联想的分类

联想有 4 种基本类型,即接近联想、相似联想、对比联想和因果联想。但在实际的联想活动中,它们并非单独对创造成果起作用,往往是各种类型的联想与推想、想象等交替出现。

(1)接近联想。在空间或时间上接近的事物,在经验中容易形成联系,因而容易由一事物想到另一事物。人们看到一位慈祥的女教师时,往往会想到妈妈,因为她们在某些方面相近,都是一样的关怀、体贴,这是"接近联想"。比如提到天安门就容易想到人民英雄纪念碑,因为二者在空间上接近。空间上的接近和时间上的接近也是相联系的,空间上接近的事物感知时间也必定相接近。感知时间相接近的,空间距离也常接近。如果两种事物在位置上或时间上比较接近,当认知到第一种事物时,就很容易想到第二种事物。

(2)相似联想。一件事物的感知或回忆引起对和它在性质上接近或相似的事物的回忆,称为相似联想。比如由春天想到繁荣。相似联想反映事物间的相似性和共性。两种事物在大小、形状、功能、地理背景、时间背景等方面有相似之处,认知到一种事物的时候可能会联想到另一种事物。把小朋友比作"花朵",因为花朵的鲜艳、惹人喜爱和小朋友有相似之处,这就是"相似联想"。

(3)对比联想。由某一事物的感知或回忆引起和它具有相反特点的事物的回忆,称为对比联想。比如由黑暗想到光明,由冬天想到夏天等。对比联想既反映事物的共性,又反映事物的相对立的个性。有共性才能有对立的个性。当提到被父母遗弃的孤儿时,会自然想到人们在父母身边的幸福,这就是"对比联想"。比如黑暗和光明都是"亮度"(共性),不过前者亮度小,后者亮度大。夏天和冬天都是季节,不过一个炎热,一个寒冷。两种事物在性质、大小、外观等一些方面如果存在相反的特点,就会由一事物想到另一事物。

(4)因果联想。两件事物之间如果存在一定的因果关系,由一种原因会联想到它的结果或由事物的结果联想到它的原因。一提到"秋风",往往立刻会想到"落叶",为什么会想到"落叶"呢?因为"秋风"和"落叶"不但往往在时空上相伴出现,而且它们之间还有一定的因果关系,这就是"相关联想"和"因果联想"。

二、消费心理中联想的主要表现形式

1. 色彩联想

色彩联想是指由商品、广告、购物环境或其他各种条件给消费者提供的色彩感知而联想到其他事物的心理过程。表 4.1 为色彩与联想。

表 4.1　色彩与联想

颜　色	具体的联想	抽象的联想
红	血　火　太阳　消防车	危险　革命　热情　喜事
橙	橘子　晚霞	温暖　快乐　积极
黄	香蕉　黄金　注意	光明　活泼　色情
紫	葡萄　茄子	神秘　优雅　高贵
白	雪　护士　白兔　面粉	纯洁　圣洁　虚无　干净
黑	头发　芝麻　墨　夜晚	死亡　严肃　正式　葬礼

色彩联想包括的内容很多。① 色彩与空间，比如暖色使人们联想到空间略微小些，而冷色使人联想的空间要稍微大些；② 色彩与温度，比如暖色代表温暖，冷色代表寒冷；③ 色彩与重量，比如1940年纽约码头工人举行了大罢工，原因是搬运的东西为黑色，工人们觉得每一箱都那么沉，后来这起罢工的解决方案是把搬运的东西改为了绿色。

2. 音乐联想

音乐联想形式包括单纯的音乐联想，音乐题材和内容的联想，音乐的音响质量和音量的联想。当听到"在那遥远的地方，有位好姑娘"时，当在大街上听到"我就喜欢"时，当听到"酸酸甜甜就是我"时，你会想到什么？会想到美丽的青海，会想到"麦当劳"，会想到清纯的张含韵和蒙牛酸酸乳，这就是音乐的力量。利用音乐的联想作用让消费者记住品牌很早就在营销中使用过。1983年，百事可乐以500万美元的惊人价格聘请美国最红火的流行音乐巨星迈克尔·杰克逊为"百事巨星"，并连续制作了以迈克尔·杰克逊的流行歌曲为配曲的广告片。"百事可乐，新生代的选择"这一推广计划获得了巨大的成功。

三、想象与营销活动

想象是指以大脑中的事物的表象为材料，对其进行加工、改造、重新组合形成新形象的心理过程。想象不同于表象，两者的最大区别是想象具有再造性。图4.9为想象在营销中的应用。

图4.9 想象在营销中的应用

成功的商业广告，往往经过细致的素材加工，利用事物之间的相互关系，运用巧妙的构思，引发人们的想象来加强广告的吸引力，刺激顾客的消费欲望和消费行为。

 **任务项目5**

消费者学习的力量：星巴克的魔力

20年内星巴克席卷全球，改变了西方人千年来喝咖啡的习惯，让众多西方人惊叹咖啡还可以那样喝。它那"不在星巴克就在去星巴克途中"的广告词让无数消费者如痴如醉。星巴克让人惊叹：是什么具有如此魔力呢？众多营销研究者得到一个共识：情感是托起星巴克的基石。消费者对品牌名称、气味、音乐、形状、广告语以及其他的营销刺激的反应是随着时间和刺激的强度变化而形成一定的认知基础。

思考：为什么人们对星巴克有如此的忠诚和理解？谈谈你的看法。

相关知识点

消费者的学习活动与营销活动

> ● **消费者学习**：学习既包括知识和技能的获得，也包括各种行为习惯、态度、人格特质的形成。学习所产生的结果既可以是积极、良好的，也可以是消极、不良的。
>
> ● **消费者学习分类** { (1) 条件反射学习 (2) 替代式学习 (3) 推理

一、学习的概念

学习是指通过有意识或无意识的信息处理过程而导致个体长期记忆和行为在内容和结构上的改变。比如，读书、观察模仿行为等。消费者的行为在很大程度上是后天习得的。消费者在产品购买和使用中掌握了品牌的特性，获悉了喜欢和不喜欢的品牌，决定了以后的购买行为。学习是一种极其普遍而又重要的现象。广义地讲，学习是由经验产生的在行为或知识方面的一种相对稳定的改变，是心理学中最基本的概念之一。它既包括知识和技能的获得，也包括各种行为习惯、态度、人格特质的形成。学习所产生的结果既可以是积极、良好的，也可以是消极、不良的。

二、消费者学习的特征

消费者学习具有以下几个特征。

1. 学习是因经验而生的

举凡习惯、知识、技能、观念及生活活动，均属个体的经验。因经验而产生的学习大致有两种类型：一种是经由有计划的练习或训练而产生的学习，比如通过接受培训而掌握开车技能，通过参加企业提供的技术指导班而学会操作、保养、维修某种机器均属此种类型；另一种是由偶然的生活经历而产生的学习，比如看到电视里介绍的某种化妆方法而予以仿效，看到某人撞红灯造成车毁人亡的场面而意识到遵守交通规则的重要性。

2. 学习伴有行为或行为潜能的改变

从个体行为的改变，即可推知学习的存在。当某人表现出一种新的技能，比如开车、游泳、打高尔夫球，我们即可推知，学习已经发生了。有时，个体通过学习获得的是一些一般性知识，比如关于中国的历史或文化，关于中国的宗教与艺术，这类学习往往不会立即通过行为的变化外显出来，但可能影响着个体的价值观念和将来对待某些事物的态度，即改变着人的行为潜能。由于行为潜能不一定马上转化为外显行为，它本身又不能直接观察到，所以在很多情况下，学习对行为的影响往往是潜移默化却又是十分深远的。

3. 学习所引起的行为或行为潜能的变化是相对持久的

无论是外显行为，还是行为潜能，只有发生较为持久的改变，才算是学习。药物、疲劳、疾病等因素均可引起行为或行为潜能的变化，但由于它们所引起的变化都是比较短暂的，故不能视为学习。当然，学习所获得的行为也并非是永久性的，因为遗忘是人所共知或每一个人都会体验到的事实。学习所引起的行为或行为潜能的改变到底能持久到什么地步，要视学习的材料与练习的程度而定。一般而言，以身体活动为基础的技能学习，能维持的时间比较长。比如，当我们学会骑车、游泳、滑冰等技能后，几乎可以终生不忘。对于知识观念的学习，学习内容有时会被遗忘或被新的内容所取代，但相对于那些暂时性变化，它们保持的时间还是比较长久的。

三、学习的分类

学习现象是非常复杂的，有不同类型的学习。下面列举几种较有代表性的学习类型。

1. 依学习方式划分

依据学习方式的不同，可以将学习分为接受学习与发现学习、意义学习与机械学习。

（1）接受学习。将别人的经验变成自己的经验，所学习的内容是以某种定论或确定的形式通过传授者传授的，无须自己去独立发现。学习者将传授者呈现的材料加以内化和组织，以便在必要的时候再现或加以利用。

（2）发现学习。在缺乏经验传授的条件下，个体自己去独立发现、创造经验的过程。

（3）意义学习。学习者利用原有经验进行新的学习，理解新的信息。

（4）机械学习。在缺乏某种先前经验的情况下，靠死记硬背进行学习。

2. 依学习内容划分

依学习内容一般可以分为知识学习、技能学习和社会规范的学习三大类。

（1）知识学习。知识是客观事物的特征与联系在人脑中的主观表征，可以表现为概念、命题、图式等不同形式，分别标志着对事物反映的不同广度与深度。知识的学习即通过一系列的心智活动，在头脑中建立起相应的认知结构。知识的学习要解决的是认识问题，即知与不知、知之深浅的问题。

（2）技能学习。这是指通过学习而形成合乎法则的活动方式，有心智技能与操作技能两种。心智技能指内在的心智活动方式，比如各种学习策略、解题思路等。操作技能指外在的操作活动方式，比如各种体育运动技能。技能的学习比知识的学习更为复杂，它不仅包括认识问题，还包括实际执行问题。技能学习最终要解决的是会不会做的问题。

（3）社会规范的学习。即把外在的行为要求转化为主体内在的行为需要的内化过程。这种学习既包含对社会规范的认识问题，又包含执行及情感体验等问题，因此比知识、技能的学习更为复杂，是人类所独有的，并且在生活实践中不断发展。

3. 认知学习

认知学习指主体为解决问题或适应环境而进行的一切脑力活动。涉及观念、概念、态度、事实等方面的学习，有助于主体在没有直接经历和强化的条件下形成推理、解决问题和理解事物之间的各种关系。表 4.2 为消费者学习类型与营销中的应用。

表 4.2　消费者学习类型与营销中的应用

理　论	描　述	营销中的应用
经典性条件反射	如果两个物体频繁地在一起出现,由第一个物体引起的反应也会由第二个物体引起	营销者往往将自己的品牌和产品紧密地结合在一起,从而使得由这种产品引起的情感反应也会由这个品牌名称引起
操作性条件反射	如果一种反应被给予强化,人们会倾向于在以后遇到相同的情况时重复作出这种反应。指出在行为形成过程中起重要作用的不是反应前出现何种刺激,而是反应后得到何种强化	如果一个消费者买了一套西装,发现它不打皱,并因此受到周围人的恭维,于是,他在下一次购买运动服时也选择这一品牌
映像式机械学习	在没有条件作用的情况下将两个或多个概念联系起来	一个跑步爱好者仔细阅读了许多他所喜爱的鞋类广告,了解了各种品牌的跑步鞋
替代式学习或模仿	通过观察他人的行为的结果或想象某种行为的结果来学习如何行动	在一个消费者准备买一件商品时,他往往会先观察他人的使用情况
推理	个体通过思考、重新构造和组合已有的信息,从而形成新的联想或概念	一个消费者认为洗洁精能去除盘子上的油渍。当她发现衣服上也沾有油污时,决定在衣服上放上洗洁精来清洗

资料来源:〔美〕德尔·I.霍金斯,罗格·J.贝斯特,肯尼思·A.科尼.消费者行为学[M].北京:机械工业出版社.

(1) 条件反射学习。条件反射学习是建立在著名的巴甫洛夫狗与铃声的实验基础上的。巴甫洛夫用狗做实验,当狗吃食物时会引起唾液分泌,这是非条件反射。如果给狗以铃声,则不会引起唾液分泌,但如果每次给狗吃食物以前就出现铃声,这样结合多次之后,铃声一响,狗就会出现唾液分泌。铃声本来与唾液分泌无关(称为无关刺激),由于多次与食物结合,铃声已具有引起唾液分泌的作用,即铃声已成为进食的信号了。所以这时,铃声已转化成信号刺激(即条件刺激),这种反射就是条件反射。图 4.10 为经典条件反射理论。

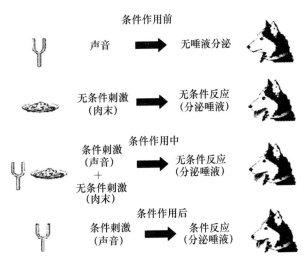

图 4.10　经典条件反射理论

经典式条件反射理论已经被广泛地运用到市场营销实践中。比如，在一则沙发广告中，一只可爱的波斯猫坐在柔软的沙发上，悠然自得地欣赏着美妙的音乐，似乎在诉说着沙发的舒适和生活的美好。很显然，该广告是试图通过营造一种美好的氛围，以激发受众的遐想，并使之与画面中的产品相联结，从而增加人们对该沙发的兴趣与好感。还有一则万塔基（Vantage）香烟广告，画面上除了香烟盒与品牌外，呈现的主要是白雪皑皑的优美雪景。广告的目的无非也是为了在消费者中激起美好的情感，并使之与广告中的香烟品牌相联系，使人们对该品牌形成好感。在这个例子中，由于香烟广告是低介入状态信息，大多数消费者，甚至许多吸烟者对该香烟广告都会心不在焉。不过，在多次"浏览"或"一瞥而过"之后，香烟与冬日雪景所引发的正面情感之间的联系便形成了。

（2）替代式学习（模仿学习、观察学习）。这是指消费者通过观察他人的行为和后果来调整自己的行为，或者通过想象来预期行为的不同后果。模仿对象往往是他们所崇拜的人。

（3）推理。推理是指个体对已有的信息和新信息进行重新构造和组合以进行创造性思考。消费者借此将有关产品的物理属性与抽象功能属性或心理结果、价值结果联系起来，将可见的、具体的产品属性作为抽象属性等的线索。

课后练习

一、名词解释

随意注意　　不随意注意　　联想　　学习　　记忆

二、简答题

1. 简述知觉的特征。

2. 简述影响注意的因素。

3. 试析经典性条件发射理论与操作性条件反射理论，并结合实际说明其在营销中的作用。

4. 简述记忆在消费者购买过程中的作用。

5. 简述消费者学习在营销中的应用。

三、思考讨论题

1. 分组讨论视觉、听觉、嗅觉、触觉等在你的消费行为中起到的作用并且加以对比。

2. 分组各自选取一则你认为成功的广告，分析广告是如何利用消费者的感觉和感觉阈限进行产品推广的。

消费的个性化心理

◎了解消费者个性的概念和体现

◎了解消费者消费个性化和习惯性需求

◎掌握体现消费者个性化的营销方法

案例与思考

长沙新世界百货旁边的一栋商务楼里，反复调研并看好长沙婚纱市场的刘娟，决定开始赚取无铺创业的"第一桶金"。两个月过去了，凭着准确的市场定位和良好的性价比，她亲自命名的"念奴娇"婚纱专卖店售出 60 多套婚纱，月营业额接近 3 万元，在女性"婚友"圈子里已小有名气。

高端为主兼顾大众化

没有临街铺面的繁华，坐落于写字楼深处的"念奴娇"店堂不过 120 m²。一台电脑、几张玻璃会谈桌椅，一字排开的衣架挂满不同款式的各色婚纱，加上点缀角落的大叶滴水观音和墙饰挂件，让整个小店看上去很清爽。"量身定制"是这个婚纱店受欢迎的一大卖点。"每个来买婚纱的顾客，都能得到最适合自己体形、肤色的礼服。"从简约到时尚，各款式基本能满足新人的不同的需求和偏好。

市场定位瞄准"80 年代"人

拥有一件自己的嫁衣是每一个女孩的梦想，古时候的红盖头、红嫁衣都能成为女孩子压箱底的珍藏。刘娟说，过去婚纱一直算是奢侈消费品，不仅售价比较高，而且市场也不大，相当多的新人都选择到婚纱影楼租而并不是买。现在婚纱正开始走进年轻时尚人群的衣橱。据刘娟调查，目前 80 年代以后出生的新娘普遍愿意购买婚纱，而不是租。

特色营销：免费广告带客源

如何让人知道写字楼深处的婚纱店呢？刘娟首先亲自设计了精美的小店业务宣传册，并通过广告公司印制了数千张。每到周末或者节假日，就召集一些勤工俭学的大学生上街发"广告册"。此外，她用各种能想到的办法推介自己的小店——在百度网及一些知名的婚嫁论坛上，都留下了"念奴娇"的信息。刘娟表示，她还有更长远的规划，比如想通过与婚庆行业、影楼等的合作，扩大经营。同时，她还在淘宝网上开店，几乎每天都能引来新顾客。

由"租"变"买"，市场潜力巨大

2008 年"婚庆"扎堆现象明显，但目前长沙婚纱市场状况却不容乐观，好多新娘子为挑不到满意的婚纱而发愁，因此，未来婚纱消费由"租"变"买"的市场潜力巨大。随着新人们"买一件属于自己的婚纱"的观念逐步普及，数据显示，以每件婚纱 500～1 000 元计，加上饰品等相关产业，仅从新娘身上就将形成一个每年过亿元的市场。

以往婚纱市场主要定位在影楼和婚纱租赁店。一旦婚纱进入个人消费市场，消费者将更讲究婚纱面料、做工、品牌和质量。新娘关于婚纱观念的转变，带动的将是整个婚纱行业的发展，其中就包括婚纱生产、设计、销售、代理等各个环节的复兴。一位营销专家指出，尽管越来越多的新娘渴望拥有自己的婚纱，可是长沙却极少有人知道婚纱有哪些品牌。婚纱摄影店到处都是，可款式较多、质量又有保证的婚纱专卖店在长沙却很难见到。愿意购买婚纱的人群越来越多，可是能供选择的品牌、款式和地点却如此之少。因此，婚纱消费市场大有潜力可挖,特别是能给新娘提供一对一服务的,专门的婚纱设计量身定制店。

"租吧,价格虽相对便宜,但卫生令人担忧,个性亮点也没法张扬;买吧,且不谈价格贵,首要的就是其为一次性用品,喜宴当天穿过以后再没有机会穿它。"针对目前婚纱消费市场的矛盾,刘娟先在网上搜索了关于婚纱厂家的有关资料,然后先后前往广州、苏州等城市实地调研,加上认识在广州开服装厂的朋友,在"天时、地利、人和"等因素具备之后,刘娟最后决定投资 20 多万元当起了婚纱店老板。

消费者的购买行为建立在感觉、知觉、记忆、思维、想象等心理活动的基础上,受个体的情绪、情感、态度、意志等的影响,这些都是人类共有的心理现象,具有类似的规律。我们可以在营销活动中利用这些规律,使其对所有顾客的购买行为都能起到大致相同的推动作用。

另外,在实际的营销活动中,我们会发现每个顾客的购买行为还具有明显的个人特色。比如有的买东西非常爽快,看中之后试都不试,也不检查就买了;有的则比较来比较去,检查得仔仔细细还担心会有问题。这种具体购买行为的个体差异,是不同的个性造成的。

消费者个性的体现:乱涂乱画看性格

内容。在无意识的情况下在纸上乱涂乱画。心理学家经过多年研究证实,这种无意识的涂画,恰恰能真实地表露出涂画者的某些个性和心理。

经常涂画三角形的人,思维敏捷,能很快理解新概念。他们喜欢通过逻辑推理以寻找结论。

喜欢涂画圆形者,心中有韬略,但不到时机不轻易对外透露。这类人知道如何为自己的将来制订计划。

经常涂画些小锯齿图形的人,思想敏锐,有分析能力和批判精神。

喜欢涂写大锯齿图形的行为,是紧张感突然增加的表现。比如,当你听课时,被老师点名批评后画的图形通常是大而呈锯齿形。

喜欢在纸上连续打圈者多是通情达理、有安全感、与世无争的人。

喜欢涂画横直或交叉的平行线的人,一般都精力充沛,平时闲不住,无时无刻不在找事干。

喜欢画波形的人大多灵活性强,反应快,能适应不同的环境,对自己的所作所为感觉良好。

喜欢在方格内乱画线,这说明此人目前压力重重,但仍希望能克服困难。

喜欢涂画无规则图形的人,悠然自得,逍遥自在,能对生活作出合理调整。

喜欢涂画无规则锯齿形者,有竞争意识,好胜心强,不甘示弱。

思考:看似乱涂的背后藏着消费者的哪些个性?

 **相关知识点**

什么是消费者个性

> ● 消费者个性：消费者整个精神面貌，即一个人在一定社会条件下形成的、具有一定倾向的、比较稳定的心理特征的总和。
>
> ● 消费者个性表现 { （一）消费观　（二）消费者的兴趣　（三）消费习惯

一、消费者的个性概述

1. 个性的概念

在西方，"个性"一词源于拉丁语 persona，它有两个含义：一方面，原指演员在舞台上所戴的假面具，后引申为一个人在生命舞台上所扮演的角色；另一方面，指能独立思考、具有独特行为特征的人。个性，在西方又称人格。西方心理学界一般认为阿尔波特的个性定义比较全面地概括了个性研究的各个方面。首先，他把个性作为身心倾向、特性和反应的统一；其次，提出了个性不是固定不变的，而是不断变化和发展的；最后，强调了个性不单纯是行为和理想，而且是制约着各种活动倾向的动力系统。现代心理学一般把**个性**定义为一个人的整个精神面貌，即一个人在一定社会条件下形成的、具有一定倾向的、比较稳定的心理特征的总和。也可以说是相对持久的个人素质，这种素质使得我们能对周围世界有反应，包括消费者的兴趣、爱好、理想、能力、气质、性格等方面。"人心不同，各如其面"，这充分说明了人的个性差异普遍存在。

2. 个性的特性

（1）自然性与社会性。人的个性是在先天的自然素质的基础上，通过后天的学习、教育与环境的作用逐渐形成起来的。因此，个性首先具有自然性，人们与生俱来的感知器官、运动器官、神经系统和大脑在结构上与机能上的一系列特点，是个性形成的物质基础与前提条件。但人的个性并非单纯自然的产物，它总是要深深地打上社会的烙印。初生的婴儿作为一个自然的实体，还谈不上有个性。

个性又是在个体生活过程中逐渐形成的，在很大程度上受社会文化、教育教养内容和方式的影响。可以说，每个人的人格都打上了他所处的社会的烙印，即个体社会化结果。正如马克思所说："'特殊的人格'的本质不是人的胡子、血液和抽象的肉体本性，而是人的社会特质。"个性是自然性与社会性的统一。

（2）稳定性与可塑性。**个性的稳定性**是指个体的人格特征具有跨时间和空间的一致性。在个体生活中暂时的偶然表现的心理特征，不能认为是一个人的个性特征。比如，一个人在某种场合偶然表现出对他人冷淡，缺乏关心，不能以此认为这个人具有自私、冷酷的个性特征。只有一贯的、在绝大多数情况下都得以表现的心理现象才是个性的反映。

尽管如此,个性(或称人格)绝不是一成不变的。因为现实生活非常复杂,随着社会现实、生活条件和教育条件的变化,年龄的增长,主观的努力等,个性也可能会发生某种程度的改变。特别是在生活中经过重大事件或挫折后,往往会在个性上留下深刻的烙印,从而影响个性的变化,这就是个性的可塑性。当然,个性的变化比较缓慢,不可能立竿见影。由此可见,个性既具有相对的稳定性,又有一定的可塑性。教育工作者要充分认识到这一点,履行教育职责时才能有耐心和信心。

(3)独特性与共同性。**个性的独特性**是指人与人之间的心理和行为是各不相同的。因为构成个性的各种因素在每个人身上的侧重点和组合方式是不同的。比如认识、情感、意志、能力、气质、性格等方面反映出每个人独特的一面,有的人知觉事物细致、全面,善于分析;有的人知觉事物较粗略,善于概括;有的人情感较丰富、细腻,而有的人情感较冷淡、麻木,等等。这如同世界上很难找到两片完全相同的叶子一样,也很难找到两个完全相同的人。

强调个性的独特性,并不排除个性的共同性。**个性的共同性**是指某一群体、某个阶级或某个民族在一定的群体环境、生活环境和自然环境中形成的共同的典型的心理特点。正是个性具有的独特性和共同性才组成了一个人复杂的心理面貌。

3. 个性的结构

个性心理作为整体结构,可划分为既相互联系又有区别的两个系统,即个性倾向性(动力结构)和个性心理特征(特征结构)。个性倾向性和个性心理特征相互联系、相互制约,从而构成一个有机的整体。个性对心理活动有积极的引导作用,使心理活动有目的、有选择地对客观现实进行反映。个性差异通常是指人们在个性倾向性和个性心理特征方面的差异。

(1)个性倾向性。个性倾向性是个性中的动力结构,是个性结构中最活跃的因素,是决定社会个体发展方向的潜在力量,是人们进行活动的基本动力,也是个性结构中的核心因素。它主要包括需要、动机、兴趣、理想、信念与世界观、自我意识等心理成分。在个性心理倾向中,需要是个性积极的源泉;信念、世界观居最高层次,决定着一个人总的思想倾向;自我意识对人的个性发展具有重要的调节作用。

(2)个性心理特征。个性心理特征是个性中的特征结构,是个体心理差异性的集中表征,它表明一个人的典型心理活动和行为,包括能力、气质和性格。

4. 个性与消费者行为

尽管迄今为止只有一小部分的研究结果证明个性与消费行为之间存在一定的关系,并且许多研究只是表明两者之间存在微弱的关系,但是个性研究及其在营销中的应用价值仍不能低估。人们常说"文如其人"、"字如其人"或"诗如其人",意谓文章、书法、诗词等艺术作品能反映其作者的个性。相似地,服饰也能反映穿着者的个性。服饰所反映的个性是天性与角色这两个方面的结合。天性热情奔放,服饰则浓艳大胆,迷你裙、牛仔裤、宽松衫都不妨一试,披襟当风,意气风发;天性拘谨矜持,则款式保守,色调深沉,中山装纽粒粒紧扣,正襟危坐,不苟言笑;淡泊含蓄者喜雅洁,素衣一袭,悠然自得;好胜争强者抢占流行的前沿……展现出不同性情、不同衣着、不同的仪表神态风貌。

(1)个性与信息搜寻行为。不同个性的消费者在进行信息搜寻时会表现出不同的行为。比如有些消费者的个性中具有较强的求知欲,表现出爱思考的倾向,则信息搜寻得会较细致,并有一定的深度,更注意信息的质量。有些消费者的求知欲较弱,表现出不爱思考的倾向,则在信息搜寻时易浮于表面,更容易受广告、模特之类的边缘刺激的影响。可见如何向各类消费者提供各类信息,并使这些信息发挥出它们的作用是一个值得思考的问题。

（2）个性与产品选择。不同个性的消费者可能在不同的产品领域形成各自的偏好,从而在特定产品的使用程度上表现出明显的行为差异。比如,阿尔斯伯(1986)利用艾克森个性调查表,调查了个性与啤酒、果酒消费之间的关系。调查结果表明,在外向特征上得分较高的人比低分者饮酒量大,外向的人比内向的人更可能通过在酒馆饮酒寻找刺激。从管理者的观点来看,特别是从正在考虑如何设计"酒馆氛围"以增进消费者安全感和舒适感的啤酒供应商的观点来看,这种结果是令人感兴趣的。可见,研究不同个性的消费者在不同产品领域的不同偏好,对于企业来说是有一定意义的。

（3）个性与品牌选择。越来越多的研究表明,当某个品牌的个性与消费者的个性取得和保持一致时,这个品牌将会更受欢迎。品牌个性是品牌形象的一部分,是指产品或品牌特性的传播以及在此基础上消费者对这些特性的感知。许多消费品都拥有品牌个性。比如,某品牌的服装可能表现出青春、动感和冒险,而另一个品牌的服装可能显得庄重、保守和高贵典雅。具有不同个性的服装,会被不同类型的消费者购买或在不同的场合使用。消费者倾向于购买那些与他们自己具有相似个性的产品或那些使他们感到能让自己的某些个性弱点得到弥补的产品。研究目标市场消费者个性的特点,对塑造产品的品牌特性有一定的帮助。

（4）品牌个性与人物联想。了解品牌的个性与人物联想的关系,可以让我们清楚地知道,我们的品牌要迎合哪一类型消费者的喜好,要找什么样的"意见领袖"来做品牌的代言人。只有品牌个性与人物联想对应,才能对品牌产生加法甚至乘法效果;否则,只会对品牌产生副作用,甚至将已有的个性稀释殆尽。比如,与充满阳刚之气的万宝路相比,健牌是休闲的;与创新、热情和快捷的招商银行相比,工商银行、农业银行则较为保守。表5.1为一些成功品牌的品牌个性。

表 5.1　一些成功品牌的品牌个性

品　牌	品牌个性	个性来源
Lee（牛仔裤）	体贴的、贴身的	广告语：最贴身的牛仔 "贴身无间"的平面表现
Levi's（牛仔裤）	结实的、耐用的、强壮的	使用者形象、强劲有活力的继承性以及颇有吸引力的广告
柯达（相机）	简单的、温馨的	布朗尼男孩和柯达女孩的人物造型 美好回忆,柯达一刻
哈雷（机车）	爱国的、粗野的、自由的	文身的车主,老鹰商标 对抗日本竞争者 聚会时星条旗飘扬
五十铃（汽车）	冒险的	穿灰色法兰绒衣服的强壮男士
海尔（家电）	真诚的、负责任的、创新的	品牌口号：真诚到永远 五星级售后服务 砸冰箱事件 不断推陈出新的产品阵容

（5）个性与创新产品的采用。不同个性的消费者也会在对新产品、新服务和新的消费活动的接受程度上表现出差异性。有研究表明,影响消费者对创新产品采用的个性特点主要有以下几个方面。

① 教条主义。教条主义是反映消费者个体在对待不熟悉的产品及他们已建立的信念不一致的信息时所表现出的倾向和态度。与灵活的消费者相比,教条的消费者不太愿意接受新鲜事物,在应付不熟悉的事物时抱有防御的态度,并且明显地感到不适和不确定性。一些研究表明,许多灵活的消费者喜欢新产品,而教条的消费者则多选择传统产品。而且,比较教条的消费者,他们不太愿意接受新的或不同的信息,拒绝变化,过着一成不变的生活。相对来说,他们比较愿意接受那些包含权威诉求的广告中的新产品或新服务。因此,在以广告形式向这些教条的消费者推广新产品时,以名人或专家型的形象代言人进行诉求,往往会有更好的效果。

② 对不确定性的容忍度。有研究表明,不确定性容忍度高的消费者在面对不确定性时,并不一定在决策之前搜寻更多的信息,他们能较好地调节和处理他们遇到的不一致的信息,并容易被知觉到的新刺激所吸引,因此更可能去购买这种新产品。而那些容忍性较差的消费者在作出决策之前要弄清事实,因而他们在购买之前倾向于搜寻和评价信息。他们厌恶模棱两可的信息,更可能把改进型产品知觉为一种全新产品,从而购买新产品的可能性也就较小。

③ 社会性格。在社会心理学中,社会性格用来识别与区分不同的社会亚文化类型。在消费者行为学领域,社会性格是用来描述个体从内倾到外倾的个性特质。有研究表明,内倾型消费者倾向于运用自己内心的价值观或标准来评价新产品,他们更可能成为创新采用者;相反,外倾型消费者倾向于依赖别人的意见作出判断,因此成为创新采用者的可能性较小。这两种类型的消费者在信息处理上也存在差别。一般来说,内倾型消费者比较喜欢强调产品特性和个人利益的广告,而外倾型消费者更偏爱那些强调被社会认可的广告。由于后者倾向于根据社会接受程度来理解促销信息,所以这类消费者更容易受广告影响。

④ 最优刺激水平。最优刺激水平(optimum stimulation level,OSL),反映的是个体欲求的生活方式刺激水平。如果一个人的实际生活方式与其 OSL 相适应,那么他就会对自己的生活相当满意。如果其生活方式缺乏刺激,即 OSL 低于现实水平,他就会感到乏味和苦闷。反之,如果 OSL 比现实水平高,个体则会寻求宁静和安逸。这意味着消费者目前的生活方式与 OSL 之间的关系可能影响他对产品和服务的选择,影响他如何支配时间。因此,企业应当根据消费者所渴望的与现实的刺激水平来决定是否在促销信息中强调风险和刺激。

⑤ 自尊与焦虑。自尊与个体有能力评价信息并达成购买决策的自信有关。自尊与焦虑存在负相关,而焦虑与知觉风险存在正相关。高自尊、低焦虑的消费者更愿意体验新的购买决策。而高焦虑、低自尊的消费者将体验新的购买决策视为具有风险的事,当他们无法获得和加工信息时,他们就不太可能购买新产品。

⑥ 消费者创新性的测量。研究人员一直在努力发展测量手段以衡量消费者的创新性水平,表5.2为衡量消费者创新性的量表。该表从6个方面反映消费者的创新性倾向,每一倾向用 5 点"同意"量表予以衡量;其中第 1、3、4 句上的得分越高,创新性越低,反之则越高;括号中的产品和措词可以改变以适应研究的需要。

表 5.2　衡量消费者创新性的量表

1. 通常，当新的（摇滚音乐带）上市时，我是朋友圈中最后一个去购买的
2. 如果听说商店有新的（摇滚音乐带）出售，我会很感兴趣并去购买
3. 与我的朋友相比，我拥有的（摇滚音乐带）很少
4. 一般来说，在朋友圈中我是最后一个知道最新发行的（摇滚音乐带名）的
5. 即使是从未听说过的新（摇滚音乐带），遇上时我也会购买
6. 我比别人更早了解各种新（摇滚曲）的名称

二、消费者的个性表现

（一）消费观

消费观是人们的价值观在消费活动中的具体表现形式。**价值观**是一个人对周围的客观事物的意义、重要性的总评和总看法，也是一个人的思想体系。消费观是价值观的一个组成部分，是消费者使用一种价值判断来衡量事物、指导消费的观念。在这种价值标准的指导下，人们避开不利的、消极的、价值判断为不愿接受的商品和消费行为，而去追求积极的、价值判断为美好的商品和消费行为。消费观是个人对消费的根本看法。由于社会地位、生活环境与经历、文化素养和生活习惯的不同，人们对于消费有着不同的观念，形成不同的消费观。对群体而言，消费观常常表现出一种趋同，显示出群体的特点，因此可以将消费观进行分类。消费观的类型包括以下几种。

1. 实用型消费观

这一类消费者在消费商品时，十分注重商品本身的实用价值。以这种消费观为主导的消费者在购买商品时，会把商品的实用性放在第一位来考虑，但他们不一定是出于经济能力的限制，而是注重商品的实用性。

2. 个性化消费观

这一类消费者在消费商品时，十分重视商品的内涵能否突出自己与众不同的个性特征、审美情趣和品位。特别是在购买具有外显性特征的商品时，比如服装鞋帽、化妆品和住房装修、家庭装饰时，这种消费观体现得更加充分。这一类消费者的目的主要在于通过消费表现自己的个性特征。

3. 炫耀型消费观

这一类消费者十分注重消费商品时别人的评价，购买商品时首先把别人的评价放在第一位。消费某种商品的时候，期望能够得到别人的赞美。如果不能得到别人的赞美，能够激起别人的惊讶也是他们的愿望之一，甚至能够激起别人的羡慕与嫉妒也是可以的。在他们消费的商品中，并非所有的商品都能引起别人的注意，具有外显性的商品（比如服装鞋帽、化妆品、金银首饰、小轿车、高档家具、豪华住宅等）才能起到炫耀的作用。而炫耀消费常常以显示自身社会地位和财富作为主要内容。炫耀消费是一种表现人的社会属性的消费观和消费行为，它表现了个人与他人的社会关系，表现个人受到境遇因素影响后审美、宗教、文学艺术、道德等方面的理念。

4. 攀比型消费观

这一类消费者购买商品时往往并不是出于迫切需要，而是由于不甘落后，想胜过他人的

攀比思想起作用而去购买商品。这种消费观最大的特点是不从自身财力出发,盲目追求高档、名牌商品、盲目赶时髦,显得自己不比别人差,以求得心理平衡。

(二) 消费者的兴趣

1. 消费者兴趣的含义与特点

兴趣是指一个人积极探究某种事物及爱好某种活动的心理倾向。它是人认识需要的情绪表现,反映了人对客观事物的选择性态度。一个消费者的兴趣是指在认识过程中对某些行为或商品表现出的稳定的、持续时间较长的趋向。

兴趣是动机的一种形式,是个体对客观事物的一种选择性态度。而消费者的兴趣是推动其购买、消费行为的重要因素。消费者的兴趣是在其需要的基础上产生和发展的,是对客体需要的一种情绪性表现。个体对某些事物感兴趣,不但因为这些事物能满足其需要,而且因为个体对兴趣对象产生了爱好。

2. 兴趣的种类

人的兴趣是多种多样的,但概括起来又可以分为两大类。

第一类:物质兴趣和精神兴趣。物质兴趣主要指人们对舒适的物质生活(比如衣、食、住、行方面)的兴趣和追求;精神兴趣主要指人们对精神生活(比如学习、研究、文学艺术、知识)的兴趣和追求。就中学生来说,由于人生观和世界观尚未完全形成,无论物质兴趣和精神兴趣都需要师长进行积极的引导,以防止在物质兴趣方面的畸形发展,在精神兴趣方面的消极发展和追求。

第二类:直接兴趣和间接兴趣。直接兴趣是指对活动过程的兴趣。比如,有的中学生想象力丰富,富于创造性,喜欢制作各种模型,在制作过程中全神贯注,表现出浓厚的兴趣;间接兴趣主要指对活动过程所产生的结果的兴趣。有的中学生业余喜欢绘画,每当完成一幅画,他都会对自己取得的成果表现出极大的兴趣。直接兴趣和间接兴趣是相互联系、相互促进的。如果没有直接兴趣,制作各种模型的过程就很乏味、枯燥;而没有间接兴趣的支持,也就没有目标,过程就很难持久下去。因此,只有把直接兴趣和间接兴趣有机地结合起来,才能充分发挥一个人的积极性和创造性,才能持之以恒,目标明确,取得成功。

人的兴趣还具有倾向性、广阔性、持久性等品质。兴趣的倾向性是指个体对什么感兴趣。人与人,由于年龄、环境、阶级属性不一样,兴趣的指向也不同。就中学生来说,有人喜欢将来学文科,有的人喜欢将来学理科,他们的兴趣倾向就不一样。兴趣的广阔性主要指兴趣的范围。兴趣的范围因人而异,有的人兴趣广泛,有的人兴趣狭窄。一般来说,兴趣广泛的人知识面也越宽,在事业上会更有作为。但也要防止兴趣太广,什么都喜欢,而什么都不深入、不专注,结果也会一事无成。兴趣的持久性主要指兴趣的稳定程度。兴趣的稳定性对一个人的学习、工作很重要,只有稳定的兴趣,才能促使人系统地学习某一门知识,把某一项工作坚持到底,并取得成就。

根据兴趣的内容,可以将它们分为物质的兴趣和精神的兴趣。物质的兴趣表现为对衣食住行等物质生活用品(比如住房、家具、自行车、各种食品等)或精神用品(比如电视机、收录机、照相机等)的兴趣。精神的兴趣表现为认识的兴趣(比如对会计、营销等知识的兴趣)或对文艺、体育、美术以及社会活动的兴趣。精神的兴趣能表征一个人的精神境界,是个性发展高水平的表现。

根据兴趣的倾向性，可以将兴趣分为直接的兴趣（又称情趣）和间接的兴趣（又称志趣）。直接兴趣是由情感作用于事物的结果，它主要表现为主体对某种事物或某项活动的喜爱与追求。新奇的或与需要直接相符合的结果，主要体现在主体热衷于某种创造性活动的倾向，比如人可能对活动本身没有兴趣，但对于从事这种活动所追求的结果感兴趣。

3. 兴趣对消费心理的影响

消费者的兴趣对购买行为有着重要的影响，兴趣是推动人们行为的强有力的动力之一。实践表明，兴趣与认识、情感相联系。对事物没有认识就不会产生兴趣，没有情感也不会引起兴趣。只有当人对事物的认识越深刻，情感越强烈时，兴趣才会越浓厚；反过来，对事物愈感兴趣，对情感的激发就越有力，对主体认识活动的促进就越大。因此，兴趣不仅能反映人的心理特点，还会对主体的行为造成影响。在购买活动中，兴趣对促进消费者的购买行为有明显的影响，主要表现为以下几点。

（1）兴趣有助于消费者为未来的购买活动做准备。兴趣与注意密切相关。凡是人们感兴趣的东西，必然引起对它的注意，并容易对其产生深刻的印象。如果消费者对某种商品发生兴趣，则往往会在自我生活中主动地注意收集这种商品的有关信息、资料，积累一定的商品知识，有计划地储蓄资金，从而为未来的购买活动做好准备。

（2）兴趣能使消费者缩短决策过程，尽快地作出购买决定并加以执行。消费者在选购某种自己感兴趣的商品时，一般总是心情愉快、精神集中，以积极认真的态度去进行，加上在选购前已对该商品有一定程度的了解，因而会缩短对商品的认识过程，在兴趣倾向性的支配下，易于作出购买决定，完成购买任务。

（3）兴趣可以刺激消费者对某种商品重复购买或长期使用。因为消费者对商品产生持久的兴趣，会形成一种偏好，养成习惯。这样，往往能促使他们在长期的生活中使用某种商品，形成重复性、长期性的购买行为。

在实际的购买活动中，由于消费者兴趣指向的对象及兴趣广度、深度的不同，消费者对商品的造型、式样、颜色、用途等方面的爱好、追求及强度、持久性也有所不同。比如有的消费者由于情感作用于兴趣的结果，常受商品某些外在因素的诱发，产生短暂的兴趣而极力追求，但一般都较快消失或转换；有的消费者由于意志作用于兴趣的结果，对某些适合其创造性活动或有研究目的的商品有极大的偏好，形成较浓厚的兴趣，往往能持久地影响其购买倾向。兴趣是人们从事各项活动的重要推动力，在现实生活中，消费者对某种商品发生兴趣，会激发他积极的情感，并促使他采取购买行动。兴趣对消费者行为的影响包括：兴趣有助于消费者积极认识产品；稳定的兴趣可促使消费者对某些商品重复购买甚至长期重复购买；兴趣推动消费者为未来购买活动做准备，等等。

4. 消费兴趣的差异

消费者间的兴趣存在着很大的个体差异，这种差异反映在以下几个方面。

（1）兴趣的指向性。兴趣的指向性是指兴趣所指向的客观事物的具体内容和对象。由于人们在民族传统、宗教信仰、生活实践、经济条件等方面的不同，因此，不同的消费者总是对不同的商品感兴趣，各种不同的商品对不同兴趣的消费者总是具有不同的吸引力。

（2）兴趣的广泛性。这是指兴趣指向客观事物范围的大小。有些人对新事物十分敏感，对什么事情都感兴趣；而有些人对什么事情都不感兴趣，兴趣范围极为狭窄。兴趣广泛的消费者与兴趣狭窄的消费者在对市场信息的注意程度、购买内容及方式上都存在差别。

（3）兴趣的持久性。这是指兴趣在不同人身上认识倾向持续的时间长短。有些人兴趣多种多样，变化无常，他们虽然有时也可能对某种事物产生强烈的认识倾向，但却不持久，其兴趣会迅速地被另一种兴趣所代替；有些人却以一个兴趣为中心，持续时间长，具有很好的稳定性。这种兴趣持久性的差异也会反映到消费者的行为中来。

（4）兴趣的效能性。这是指兴趣对一个人的实际活动所引起效能的大小。兴趣在不同人身上产生后所引起作用的大小是不相同的。有些人对事物发生兴趣，能推动其积极活动，迅速把兴趣变成行动，产生一定的效果；而有些人的兴趣却缺乏推动活动的力量，只停留于期望和等待状态中，不能产生实际效果。

（三）消费习惯

1. 消费习惯的含义与特点

消费习惯是消费者在长期的消费活动中逐渐形成的一种比较稳定的、经常性的行为方式。这种行为方式在较长时间内不容易被内部或外部因素所改变，它是激发消费者需要的推动性因素。消费者之所以消费或不消费某种产品，可能是他在不自觉中形成了这样的消费习惯。比如，2006年之前，苏州一大批时尚高消费人群要购买古奇、阿玛尼等品牌却不得不去上海和香港，周末甚至跑去杭州新天地享受西湖的旅游商业服务，苏州追逐时尚生活人群"舍近求远"的消费习惯多少让商家有点"心痒"又有点"无奈"。这就是一种习惯，有时甚至自己都不知道在潜意识的指挥下做了习惯该做的事。

2. 消费习惯的特点

（1）长期性。消费习惯是在漫长的生活过程中逐渐形成和发展起来的。在生活中，消费习惯不知不觉地进入人们生活的各个方面，潜移默化地发挥作用。

（2）普遍性。比如回族人不吃猪肉，湖南人喜欢吃辣椒等，这都是消费习惯的普遍性表现。

（3）自发性。一些消费习惯的产生，是一种约定俗成的社会习惯，大家都自觉地遵守。

任务项目2

消费者气质测试：气质问卷量表

本测试题共60道题目，目的只是大概了解一下你的性格类型。回答这些问题应实事求是，没有标准答案和好坏之分。

看清题目后请赋分，认为最符合自己情况的记2分；比较符合的记1分；介于符合与不符合之间的记0分；比较不符合的记-1分；完全不符合的记-2分。

提示：可以先在纸上写好1～60的题号，预留填写分值的位置，以便按照题号计算。

1. 做事力求稳妥，不做无把握的事。

2. 遇到可气的事就怒不可遏，想把心里话说出来才痛快。

3. 宁可一个人干事，不愿很多人在一起。

4. 到一个新环境很快就能适应。

5. 厌恶那些强烈的刺激，比如尖叫、噪音、危险镜头等。

6. 和人争吵时，总是先发制人，喜欢挑衅。

7. 喜欢安静的环境。

8. 喜欢和人交往。

9. 羡慕那些善于克制自己感情的人。

10. 生活有规律，很少违反作息时间。

11. 在大多数情况下情绪是乐观的。

12. 碰到陌生人觉得很拘束。

13. 遇到令人气愤的事，能很好地自我克制。

14. 做事总是有旺盛的精力。

15. 遇到问题常常举棋不定，优柔寡断。

16. 在人群中从不觉得过分拘束。

17. 情绪高昂时，觉得干什么都有趣；情绪低落时，觉得干什么都没有意思。

18. 当注意力集中于一事物时，别的事物就很难使我分心。

19. 理解问题总比别人快。

20. 遇到不顺心的事从不向他人说。

21. 记忆能力强。

22. 能够长时间做枯燥、单调的事。

23. 符合兴趣的事，干起来劲头十足，否则就不想干。

24. 一点小事就能引起情绪波动。

25. 讨厌做那种需要耐心、细致的工作。

26. 与人交往不卑不亢。

27. 喜欢参加热烈的活动。

28. 爱看感情细腻、描写人物内心活动的文学作品。

29. 工作学习时间长了，常感到厌倦。

30. 不喜欢长时间谈论一个话题，愿意实际动手干。

31. 宁愿侃侃而谈，不愿窃窃私语。

32. 别人说我总是闷闷不乐。

33. 理解问题时常比别人慢些。

34. 疲倦时只要短暂的休息就能精神抖擞，重新投入工作。

35. 心里有事，宁愿自己想，不愿说出来。

36. 认准一个目标就希望尽快实现，不达目的，誓不罢休。

37. 同样和别人学习、工作一段时间后，常比别人更疲倦。

38. 做事有些莽撞，常常不考虑后果。

39. 别人讲授新知识、技术时，总是希望他讲慢些，多重复。

40. 能够很快忘记那些不愉快的事情。

41. 做作业或完成一件工作时总比别人花费的时间多。

42. 喜欢运动量大的剧烈活动或参加各种文体活动。

43. 不能很快地把注意力从一件事转移到另一件事上去。

44. 接受一个任务后，就希望把它迅速解决。

45. 认为墨守成规要比冒风险强些。

46. 能够同时注意几件事物。

47. 当我烦闷的时候，别人很难使我高兴。

48. 爱看情节起伏跌宕、激动人心的小说。

49. 对工作抱认真谨慎、始终如一的态度。

50. 和周围人们的关系总是相处不好。

51. 喜欢复习学过的知识，重复做已经掌握的工作。

52. 喜欢做变化大、花样多的工作。

53. 小时候会背的诗歌，我似乎比别人记得清楚。

54. 别人说我"出语伤人"，可我并不觉得这样。

55. 在体育运动中，常因反应慢而落后。

56. 反应敏捷，大脑机智。

57. 喜欢有条理而不甚麻烦的工作。

58. 兴奋的事情常使我失眠。

59. 别人讲新概念，我常常听不懂，但是弄懂以后就很难忘记。

60. 假如工作枯燥无味，马上就会情绪低落。

做好后请根据下列题号的顺序分别算出 4 种类型的得分。

胆汁质：

2,6,9,14,17,21,27,31,36,38,42,48,50,54,58

多血质：

4,8,11,16,19,23,25,29,34,40,44,46,52,56,60

黏液质：

1,7,10,13,18,22,26,30,33,39,43,45,49,55,57

抑郁质：

3,5,12,15,20,24,28,32,35,37,41,47,51,53,59

计分标准：如果某种气质的得分数均高于其他 3 种气质，则得 4 分，可定为该气质类型的人。此外，若该气质的得分数超过 20 分，则为典型型。如果得分为 10～20 分，则为一般型。若两种气质的得分数差异小于 3 分，又明显高于其他两种达 4 分以上，则可判定为两种类型的混合型。同样，如果 3 种气质的得分高于第四种，而且很接近，则为 3 种气质的混合型。

关于 4 种气质类型的典型特征说明如下。

A. 胆汁质：直率热情，精力旺盛，脾气急躁，情绪兴奋性高，容易冲动，反应迅速，心境变化剧烈，具有外倾性。

B. 多血质：活泼好动，反应灵敏，乐于交往，注意力易转移，兴趣和情绪多变，缺乏持久力，具有外倾性。

C. 黏液质：安静，稳重，沉着，反应缓慢，沉默寡言，三思而后行，情绪不易外露，注意力稳定而较难转移，善于忍耐，偏内倾型。

D. 抑郁质：情绪体验深刻，行动迟缓，具有较高的感受性，善于觉察他人不易注意的细节，富有幻想，胆小孤僻，具有内倾性。

相关知识点

消费者的气质特征

消费者气质：气质是指人的心理活动的动力特征。所谓心理活动的动力特征，是指心理过程的强度、速度、稳定性以及心理活动的指向性特点等方面在行为上的表现。

神经系统的基础特点	高级神经活动类型	气质类型
强、不平衡	兴奋型	胆汁质
强、平衡、灵活	活泼型	多血质
强、平衡、不灵活	安静型	黏液质
弱	抑制型	抑郁质

现实生活中人的表现形形色色，有的人易怒、易激动，有的人冷静、沉着；有的人做事性急，有的人做事性慢；有的人行动与思维敏捷，而有的人反应较迟钝，行动缓慢稳重。所有这些被通俗地称为"脾气"、"秉性"等，其实是指心理学上的一个概念——气质，这些生活中的种种表现正是气质的具体化。

气质是指人的心理活动的动力特征。所谓心理活动的动力特征，是指心理过程的强度、速度、稳定性以及心理活动的指向性特点等方面在行为上的表现。人的情绪体验的强弱，意志努力的大小，知觉或思维的快慢，注意力集中时间的长短，注意转移的难易，以及心理活动是倾向于外部事物还是倾向于自身内部等，都是气质的表现。气质是人的个性心理特征之一，它是指在人的认识、情感、言语、行动中，心理活动发生时力量的强弱、变化的快慢和均衡程度等稳定的动力特征。主要表现在情绪体验的快慢、强弱、表现的隐显以及动作的灵敏或迟钝方面，因而它为人的全部心理活动表现染上了一层浓厚的色彩。它与日常生活中人们所说的"脾气"、"性格"、"性情"等含义相近。气质是人的典型的和稳定的心理特征，表现在人的心理活动的各个方面。个人间气质的差异，导致每个人在进行各种活动时表现出不同的心理活动过程，形成各自独特的行为色彩。

（1）气质具有稳定性。每个人心理活动或行为都有这种动力表现。一般来说，人在遇到顺境或获得成功时，总会精神振奋情绪高涨，干劲倍增；反之，遇到不幸的事情会精神不振，情绪低落。但是我们所说的气质不是指这种一时的情况，而是指人们在许多场合一贯表现得比较稳定的动力特征。正因为这样，气质使个体的全部心理表现都染上一种色彩。

（2）气质又具有可塑性。俗话说"禀性难移"，这说明气质比其他心理特征更有稳定性，但它又不是固定不变的。比如，一个女中学生在学校里的表现是胆怯、孤僻、羞涩和烦恼，由于对她进行专门的长期教育和自我锻炼，比如引导她积极参加集体活动，并安排一些重要任务等，这个学生的胆怯、孤僻、羞涩、烦恼等气质特征就会消失。可见，在社会活动实践中，尤其是在教育的影响下，气质是可以改变的。

1. 气质的作用

人的气质对行为、实践活动的进行及其效率有着一定的影响,因此,了解人的气质对于教育工作、组织生产、培训干部职工、选拔人才、社会分工等方面都具有重要的意义。

(1)气质使每个人的行为带有一定的色彩、风貌,表现出独特的风格。一个人会以同样的风格、特点出现在他所参加的各种活动中,而不依赖于活动的内容、动机和目的。一个具有某种气质的消费者无论购买什么商品,无论处于什么动机和在什么场合,都会以同样的方式表现在各种不同的消费活动中。而且气质类型相近的消费者常常有近似的行为特点。

(2)气质不影响活动的性质,但可以影响活动的效率。如果在学习、工作、生活中考虑到这一点,就能够有效提高自己和他人的效率。比如,对于同一种商品,不同气质类型的消费者会以完全不同的方式去购买。外向型的消费者往往主动询问其他顾客的看法,并愿求助销售人员的帮助。内向型的消费者往往相反,一般不主动与周围的人交谈,喜欢自己观察商品,不愿向销售人员或他人求助。

在一些特殊职业中(比如飞机驾驶员、宇航员、大型动力系统调度员或运动员等),要经受高度的身心紧张,要求人们有极其灵敏的反应,要求人敢于冒险和临危不惧,对人的气质特性提出特定的要求。在这种情况下,气质的特性影响着一个人是否适合从事该种职业。因此在培训这类职业的工作人员时应当测定人的气质特性。这是职业选择和淘汰的根据之一。

2. 气质的类型

(1)气质的体液说。这由古希腊著名的医生希波克拉底最早提出。他在长期的医学实践中观察到人有不同的气质。他认为气质的不同是由于人体内不同的液体决定的。他设想人体内有血液、黏液、黄胆汁和黑胆汁4种液体,并根据这些液体混合比例哪一种占优势,把人分为不同的气质类型。体内血液占优势属于多血质,黄胆汁占优势属于胆汁质,黏液占优势属于黏液质,黑胆汁占优势属于抑郁质。可见,他把人的气质分为多血质、胆汁质、黏液质和抑郁质4种类型。希波克拉底还认为,每种体液都是由冷、热、湿、干4种性质相匹配产生的。血液是由热和湿配合的,所以多血质的人热情、湿润,好似春天;黏液质是冷和湿的配合,因此黏液质的人冷漠、无情,好似冬天;黄胆汁是热和干的配合,因此胆汁质的人热而躁,好似夏天;黑胆汁是冷和干的配合,因此抑郁质的人冷而躁,好似秋天。

① 胆汁质。胆汁质的人,直率热情,精力旺盛;性情急躁,反应迅速;情绪明显外露,但持续时间不长;行为上表现出不平衡,工作特点带有明显的周期性。《水浒传》里的黑旋风李逵脾气暴躁,气力过人,为人耿直,忠义烈性,思想简单,行为冒失。心理学家把类似于李逵的气质叫做胆汁质。具有这种气质的人像"夏天里的一团火",有火爆的脾气。这种人的情绪爆发快,"一点就着",但难持久,如同一阵狂风、一场雷阵雨,来去匆匆。这种人精力旺盛,争强好斗,做事勇敢果断,为人热情直率,朴实真诚;但是这种人的思维活动常常是粗枝大叶、不求甚解,遇事常欠思量、鲁莽冒失,做事也常常感情用事,但表里如一。胆汁质的消费者在购物中喜欢标新立异,追求新颖奇特,具有刺激性的流行商品。他们一旦感到需要,就会很快产生购买动机并干脆利落地迅速成效,但往往不善于比较,缺乏深思熟虑。如果遇到营业员怠慢,也会激起他们烦躁的情绪和激烈的反应,体现出冲动型的购物行为特点。这就要求营业人员在提供服务时要头脑冷静,充满自信,动作快速准确,语言简洁明了,态度和蔼可亲,使顾客感到营业人员急他所急,想他所想,全心全意为他服务。

② 多血质。多血质的人，活泼好动，容易适应新环境；注意易转移，接受新事物快，但印象不深刻；情绪和情感易于发生改变，并直接表露于外。浪子燕青聪明过人，灵活善变，使枪弄刀、弹琴吹箫、交结朋友等无所不会。心理学家把类似于燕青的气质叫做多血质。具有这种气质的人总是像春风一样"得意扬扬"，富有朝气。这种人乖巧伶俐，惹人喜爱。他们的情绪丰富而且外露，喜怒哀乐皆形于色，他们那副表情多变的脸折射出他们的内心世界。活泼、好动、乐观和灵活是他们的优点。他们喜欢与人交往，有种"自来熟"的本事，但交情粗浅。他们的语言表达力强而且富有感染力，一件平淡无奇的小事能被他们描绘得精彩无比。他们思维灵活，行动敏捷，对各种环境的适应力强，教育的可塑性也很强。但是他们气质上的弱点是缺乏耐心和毅力，稳定性差，见异思迁。多血质的人善于交际，有较强的灵活性，能以较多的渠道得到商品信息。这类消费者对购物环境及陌生人有较强的适应能力，因而在购物时观察敏锐，反应敏捷，善于与营业人员进行沟通。但有时其兴趣与目标往往因为可选择的商品过多而容易转移或一时不能取舍，行为中常带有浓厚的感情色彩，兴趣常发生变化，多体现出情感型、经济型的购物行为特点。这就要求营业人员在提供服务时热情周到，尽可能为顾客提供多种信息，为顾客当好参谋，取得顾客的信任和好感，从而促进购买行为的顺利完成。

③ 黏液质。黏液质的人，安静平衡，反应缓慢；善于克制自己，情绪不易外露；注意稳定但难于转移。豹子头林冲沉着老练，身负深仇大恨，尚能忍耐持久，几经挫折，万般无奈，终于逼上梁山。心理学家把类似于林冲的气质叫做黏液质。这种气质就像冬天一样无艳丽的色彩装点而"冰冷耐寒"，但也缺乏生气。这种人安静稳重，沉默寡言，喜欢沉思，表情平淡，情绪不易外露，但内心的情绪体验深刻，给人以貌似"冷"的感觉，很像外凉内热的"热水瓶"。他们自制力很强，不怕困难，忍耐力高，表现出内刚外柔。他们与人交往适度，交情深厚，朋友少但却知心。他们的思维灵活性略差，但考虑问题细致而周到，这往往弥补了他们思维的不足。学习和接受慢了些，但却很扎实，踏踏实实。他们平时总是四平八稳的，所以有时"火烧眉毛也不着急"。这种人的行为主动性比较差，经常是别人让他们去做某事才会去做，但并不是他们不想做。黏液质的消费者在购物中比较谨慎、细致、认真，大都比较冷静，不易受广告宣传、商标、包装等干扰，很少受他人的影响。喜欢通过自己的观察、比较作出购买决定。对自己熟悉的商品会积极购买，并持续一段时间，对新商品往往持审慎态度，体现出理智型的购物行为特点。这就要求营业人员在提供服务时要注意掌握"火候"，比如不要过早接触顾客，过于热情会影响顾客观察商品的情绪，也不要过早阐述自己的意见，应尽可能让顾客自己了解商品，选择商品，并注意提供心理的服务。

④ 抑郁质。抑郁质的人，柔弱易倦，情绪发生慢，体验深刻，言行迟缓无力，胆小、忸怩、善于觉察别人不易觉察的细小事物，容易变得孤僻。《红楼梦》里的林黛玉多愁善感，聪颖多疑，孤僻清高。心理学家把类似于林黛玉式的气质叫做抑郁质。这种气质给人以"秋风落叶"般的无奈、忧愁的感觉。这种人情绪体验深刻、细腻而又持久，主导心境消极抑郁，多愁善感，给人以温柔怯懦的感觉。他们聪明而富于想象力，自制力强，注重内心世界，不善交际，孤僻离群，软弱胆小，萎靡不振。他们的行为举止缓慢而单调，虽然踏实稳重，但却优柔寡断。此气质型的消费者在购物中往往考虑比较周到，对周围的事物很敏感，能够观察不易觉察的细枝末节。其购物行为拘谨，拖泥带水，谋而不断，一方面表现出缺乏购物主动性，另一方面对他人的介绍不感兴趣或多疑不信任，体现出经济型、习惯性的购物行为特点。这就

要求营业人员在提供服务时耐心、细致、体贴、周到,要熟知商品的性能和特点,及时正确地回答各种提问,增强他们购物的信心,从而促使购买行为的实现。

以上介绍的是 4 种气质类型典型的表现。

(2)高级神经活动过程的基本特性。高级神经活动类型学说是巴甫洛夫创立的。他通过动物实验发现,不同动物形成条件反射是有差异的,不同动物的高级神经活动的兴奋与抑制过程有独特的、稳定的结合,从而构成不同的高级神经活动类型。划分高级神经活动类型,主要依据神经过程的基本特性。动物的高级神经基本活动有 3 种特性,即神经过程的强度、神经过程的平衡性和神经过程的灵活性。

根据神经过程的这些特性,巴甫洛夫确定出 4 种高级神经活动类型。

① 强、不平衡型。其特点是兴奋、抑制过程都强,但兴奋过程略强于抑制过程,是易兴奋、奔放不羁的类型,又称兴奋型或不可遏制型。

② 强、平衡、灵活型。其特点是兴奋与抑制过程都比较强,并容易转化,反应敏捷,表现活泼,能适应变化的外界环境,又称活泼型。

③ 强、平衡、不灵活型。其特点是兴奋与抑制过程都较强,但两者转化较困难。它是一种安静、沉着、反应较为迟缓的类型,也称安静型。

④ 弱型。其特点是兴奋与抑制过程都弱。过强的刺激容易引起疲劳,甚至引起神经衰弱、神经官能症,并以胆小畏缩、反应速度缓慢为特征,又称抑制型。

巴甫洛夫把他确定的高级神经活动类型同气质类型相对照,发现它们之间完全符合。巴甫洛夫还认为,这 4 种不同的神经活动类型是人与动物共同具有的一般特性,这种一般特性构成了人的气质的生理基础。由此可见,气质是神经活动类型在人的活动、行为中的表现。

(3)不同气质的人在面临同样问题时的表现不同。在中国"质量万里行"活动中,不少制造、销售伪劣商品的工商企业被曝光,消费者感到由衷的高兴。3 月 15 日是世界消费者权益日,某大型零售企业为了改善服务态度、提高服务质量,向消费者发出了意见征询函,调查内容是:"如果您去商店退换商品,售货员不予退换怎么办?"要求被调查者写出自己遇到这种事时是怎么做的。其中有这样几种答案。

① 耐心诉说。尽自己最大努力,苦口婆心地慢慢解释退换商品的原因,直到得到解决。

② 自认倒霉。向店方申诉也没用,商品质量不好又不是商店生产的,自己吃点亏下回长经验。

③ 灵活变通。找好说话的其他售货员申诉,找营业组长或值班经理求情,只要有一人同意退换就可望解决问题。

④ 据理力争,决不求情。脸红脖子粗地与售货员争到底,不行就往报纸投稿曝光,再不解决就向工商局、消费者协会投诉。

人的神经活动的特征,还存在许多其他的组合方式,因而,人的气质并非只存在以上 4 种状态。并且,在日常生活中纯粹为上述 4 种气质的人比较少见,多是混合型气质。因此,在我们对某个人的气质进行判断时,主要应该观察的是构成他的气质的各种心理特征,以及构成气质生理基础的高级神经活动的基本特征,而并非简单地把他归入某一类型。因此,我们可以把高级神经活动的类型看成气质类型的生理基础。图 5.1 为高级神经活动类型与气质的对应关系。

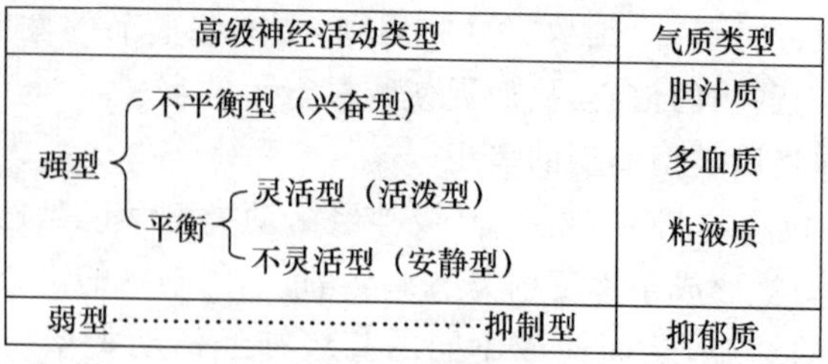

高级神经活动类型	气质类型
强型 — 不平衡型（兴奋型）	胆汁质
强型 — 平衡 — 灵活型（活泼型）	多血质
强型 — 平衡 — 不灵活型（安静型）	粘液质
弱型⋯⋯⋯⋯⋯⋯抑制型	抑郁质

图 5.1　高级神经活动类型与气质的对应关系

3. 气质理论对营销活动的意义

气质这种典型而稳定的个性心理特征，对消费者的购买行为影响比较深刻。在消费活动中，消费者带有特性的言谈举止、反应速度、神经状态等一系列不同程度表征气质特性的表现都会在各种消费活动中无意识地显露出来。

（1）气质影响消费者选购商品的速度。由于不同气质类型的人，其神经过程的灵活性不同，因而选购商品的速度也不一样。从消费者选购商品的速度看，有以下几种主要类型。

① 急速型。这类消费者大多在气质上属于胆汁质型。他们性格外向、心急口快，选购商品时言谈举止显得匆忙，情绪易于激动，一般对所接触的第一件合意的商品就想买下，不愿反复选择比较，因此往往是快速地，甚至是草率地作出购买决定。他们到市场上就急于完成购买任务，如果候购时间稍长或营业员工作速度慢、效率低，都会激起其烦躁情绪。

② 疑虑型。此类消费者大多在气质上属于抑郁质型。他们在选购商品过程中对商品的挑选动作缓慢而过于仔细，购买决策表现得优柔寡断，还常因犹豫不决而放弃购买，购买后还会疑心受骗上当。

③ 随机型。此类消费者大多在气质上属于多血质和黏液质混合型。他们个性温和，严己宽人。在购买过程中，既有自己的主见，又比较尊重他人的意见，处事灵活。

（2）气质影响消费者购买过程的情感反应强度。由于不同气质类型的消费者神经过程兴奋与抑制的相对关系不同，因此，消费者在购买过程中情感反应强度也不一样，表现为以下几种类型。

① 沉静型。此类消费者在购买活动中往往不善交际，沉默寡言，表情、动作不明显，挑选商品比较认真，不愿与营业员谈离开商品内容的话题，不多与购买现场的其他消费者接触，信任文静、稳重的营业员。如果对这类消费者过于热情或言语不当，很容易引起他们反感。

② 谦顺-反抗型。此类消费者在购买过程中，一部分表现为言语、行为礼让恭谦，即使遇到不顺心的事情也善于忍耐、谅解，有较强的自我控制能力，不易冲动，注重营业员的服务态度与服务质量；另一部分性情怪僻，多愁善感，往往不能接受他人的意见，对营业员的介绍异常警觉，抱不信任态度，甚至露出讥讽性的笑容与神态。

③ 活泼型。此类消费者善于与营业员交谈，有时会主动告诉别人自己购买某种商品的原因与用途，喜欢向别人讲述自己的使用经验和感受，使买卖处在一种十分融洽的气氛中，他们对商品问得多而细，购买时决策快，反悔也快。

④ 激动型。此类消费者情绪易于激动，情感变化快速。他们在选购过程中，易受周围环境感染，购买现场的刺激和社会时髦对其影响较大，言行主要受感情支配。对商品品质和营业员服务要求较高，稍有不如意就与人发生争吵，爆发激烈而不能自制。

了解气质对消费行为的影响,有助于根据消费者的各种行为表现,发现和识别其气质特点,以便在市场经营活动中,注意利用消费者气质特征的积极方面,控制其消极方面,提高经营服务艺术。比如接待急速型和激动型的具有胆汁气质特征的顾客,营业员应特别注意把握服务态度的分寸,既不能与之过多交谈,又不能太冷淡,应以"不冷不热,不卑不亢"为接待原则;对于活泼型和随机型的顾客,营业员可与他们多交谈,多介绍商品本身的特点,而且要实事求是,带有明显倾向性的话最好不说;对于沉静型的顾客,营业员要细心周到,不能有厌烦情绪;对于疑虑型和谦顺-反抗型的顾客,营业员应尽可能不去打搅,任他们观看挑选,一旦他们招呼,就马上接待,不可怠慢,否则会失去顾客。

任务项目3

消费者性格如何把握:个性化的婚纱摄影市场

婚纱摄影其实不一定与华衣、钻石和鲜花有关,于是,摄影人便开始了光影之间的无数场游戏,诠释着无数感人的爱情故事,一场与华丽婚纱无关的婚纱摄影,竟吸引了消费者的眼球,打动了消费者的心。图 5.2 为婚纱摄影片段。

图 5.2 婚纱摄影片段

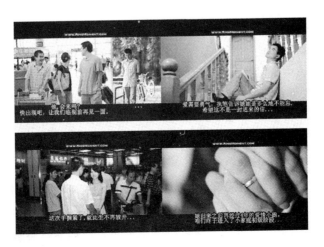

图 5.2 婚纱摄影片段(续)

剧情式婚纱摄影近年来已成为很多婚纱摄影机构新的竞争利器。近年来婚纱摄影蓬勃发展,这种根据现代人追求个性心理而推出的摄影风格,正成为都市新趋势。芝柏婚纱摄影机构重拳出击个性摄影领域,包括剧情式婚纱摄影、主题婚纱摄影等,故事的主题内涵也比往年更加深刻。

个性摄影为何会成为目前婚纱摄影市场的潮流？不拘一格、度身打造、自我释放是目前年轻一代的心理需求,婚纱摄影模式也随着这种需求从传统的呆板摄影开始向重视文化层面、注重策划方向转变。

思考： 针对年轻人的这种个性化要求为婚纱摄影店设计两组剧情以供拍摄婚纱照片之用。

相关知识点

消费者的性格特征

> ● 消费者性格：性格是表现在人对现实的态度以及与之相适应的、习惯化的行为方式方面的个性心理特征。
>
> ● 消费者性格类型 { 敏感型 情感型 思考型 想象型
>
> ● 消费者性格与营销活动：习惯型、慎重型、挑剔型、被动型

一、性格的含义

（一）性格的概念

性格是表现在人对现实的态度以及与之相适应的、习惯化的行为方式方面的个性心理特征。性格是个性特征中最具核心意义的心理特征。性格在个性特征中的核心地位表现在两个方面。一方面,在所有的个性心理特征中,唯有人的性格与个体需要、动机、信念和世界观联系最为密切。性格是一个人道德观和人生观的集中体现,具有直接的社会意义。另一方面,性格对其他个性心理特征具有重要的影响。

（二）性格与气质的区别与联系

由于性格与气质相互制约、相互影响,因而在实际生活中,人们经常把二者混淆起来,把气质特征说成性格或把性格特征说成气质。比如,有人常说某人的性格活泼好动,有的人性子太急或太慢,其实讲的是气质特点。性格与气质是既有区别又有联系的两种不同的个性心理特征。

表5.4为性格与气质的区别。

表 5.4　性格与气质的区别

表现形式不同	气质表现在心理活动的动力方面(强度、速度、稳定性和指向性)
	性格表现在对现实的态度和习惯化的行为方式上
形成过程不同	气质具有先天性,形成早,不易改变
	性格具有社会性,形成晚,可塑性大
在个性中的地位不同	气质居从属地位
	性格居核心地位,反映人的本质

性格与气质的联系也表现在 3 方面。

1. 性格的表现方式涂有气质色彩

比如,同样都是具有"勤奋"性格特征的人,胆汁质人可能表现为热情奔放,雷厉风行,精力充沛;而抑郁质人则可能表现为埋头苦干,任劳任怨。

2. 某种气质对某种性格的形成可能有促进或阻碍的影响

比如,胆汁质、多血质人较容易培养勇敢、果断、主动等性格品质;而黏液质、抑郁质人则比较容易培养忍耐、自制、踏实的性格品质。

3. 性格对气质的掩蔽作用

气质虽然具有很大的先天性,但受性格影响,也可以在一定范围内改变,使气质服从生活实践的要求。比如,一个内向气质的人,担任管理工作后也必须学会与人交往。

二、性格的类型

性格的类型是指一类人身上所共有的性格特征的独特结合。在心理学的研究中至今还没有大家公认的性格类型划分的原则与标准。

瑞士心理学家恩格尔森把人的性格分为以下 4 类,其特征分为以下几种。

A 类:敏感型——精神饱满,好动不好静,办事速战速决。但其行为常带有盲目性。他们在与人交往中,往往会拿出全部的热情,但受挫折时,又容易消沉失望。现实中这类人占 40%。

B 类:情感型——感情丰富,喜怒哀乐溢于言表。别人很容易了解其经历和所受的困苦,不喜欢单调的生活,爱刺激,爱感情用事。讲话写信热情洋溢。在生活中喜欢鲜明的色彩,对事物很有兴趣。与人交往中容易冲动,反复无常,傲慢无理,所以有时与其他类型的人不易相处。这类人占 25%。

C 类:思考型——善于思考,逻辑思维发达,有成熟的观点,一切以事实为依据,而且一经作出决定,就能够持之以恒。生活、工作有规律,爱整洁,时间观念强。重视调查研究和精确性。但这类人有时思想僵化、教条,喜欢纠缠细节,办事缺乏灵活性。这类人占 25%。

D 类:想象型——想象力丰富,憧憬未来,喜欢思考问题。在生活中不太注重小节。对那些不能立即了解其想法价值的人往往很不耐烦,有时行为刻板,不合群,难以相处。这类人不多,大约占 10%。

三、不同性格的特征

(1) 内向型(I)。愿意待在家中,经常是一个人独处,喜欢阅读、写作、思考或休息;只有少数亲近的朋友或者认识的人很少;不太多话,或者是突然在短时间内说一大串话,然后就累了;通过一个人度过安静的时光以自我充电;参加社交活动时,习惯于早到早退。

（2）外向型（E）：喜欢和一大群朋友或认识的人参加定期的社交活动；喜欢将时间花在外头，因为那里有很多机会与人们互动；喜欢说很多话；从社交互动中取得能量；倾向于最后一个离开社交场所。

（3）直觉型（N）。喜欢使用暗喻、类比和图文来沟通；很少满意于事物的现状，总是努力改造世界；偏好思考、阅读、谈论未来、发现新事物和了解生命的可能性；不太擅长实际的事情，比如使账本收支平衡；偏好执行想象式的工作，比如写对仗工整的诗或创造一个伟大的概念；喜欢抽象式的幽默，比如双关语。

（4）感觉型（S）。喜欢在沟通中引用现成的可看见的具体事实、统计数字和概念；接受生活的表面价值，并且相信"你所看到的就是你所拥有的"；偏好思考、阅读、谈论实务的、具体的和"当下"的题材；擅长生活中的细节和务实面，对于梦想家们谈论的遥不可及的题材并不太感兴趣；喜欢实际的喜剧，通常是务实的笑话、尴尬的失误和闹剧。

（5）情感型（F）。喜欢谈论关于感觉、感情关系和个人的话题；避免争端和激烈的辩论，因为不希望任何人的感觉被伤害；当人们需要情感支持时，他/她可以马上知道；必须在一段谈话结束时，觉得对方喜欢并支持他/她，同时认为双方会因有过沟通而变得更亲近；对热忱、风度好的人印象特别好。

（6）思考型（T）。看起来有点疏离和没有感情，同时似乎对与他人在情感层面的互动不太感兴趣；喜欢有激发性和有争议性的辩论，以练习分析性的思维，并不会以私人的态度看待这些讨论；特别擅长发现人们的任性；往往希望确定交谈中已经交换了有价值的信息，且沟通的深层目的已经达到了。

（7）知觉型（P）。喜欢在沟通中快速地切换话题；总是改变计划，你永远不知道他/她什么时候会出现；通常都会迟到；往往有些邋遢或杂乱无章（也许从其他人的眼光看来）；喜欢同时进行多件事情，但不一定都会完成它们。

（8）判断型（J）。喜欢在开始另一个话题之前，完全结束前一个话题；喜欢执着于一个固定的日程计划，通常可以在固定的时间看到他/她；完美主义；喜欢一次进行一件工作直到完成。

四、性格与营销活动

消费者的性格反映在购买方式上主要有以下几种类型。

1. 习惯型

此类消费者往往根据以往的购买经验和使用习惯决定购买行为。当他们对某一品牌的商品有深刻体验后，便保持稳定的注意力，不轻易改变自己的信念，不受时尚和社会潮流的影响。购买中遵循惯例，长久不变。这类消费者的购买行为，大多建立在对商品（店）信念的基础上，取决于商品（店）的信誉。

2. 慎重型

此类消费者的购买行为建立在对商品理智的判断、分析的基础上。他们比较稳重、成熟、老练、有主见，喜欢根据自己的经验和知识，在对商品的有关信息充分了解的基础上，经过周密的分析和思考，对商品细致的检查、比较，反复地衡量各种利弊因素后才作购买决定，较少受他人及企业促销宣传的影响。

3. 挑剔型

此类消费者有一定的购买经验和商品知识，挑选商品主观性强，不愿与他人商量，往往具有善于观察别人不易观察到的细微之处的特征。有的则表现为性格孤僻，对营业员和其他消费者的意见都相当敏感，检查商品极为小心仔细，有时甚至可以到苛刻的程度。

4. 被动型

此类消费者多数不经常购买商品，没有购买商品的经验，缺乏商品知识，对商品没有固定的偏爱。购买行为呈消极被动状态，往往奉命购买或代人购买，在选购商品时大多没有主见，不知所措，渴望得到营业员的帮助。

消费者的个体性格作为最稳定、最持久的个性本质特征，对消费者的购买态度、购买方式等的影响是客观存在的，并可以通过言语、表情、举止、神态等多方面观察出来。了解消费者性格对购买行为的影响，对于有针对性地实施营销活动具有重要的意义，比如，接待经济型的消费者，营业员宜对商品的内在质量作客观具体而不笼统的介绍，宣传时不宜人为地赋予商品过多的象征意义；接待自由型的消费者，营业员在客观公正地介绍商品质量的同时，还应着重介绍这种商品所具有的象征意义；接待保守型和习惯型的顾客，营业员应以高质量的服务使他们对商品产生浓厚的感情，力争在感情上"俘虏"他们，成为"回头客"；接待怪癖型和挑剔型的顾客，营业员要特别小心谨慎，最好让他们先观看商品，等他们拿定主意后再服务；接待顺应型和被动型的顾客，营业员要热情周到，多与之交谈，并为其购买提供一些信息或建设性的意见，在几种商品中，营业员可以帮助他们挑选，为他们拿主意，这样做会使他们非常满意。对他们千万不要冷淡，否则会失去他们。

由此可见，消费者的兴趣、能力、气质、性格等个性心理特征，对其购买行动的影响是巨大的，是构成不同消费行为的重要心理基础。以上我们根据消费者个性心理特征对消费者行为的影响的分析及归类是粗略的。现实生活中消费者的心理和行为是复杂的，也并非如此典型化，即使是在同一类型中，由于消费者的性别、年龄、职业、经济条件、心理状态、空闲时间、购买商品的种类等方面不同，以及购买环境、购买方式、供求状况、营业员的仪表、服务质量等方面有别，都会引起消费心理及行为的差异。

任务项目4

让消费者主动学习你：宜家家居的成功之处

瑞典的宜家家居(IKEA)是世界上最成功的商业奇迹之一。1943年从小规模的文具邮购业务开始，在60年的时间里发展成为在全球42个国家拥有180多家连锁卖场的跨国企业。2003年，宜家在Interbrand全球最有价值的品牌中排名第43位。

根据宜家公司2003财年公布的报告显示，宜家2003财年在全球的营业额为115亿欧元，其中在中国的销售额就达到了7.13亿美元，比2002年增长了24%。实际上，自从1999年宜家在中国内地开设连锁专卖店以来，每年的销售额都实现了两位数的增长。

思考：试分析宜家的成功之道。

 相关知识点

 消费者的能力特征

> ● 消费者能力：是指人顺利完成某种活动所必须具备的并直接影响活动效率的个性心理特征。
> ● 消费者能力类型 ｛一般能力和特殊能力
> 　　　　　　　　　认知能力、操作能力和社交能力
> 　　　　　　　　　模仿能力和创造能力
> ● 能力与消费行为表现：成熟型、一般型、缺乏型

一、能力的含义

所谓**能力**，就是指人顺利完成某种活动所必须具备的并直接影响活动效率的个性心理特征。实践中，任何单一能力都难以完全胜任某种活动。要成功地完成一项活动，往往需要具备多种综合能力。活动的内容、性质不同，对能力的构成要求也有所不同。此外，能力的水平高低会影响个人掌握活动的快慢、难易和巩固程度，从而直接影响活动的效率与效果。

二、能力的类型

人的能力是由多种具体能力构成的有机结构体。其中根据作用方式不同，可以分为一般能力和特殊能力。所谓一般能力，是指顺利完成各种活动所必须具备的基本能力，比如观察能力、记忆能力、思维能力、想象力等。具备一般能力，是从事各种活动的前提条件。特殊能力是顺利完成某些特殊活动所必须具备的能力，比如创造力、鉴赏力、组织领导能力等。

（一）一般能力和特殊能力

一般能力又称普通能力，指大多数活动所共同需要的能力，是人所共有的最基本的能力，适用于广泛的活动范围，符合多种活动的要求，并保证人们比较容易和有效地掌握知识。一般能力和认识活动紧密地联系着。观察力、记忆力、注意力、想象力和思维力都是一般能力。一般能力的综合体就是通常说的智力。

特殊能力又称专门能力，指为某项专门活动所必需的能力。它只在特殊活动领域内发生作用，是完成有关活动必不可少的能力。一般认为数学能力、音乐能力、绘画能力、体育能力、写作能力等都是特殊能力。一个人可以具有多种特殊能力，但其中只有一两种特殊能力占优势。

一般能力和特殊能力密切地联系着。一般能力是各种特殊能力形成和发展的基础，一般能力的发展，为特殊能力的发展创造了有利的条件；在各种活动中，特殊能力的发展同时也会促进一般能力的发展。在活动中，一般能力和特殊能力共同起作用。

（二）认知能力、操作能力和社交能力

认知能力指接收、加工、储存和应用信息的能力。它是人们成功地完成活动最重要的心理条件。知觉、记忆、注意和想象的能力都被认为是认知能力。

操作能力指操纵、制作和运动的能力。劳动能力、艺术表现能力、体育运动能力、实验操作能力都被认为是操作能力。认知能力和操作能力紧密地联系着。认知能力中必然有操作能力，操作能力中也一定有认知能力。

社交能力指人们在社会交往活动中所表现出来的能力。组织管理能力、言语感染能力等都被认为是社交能力。在社交能力中包含认知能力和操作能力。

（三）模仿能力和创造能力

模仿能力指仿效他人的言行举止而引起的与之相类似的行为活动的能力。比如，成年人学画、习字时的临摹，儿童模仿父母说话、表情等。美国心理学家班都拉（Bandura）认为，模仿是人们彼此之间相互影响的重要方式，是实现个体行为社会化的基本历程之一。

创造能力指产生新思想、发现和创造新事物的能力。创造能力是成功地完成某种创造性活动所必需的条件，在创造能力中，创造性思维和创造想象起着十分重要的作用。

三、消费者的能力

消费者的能力是由多种能力要素构成的有机结构体。根据其层次和作用性质不同，可以分为以下几个方面。

1. 从事各种消费活动所必需的基本能力

比如，对商品的感知、记忆、辨别能力，对信息的综合分析、比较评价能力，购买过程中的选择、决策能力，以及记忆力、想象力等。这些基本能力是消费者实施消费活动的必备条件。基本能力的高低强弱会直接导致消费行为方式和效果的差异。

感知能力是消费者对商品的外部特征和外部联系加以直接反映的能力，为进一步对商品作出分析判断提供依据。因此，感知能力是消费行为的先导。消费者感知能力的差异主要表现在速度、准确度和敏锐度方面。

分析评价能力是指消费者对接收到的各种商品信息进行整理加工、分析综合、比较评价，进而对商品的优劣好坏作出准确判断的能力。从信息论的角度考察，消费活动实质上是消费者不断接收市场环境输入的商品信息，进行加工处理，然后加以输出的信息运动过程。

决策能力是消费者在充分选择和比较商品的基础上，及时果断地作出购买决定的能力。决策能力是消费者能力中一个十分重要的方面。消费者的决策能力直接受个人性格和气质的影响。由于性格特点和气质类型的不同，有的消费者在购买现场大胆果断，决断力强，决策过程迅速；有的人则常常表现出优柔寡断，犹豫不决，易受他人态度或意见的左右，动摇反复不定。决策能力还与对商品的认识程度、卷入深度、使用经验和购买习惯有关。消费者对商品的特性越熟悉，卷入程度越深，使用经验越丰富，习惯性购买驱动越强，决策过程越果断，越迅速，决策能力也相应加强；反之，决策能力会相对减弱。

此外，记忆力、想象力也是消费者必须具备和经常运用的基本能力。消费者在进行商品选购时，经常要参照和依据以往的购买、使用经验及了解的商品知识。这就需要消费者具备良好的记忆能力，而丰富的想象力可以使消费者从商品本身想象到该商品在一定环境和条件下的使用效果，从而激发其美好的情感和购买欲望。

2. 从事特殊消费活动所必需的特殊能力

特殊能力首先是指消费者购买和使用某些专业性商品所应具有的能力。它通常表现为以专业知识为基础的消费技能。由于特殊能力是针对某一类或某一种特定商品的消费而言的，而商品的种类成千上万，因此，消费者的特殊能力也有多种多样的表现形式。无论何种特殊能力，都有助于消费者取得最佳消费效用。除适用于专业性商品消费外，特殊能力还包括某些一般能力高度发展而形成的优势能力，比如创造力、审美能力等。

3. 消费者对自身权益的保护能力

保护自身权益是现代消费者必须具备的又一重要能力。合法权益是消费者从事正常消费活动、获取合理效用的基本保证。然而，这一权益的实现不是一个自然的过程。尤其是在我国市场经济尚不成熟的环境中，客观上要求消费者自身不断提高自我保护的能力。

四、能力与消费行为表现

消费者的能力特性与消费行为直接相关，其能力差异必然使他们在购买和使用商品的过程中表现出不同的行为特点。其具体可以分为以下几种典型类。

1. 成熟型

这类消费者通常具有较全面的能力构成。他们对于所需要的商品不仅非常了解，而且有长期的购买和使用经验，对商品的性能、质量、价格、市场行情、生产情况等方面的信息极为熟悉，其内行程度甚至超过了销售人员。因此在购买的过程中，他们通常注重从整体角度综合评价商品的各项性能，能够正确辨认商品的质量优劣，很内行地在同类或同种商品之间进行比较选择，并强调自我感受及商品对自身的适应性。这类消费者由于具有丰富的商品知识和购买经验，加之有明确的购买目标和具体要求，所以在购买现场往往表现得比较自信、坚定，自主性较高，能够按照自己的意志独立作出决策，而无须他人的帮助，并较少受外界环境及他人意见的影响。

2. 一般型

这类消费者的能力构成和水平处于中等状况。他们通常具备一些商品方面的知识，并掌握有限的商品信息，但是缺乏相应的消费经验，主要通过广告宣传、他人介绍等途径来了解认识商品，因此了解的深度远不及成熟型消费者。在购买之前，一般只有一个笼统的目标，缺乏对商品的具体要求，因而很难对商品的内在质量、性能、适用条件等提出明确的意见，同时也难以就同类或同种商品之间的差异进行准确比较。限于能力水平，这类消费者在购买过程中，往往更乐于听取销售人员的介绍和厂商的现场宣传，经常主动向销售人员或其他消费者进行咨询，以求更全面地汇集信息。由于商品知识不足，他们会显现出缺乏自信和独立见解，需要在广泛征询他人意见的基础上作出决策，因而容易受外界环境的影响和左右。

3. 缺乏型

这类消费者的能力构成和水平均处于缺乏和低下状态。他们不仅不了解有关商品知识和消费信息，而且不具备任何购买经验。在购买之前，往往没有明确的购买目标，仅有一些朦胧的意识和想法；在选购过程中，对商品的了解仅建立在直觉观察和表面认识的基础上，缺乏把握商品本质特征及消费信息内在联系的能力,因而难以作出正确的比较选择;在制定决策时,经常表现出犹豫不决,不得要领,极易受环境影响和他人意见的左右,其购买行为常常带有很大的随意性和盲目性。显然,这种能力状况对于提高消费效果是极为不利的。但这种状况通常仅存在于对某类不熟悉商品或新产品的消费中,以及不具备或丧失生活能力的婴幼儿、老年人和残疾人消费者中。

不论何种能力及行为类型都是相对的。一个消费者可能在某一方面或某一类商品的消费中表现为成熟型,而对另一类商品的消费又表现为一般型。此外,随着生活经验的积累,以及个人有意识地自我培养,消费者的能力水平也会不断提高。

 课后练习

一、名词解释

气质　　个性化　　性格　　能力

二、简答题

1. 不同气质类型的特点是什么? 与消费行为有什么关系?

2. 气质与性格的异同点包括哪些?

3. 消费者能力体现在哪些方面?

4. 为什么消费者追求个性化?

三、思考讨论题

1. 案例分析。

3月15日是世界消费者权益日,某大型零售企业为了改善服务态度、提高服务质量,向消费者发出了意见征询函,调查内容是:"如果您去商店退换商品,售货员不予退换怎么办?"要求被调查者写出自己遇到这种事时是怎么做的。其中有这样几种答案。

(1) 耐心诉说。尽自己最大努力,苦口婆心地慢慢解释退换商品原因,直到得到解决。

(2) 自认倒霉。向店方申诉也没用,商品质量不好又不是商店生产的,自己吃点亏下回长经验。

(3) 灵活变通。找好说话的其他售货员申诉,找营业组长或值班经理求情,只要有一人同意退换就可望解决问题。

(4) 据理力争,决不求情。脸红脖子粗地与售货员争到底,不行就往报纸投稿曝光,再不解决就向工商局、消费者协会投诉。

① 这个调查内容能否反映出消费者个性心理特征的本质?

② 4种答案各反映出消费者的哪些气质特征?

③ 如果你是营业员,遇到这4种情况时该怎么处理?

2. 举例说明身边哪些行业的消费出现了个性化倾向。商家应该如何把握这种趋势?

模块六

消费者情绪、情感与消费

◎ 了解消费者情绪和情感的作用

◎ 了解消费者态度对消费行为的影响

◎ 掌握消费者在购买过程中的态度表现

案例与思考

"80后"如今是最受商家欢迎和重视的新客户群。虽然有人给他们冠以"ATM世代"的称号——缺乏积累（accumulation shorten），乐于消费（tingled on consumption），不做计划（making no plan）——但无可否认，有全新消费主张的"80后"正成为中国的消费主力。《中国青年报》社会调查中心与腾讯网新闻中心日前联合开展的一项"80后"消费调查（7 791人参与）显示，66.9%的人赞同"'80后'消费欲望远远大于消费能力"的说法。"我就喜欢"是一句街知巷闻的流行广告语，也是糖罐子里泡大的"80后"一代对于时尚消费的普遍态度。在"80后"人群中，大众时尚的"泛"概念已经被标新立异所完全取代。他们不会一味追求名牌效应，"我就喜欢"是他们认为值得买单的唯一标准。

"80后"的自我意识非常强，在穿着上追求与众不同。他们认为任何缺乏个性的打扮，即使有再好的时尚品位，也都淡如白水；他们不会有先入为主的束缚，不喜欢跟风，但在穿着和搭配上却很有自己的见解。现在，许多大牌设计师都要以自己独特的设计风格来迎合他们的品位。

近年来，混搭成为时尚界最为流行的一个词语，它不仅考验着穿着者的搭配功底，也考验着他们的时尚胆量，而引领这股时尚潮流的正是"80后"这群年轻人。换一个发型换一个心情，换一个形象换一种活法。在迷你及膝裙、高腰连身裙或舞酷短身罩衫下面加上一条色彩明丽的紧身袜裤。这种上宽下窄、上松下紧的层叠搭配原则，能轻而易举地打造妙龄百变装的风格。

超级女声的奇迹让许多"80后"女生们开始琢磨，自己是不是也应该尝试一下有突破性的造型。从李宇春、周笔畅到尚雯婕，不少超女的穿扮都可以粗略地归为一个类别，那就是中性。短发、西服、裤装、领带都是中性风的醒目标志，而中性风的穿着重点就是自信、自在与个性，展现的是内心跨越界线时的一无所惧。身高、腿长且肩线较平的女性大可尝试扮男人的滋味，而身材娇小的女性也可选择舞酷之类的贴身剪裁。将无比性感的蕾丝内衣穿在衬衫外面，恐怕没有比这更具诱惑的装扮了。

虽然从目前看奢侈品消费的主要群体是六七十年代出生的人，但在"80后"当中，大部分人在经济可承受的基础上，主动消费的意识都比较强。他们崇尚"钱不是省出来的，而是赚出来的"、"钱挣来就是为了花"的理念，希望尽可能拥有自己喜欢的东西和服务。未来这批"80后"正逐渐成为消费市场的主力军，一旦有了经济基础，他们的消费潜力不可低估。

案例分析思路

消费者在某次购物过程中，一般表现出一些情绪性的反应，而在长期的购物过程中，又会形成一些稳定的情感体验，这些情感体验以及相应的态度必然要带到每一次购物行为中去。不同年龄、性别和职业都会受到不同情绪、情感的影响。

消费者偏好与情感：新奢侈品的营销之道

拎着 GUCCI 手袋,却穿着沃尔玛的特价凉鞋挤着公交车上班的,不乏其人。买售价为 8 990 元的限量版 ADIDAS 运动鞋,买性能卓越、价格不菲的数码相机时眼睛都不眨一下的年轻男士,却非要等到商场做特价促销时才买衬衣。在逛超市时,只买特大包装便宜的洗衣粉,或诸如此类的,也大有人在。

总的来说,如果某类产品对消费者有意义,他们就会花高于日常消费水准的、更多的钱购买优质的奢侈品;如果对他们不重要,他们就会以低于日常消费水准的、更少的钱去购买低价位的或者小牌子的商品。那消费者觉得什么才是对他们有意义的呢? 正如世上的人总是有差别的一样,因人而异的感觉肯定也就不尽相同,因而也就没有严格意义上的新奢侈品类别,我们的企业也只能擦亮自己的眼睛去寻找属于自己的商机。如何让自己的产品和服务、品牌打动消费者的心,是我们的首要命题。

思考:如何把握消费者对商品的购买意愿? 为什么消费者会有冲动购买的情况呢?

 消费者的情绪、情感与营销活动

> ● 消费者情绪:情绪(emotion)是一种复杂的心理现象,它包含情绪体验、情绪行为、情绪唤醒、对情绪刺激等复杂成分。
> ● 消费者情感(feeling)就是情的感受方面,即情绪过程的主观体验。

一、情绪、情感的定义

喜、怒、哀、乐是人之常情,生活中人的一切活动都带有情绪、情感的印迹,它像催化剂一样,使人的生活染上各种各样的色彩。积极快乐的情绪是获得幸福与成功的动力,焦虑、痛苦等消极情绪让人沮丧消沉。**情绪**(emotion)是一种复杂的心理现象,它包含情绪体验、情绪行为、情绪唤醒、对情绪刺激等复杂成分。**情感**(feeling)就是情的感受方面,即情绪过程的主观体验。因此,情绪这个概念可以既用于人类,也用于动物。情感这个概念通常只用于人类,特别是在描述人的高级社会性情感时。在认识和适应客观事物的过程中,人们总是根据个人的需要对客观事物产生某种态度,同时内心产生出某种不同的主观感受或体验。英语四、六级考试结束后,有人轻松、愉快,有人苦恼、失望、悲观;有人时而喜悦,时而担忧。个人对现实的这些不同感受就是情绪或情感。

情绪、情感既是一种主观感受或体验，又是对客观现实的一种特殊反映。所谓特殊反映，即它反映的是客观现实与人的需要之间的关系。不同的人由于当前的需要状态不同，对客观事物的态度不同，所产生的情绪、情感体验也就不同。客观事物使人产生什么样的情绪、情感体验，是以人的当前需要为中介的。与人的需要和愿望相符的客观事物，使人产生愉快、满意、喜爱、赞叹等积极的情绪、情感体验，而与人的需要不相符的客观事物，则会引起人烦恼、不满、忧愁、厌恶、愤怒等消极的情绪、情感体验。

情绪、情感是人们对客观事物是否符合自己需要所产生的一种主观体验。需要是动机的基础与主要来源，动机能够促进行为，而情绪、情感这种对需要的主观体验能激励与改变行为。情绪、情感的功能是：积极的情绪、情感会成为行为的诱因；而消极的情绪、情感将成为行为的阻碍。

二、情绪、情感的区别与联系

情绪、情感既有区别又有联系。其区别表现在 3 个方面。① 情绪通常是与生理需要相联系的体验，比如饥饿时得到食物就会体验到满意、愉快，得不到食物就会难受、不安。而情感是指与人的社会性需要相联系的体验。比如，人都期望得到他人的赞扬，希望有良好的人际关系，当听到认同自己时，心生喜悦，相反，当听到别人否定自己时，就气愤、难受、不高兴。② 情绪具有情境性、冲动性和短暂性。它往往由某一情境引起，一旦发生，冲动性较强，不容易控制，外显的成分比较突出，在表现形式上带有较多的原始动力特征。而时过境迁，情绪就会随之减弱或消失。情感具有稳定性、深刻性和持久性，是对人、对事稳定的态度体验，它始终处于意识的控制之下，且多以内隐的形式存在或以微妙的方式流露出来。比如，孩子的顽皮可能引起母亲的愤怒，但是这是具有情境性的，每一个做母亲的都不会因为孩子惹她生气而失掉亲子之爱。③ 在个体发展和人类进化中，情绪发生早，是人和动物，尤其是高等动物所共有的。而情感发生晚，是人在社会化过程中产生的，具有社会性。

情绪与情感虽然有区别，但两者又密不可分。一方面，情感依赖于情绪。人先有情绪后有情感，情感是在情绪的基础上发展起来的，而且情感总是通过各种不断变化的情绪得以表现，离开具体情绪，人的情感就难以表现和存在。比如，当人们看到小偷行窃时，愤恨的情绪使人产生正义感；看到自己的祖国遭到外敌入侵时，就会产生无比愤怒和激动的情绪，由此而表现出崇高的爱国主义情感。另一方面，情绪也有赖于情感。情绪的不同变化，一般都受个人已经形成的社会情感的影响。比如，在外部环境非常艰苦的条件下，人们受高尚情感的支配，可以克服很多常人难以想象的困难，让自己的情绪服从于情感。

在现实生活中，人的情绪和情感是难分彼此的两种心理现象。就脑的活动而言，情绪与情感是同一物质过程的心理形式，是同一事物的两个侧面或两个着眼点，是相互依存、不可分割的，有时甚至可以相通。

三、情绪、情感在消费行为中的作用

人处于欢喜的情绪中时，人的其他心理活动也会变得带有愉快的色彩；人会变得活跃、容易与别人交往，热情也比较高，待人接物时容易考虑对方、理解对方，会对消费行为产生积极的作用，推动消费行为的进行速度。消费者愉快的情绪会增加他的勇气，并克服购买行为中可能会出现的各种困难。比如，一个广告着重让欢乐的情绪洋溢其中，黑人牙膏广告一开

始是阳光明媚的清晨,一个满口泡沫的小男孩蹑手蹑脚地走向熟睡的父亲,逗他笑,然后,画面转到穿着亮丽的白领相互问候,拉拉队员们欢呼雀跃……整个广告充盈着欢声笑语,又离不开一个主题——口气清新。

反过来,不愉快的情绪,不喜欢的情绪体验,只能对消费行为起消极作用。这种情绪可能来源于 3 个方面:商品、购物场所及售货员。如果不愉快的情绪来自于商品,那么顾客会拒绝购买这种商品;如果不愉快的情绪来源于购物场所,那么顾客会尽快回避这个令他不愉快的场所;如果不愉快的情绪来源于售货员,那么顾客会尽量躲避这位令他不愉快的售货员,有时甚至会引起顾客与售货员的矛盾与冲突。

顾客在每次的购物过程中,一般表现为情绪性的反应,而顾客在长期的购物过程中,则会形成一种稳定的情感体验。这些情感体验以及相应的态度反过来又带到每一次的购物行为中去。因此,顾客在每一次的购物行为中既表现为当时的情绪性,又带有他本人的情感特点和相应的态度。

这要求企业营销人员,一是尽力创造出优美的购物环境,提供优良服务,让每一位顾客购物时心情愉快;二是注意树立商业企业的形象,达到顾客满意,及时解决问题,注意形象宣传,把企业良好形象印在顾客的心中,使他们能够长久地对企业抱有良性的情感。

四、情绪、情感与认识的关系

情绪、情感和认识都是对客观现实的反映,但它们是有区别的。首先,认识活动是通过形象或概念来反映客观事物本身,它反映的是各种对象和现象的属性、本质和发生、发展的规律。而情绪、情感是通过体验来反映客观事物与人的需要的关系,它不反映事物本身的属性、本质、规律等。其次,认识活动的发生、改变在一定程度上具有随意性,情绪、情感的发生和改变则具有不随意性。即我们不能随心所欲地引起某种体验,情绪、情感的发生往往是突发的、非预谋的。比如,人们在看电视电影时,会随着剧情和主人公的遭遇而不知不觉地高兴或悲伤,所谓"触景生情",就表明了情绪、情感的不随意性。

情绪、情感和认识活动也是相互联系、相互影响的。首先,认识活动是产生情绪、情感的前提和基础。有了对事物本身的认识,才能有主客体之间需求关系的反映,从而产生情绪、情感。没有某种感知觉,就没有某方面的感受。比如,耳朵听不见的人对噪音就不反感,盲人体会不到看见绚丽景色时的喜悦心情。当人们回想起辛酸的往事、辉煌的成就、惊心动魄的场面时,会产生不同的情绪、情感体验,这都是与记忆有关的。人对某些事情越想越高兴,越想越生气,或者越想越后怕,也无非是思维和想象的结果。所以说,情绪、情感总是伴随认识活动产生的。认识可以起到整理、加深人的情绪、情感的作用。其次,人的情绪、情感对认识活动也有促进和推动作用。比如,情绪、情感可以不断地提高求知欲,促使人不断地去追求和维护真理。人在情绪积极的状态下,认识较为全面、深刻,反之,有可能偏激、浅薄。

五、情绪、情感的表现形式

1. 根据情绪发生的差异划分

根据情绪发生的强度、速度、持续时间的长短和稳定性方面的差异,可以将情绪的表现形式划分为以下 4 种。

（1）激情。激情是一种猛烈的、迅速爆发而短暂的情绪体验，比如狂喜、暴怒、恐怖、绝望等。激情具有瞬息性、冲动性和不稳定性的特点，发生时往往伴有生理状态的变化。消费者处于激情状态时，其心理活动和行为表现会出现失常现象，理解力和自制力也会显著下降，以致发生非理性的冲动式购买行为。

（2）热情。热情是一种强有力的、稳定而深沉的情绪体验，比如向往、热爱、嫉妒等。热情具有持续性、稳定性和行动性的特点，它能够控制人的思想和行为，推动人们为实现目标而长期不懈地努力。

（3）心境。心境是一种比较微弱、平静而持久的情感体验。它具有弥散性、持续性和感染性的特点，在一定时期内会影响人的全部生活，使语言和行为都感染上某种色彩。在消费活动中，良好的心境会提高消费者对商品、服务和使用环境的满意程度，推动积极的购买行为；相反，不良的心境会使人对事物感到厌烦，或拒绝购买任何商品，或专买用以排愁解闷的商品。

（4）挫折。挫折是一种在遇到障碍又无法排除时的情绪体验，比如怨恨、懊丧、意志消沉等。挫折具有破坏性、感染性的特点。消费者处于挫折的情绪状态下，会对商品宣传、促销劝说等采取抵制态度，甚至迁怒于销售人员或采取破坏行动。

2．根据情绪表现的方向和强度划分

就情绪表现的方向和强度而言，消费者在购买过程中所表现出的情绪，还可以分为积极、消极和双重情绪 3 种类型。

（1）积极情绪。比如喜欢、欣慰、满足、快乐等。积极情绪能增强消费者的购买欲求，促成购买行动。

（2）消极情绪。比如厌烦、不满、恐惧等。消极情绪会抑制消费者的购买欲望，阻碍购买行为的实现。

（3）双重情绪。许多情况下，消费者的情绪并不简单地表现为积极或消极，而经常表现为既喜欢又怀疑，基本满意又不完全称心等双重性。比如，消费者对所买商品非常喜爱，但因价格过高又感到有些遗憾。双重情绪的产生，是由于消费者的情绪体验主要来自商品和营业员两个方面。当两者引起的情绪反应不一致时，就会出现两种相反情绪并存的现象。

六、消费者购买活动的情绪过程

消费者在购买活动中的情绪过程大体可分为 4 个阶段。

（1）悬念阶段。这一阶段，消费者产生了购买需求，但并未付诸行动。此时，消费者处于一种不安的情绪状态。如果需求非常强烈，不安的情绪会上升为一种急切感。

（2）定向阶段。这一阶段，消费者已面对所需要的商品，并形成初步印象。此时，情绪获得定向，即趋向喜欢或不喜欢，趋向满意或不满意。

（3）强化阶段。如果在定向阶段消费者的情绪趋向喜欢和满意，那么这种情绪现在会明显强化，强烈的购买欲望迅速形成，并可能促成购买决策的制定。

（4）冲突阶段。这一阶段，消费者对商品进行全面评价。由于多数商品很难同时满足消费者多方面的需求，因此，消费者往往要体验不同情绪之间的矛盾和冲突。如果积极的情绪占主导地位，就可以作出购买决定。

消费者情感的不经意流露：电话也能表现你的心理

成功的电话销售被戏称为"一线万金"——电话线在销售人员、企业和客户之间建立起一条更高效、方便和快捷的销售沟通渠道。好的电话销售，将极大地提升我们的成交率，将更多的产品信息传递到目标市场，达成交易的同时降低企业的业务开发费用。

与面对面销售不同的是电话销售中的销售人员看不到客户，无法直观地判断客户的情绪与情感，也不能通过肢体语言的互动来营造情境，对客户的购买决策进行影响。

销售是情感的传递，信心的转移。"一线万金"的关键在于客户情绪与情感热键的"一触即发"——"人最怕就是动了情"，电话销售只要能有效调动客户的情绪，就能更有效地进行销售。

喉咙像塞了一块布一样，语速缓慢、声调低沉、说话的内容断断续续、含混不清，试想，客户接到这样的声音打过来的电话感受是什么样的？客户看不到人，但是通过声音，客户接受到的负面情绪迅速占领了上峰，迅速感知到销售员的状态并作出判断：这个销售人员好像很累，他们的工作很累很辛苦，很累很辛苦的原因是产品滞销，滞销是因为产品不好，所以我不会购买不好的产品。

思考： 为什么在见不到面的情况下，销售员的态度以及是否能激发顾客的情绪如此重要呢？

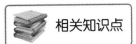

 情绪、情感的类型

- 消费者情绪类型
  - 基本情绪
  - 与接近事物有关的情绪
  - 与自我评价有关的情绪
  - 与他人有关的情绪
- 消费者情感类型
  - 道德感
  - 美感
  - 理智感

一、情绪的类型

情绪的纷繁多样使它的分类成为一个复杂而困难的问题。尽管如此，古今中外的学者从不同角度对情绪、情感的分类进行了许多有益的尝试。

（一）传统的情绪分类

我国最早的情绪分类思想源于《礼记》，其中记载人的情绪有"七情"分法，即喜、怒、哀、乐、爱、恶、欲；《白虎通》记载，情绪可以分为"六情"，即喜、怒、哀、乐、爱、恶；近代的研究中，常把快乐、愤怒、悲哀和恐惧列为情绪的基本形式。

法国哲学家笛卡儿认为人有 6 种原始情绪：惊奇、爱悦、憎恶、欲望、欢乐和悲哀，它们都和一定的对象相联系，其他情绪都是它们的组合与分支。科学心理学的缔造者冯特也对情绪、情感进行了分类，他曾于 1896 年提出情感的 3 度学说。他把情绪、情感分为愉快—不愉快、激动—平静、紧张—轻松 3 个维度，每个维度代表一对感情元素沿着相反两极的不同程度变化，3 个维度相交于零点。冯特认为在这个 3 维空间中可以找到各种情绪的位置。

（二）现代心理学的分类

1. 基本情绪

快乐、愤怒、恐惧和悲哀是最基本的、最原始的 4 种情绪。这些情绪与基本需要相联系，是不学就会的，常常具有高度的紧张性。快乐是盼望的目的达到后，随之而来的紧张解除时产生的情绪体验，比如高考中取得好成绩、工作取得重大突破等。愤怒是由于目的、愿望一再受阻，从而积累了紧张所产生的情绪体验。悲哀是在所热爱的事物的丧失和所盼望的东西幻灭时产生的情绪体验，比如亲人的丧失、生活中的种种失意等。恐惧是个体企图摆脱、逃避某种情景又苦于无能为力时的情绪体验。

2. 与接近事物有关的情绪

这包括厌恶、惊奇、兴趣、轻快等。这类情绪可以是愉快的，也可以是不愉快的。厌恶是当个体感知到一些令人不愉快的事物时产生的包括强烈躲避倾向和明显的身体不舒服感觉在内的情绪体验。厌恶情绪与社会文化以及个体过去的生活经验有着密切的联系。比如一个民族喜闻乐见的东西，可能会引起另一个民族的强烈厌恶情绪。当一个人看到或听到陌生、奇特但并未对主体构成威胁的事物时，便会产生惊奇的情绪体验，进一步发展就会产生对它进行探究的兴趣。一般认为，惊奇和兴趣是一种中等肯定程度的情绪体验。

3. 与自我评价有关的情绪

自我评价是个体在社会中按照社会及个人的要求对自己及自己的行为进行评价。与自我评价有关的情绪比较复杂而且具有社会性。包括成功的与失败的情绪、骄傲与羞耻、内疚与悔恨等，这些情绪取决于一个人对自身行为与客观行为标准的关系的知觉。害羞是个体在与周围人或环境相处的过程中，对自己作不太肯定的评价时而产生的一种情绪体验。骄傲是在个人了解到自己的特点和行为符合理想自我要求时产生的满足、自我肯定的情绪体验。而自卑是个体了解到自己的特点、行为达不到自己理想形象的要求时所产生的自我否定的情绪。

4. 与他人有关的情绪

发生在人与人之间的情绪似乎很繁多，按照积极和消极的维度可以把它们分为爱和恨两大类。爱是肯定情绪的极端，恨是否定情绪的极端。爱和恨起源于对他人的好感或厌恶，这些情绪经常发生后就逐渐形成了对他人持久的情感倾向和态度。

二、情绪的存在形式

情绪的存在形式是多种多样的,依据情绪发生强度、持续性和紧张度,可以把情绪划分为心境、激情和应激3种情绪状态。

1. 心境

心境(mood)是一种比较微弱、持久、具有渲染性的情绪状态。俗语说,"人逢喜事精神爽"。这时被喜事所引起的愉快心情按其强度来说并不强烈,但这种情绪状态并不在事过之后就立即消失,而往往会持续一段时间。一般的情绪反应持续时间短则几秒钟,长则几小时,但一种心境可以持续几个小时,甚至很多天。在这段时间里,这种愉快、喜悦的心情仍影响着人的各方面的行为。心境是一种使人的整个精神活动都染上某种色彩的、微弱而持久的情绪状态,也称为心情。心境的突出特点是具有感染性。心境不是指向某一特定事物的特殊体验,而是一种影响人的所有体验的性质的情绪倾向。当一个人处于某种心境中时,他会以一种固定的情绪倾向去看待他所遇到的一切事物和他所从事的一切活动,仿佛一切事物和活动都染上了某种情绪色彩。所谓"人逢喜事精神爽",就是心境的绝好写照。家庭的境遇、事业的成败、工作的顺逆、人际关系、往事的回忆、未来的遐想、身体的状况等,都能引起某种心境。

2. 激情

激情(intense emotion)是一种短暂的、爆发式的情绪状态。如果说情绪是心理的波浪,那么激情就是暴风骤雨。激情状态下自我卷入的程度很深,失去了心身平衡,伴有明显的生理和身体方面的变化。比如,盛怒时,拍案大叫,暴跳如雷;狂喜时,捧腹大笑,手舞足蹈;绝望时,心灰意冷,麻木不仁。激情状态不同,自我控制力丧失的程度也不同。激情是一种暴风雨般的、强烈而短暂的情绪状态。激情的出现带有爆发性,突然笼罩着整个人,且强度大,并伴有剧烈的外显行为,但持续时间短,来也匆匆去也匆匆。暴怒、狂喜和恐惧都是激情的表现。激情通常是由一个人生活中的重大事件、对立意向的冲突、过度的兴奋或抑制所引发的。

3. 应激

应激(stress)是指出乎意料的紧张情况所引起的情绪状态。在不寻常的紧张状况下人体把各种资源(首先是内分泌资源)都动员起来,以应付紧张的局面,这时所产生的复杂的生理和心理反应都属于应激状态。应激是出乎意料的紧急情况所引起的急速而高度紧张的情绪状态。在生活和工作中,往往会遇到突如其来的事件和意想不到的危险,它要求人们立即作出决策并调动自己的全部力量应付,这时产生的情绪状态就是应激。在应激状态下,人们可能有两种表现,一种是被突如其来的刺激所笼罩,目瞪口呆、手足无措、语无伦次,陷入一片混乱之中;另一种是在突如其来的事件面前,清醒冷静、急中生智、当机立断、行动有力,常常作出许多平时根本做不到的事情。比如,房子着火的时候,两个人就可以将一架钢琴抬出房子,这似乎超出了一般人的生理极限。产生积极的应激一是依赖于坚定的信念,二是通过训练来获得。由于应激状态伴随着有机体全身性的能量消耗,因此,长时间处于应激状态之中,会破坏一个人的生物化学保护机制,降低人的抵抗能力,以至于为疾病所侵袭。

三、情感的类型

道德感、美感和理智感被认为是高级的社会性情感，因为这些情感包含着人类独有的社会意义，反映着人们个性生活和社会生活的一致性以及人们的精神面貌，调节着人们的社会行为。

1. 道德感

道德感是由道德生活的需要与道德观点是否得到满足与实现而产生的情感体验。道德感总是和人根据一定的道德准则对自己及他人的言行举止作为道德评价相关联的一种高级情感。比如对符合道德准则的行为感到敬佩、赞赏或自豪，对不道德的行为感到厌恶、愤恨或内疚等。道德感具有明显的社会性和阶级性，不同的社会制度，不同的阶级，具有不同的道德规范和道德标准，因而其道德感是不同的。在我国，道德感是与现阶段社会主义的道德规范和标准相联系的，是与坚持党的四项基本原则相联系的，是与建设两个文明相联系的。它的主要内容有：对祖国的自豪感和尊严感；对阶级的和民族的敌人的仇恨感；对社会劳动和公共事务的义务感、责任感；对社会集体的集体感、荣誉感；对同志的友谊感以及其他的如正义感、是非感、善恶感等。其中最根本的是爱国感、集体荣誉感和责任感，它们推动人们努力奋发向上。

2. 美感

美感是人根据自己的审美标准对客观事物、人的行为及艺术作品予以评价产生的情感体验。美是客观存在的。美感包括自然美感、艺术美感和社会美感。美存在于大自然之中，辽阔的海洋、壮丽的河山、蔚蓝的天空、秀丽的田园等，都有它的自然之美。美又存在于艺术作品之中。引人入胜的绘画、巧夺天工的雕塑、匠心独具的建筑和动人心弦的乐章，都蕴含着艺术之美。美还存在于人类自身之中，秀丽的相貌、轻盈的体态、高尚的品德和模范的行为，都体现着人类自身的美。正由于有了自然的美、艺术的美和人类社会的美，才有美感。美感来源于现实，是客观现实美的反映。美感受多方面因素的制约。如果一个人对某种事物缺乏必要的审美能力，即使这个事物很美，他也不会产生深刻的美的体验。美感既具有共同性，又有差异性。不同的历史时期、不同的地区、不同的民族、不同的阶级，有着不同的审美标准，因而对同一事物也有着不同的美的体验。比如，对于女性形体美，现代文明社会普遍以匀称、苗条为美，而大洋洲的汤加岛国以胖为美，那里的姑娘如果长不够一定的体重是嫁不出去的。

3. 理智感

理智感总是与人的求知欲望、认识兴趣、对解决问题的需要和对真理的追求相联系的情感体验。它体现着人对自己智力活动过程中出现的新现象、新成果而产生的欣喜等。

在智力活动中发生、发展起来的理智感，对人的智力活动也是一种新的动力。对知识的热爱、对自己专业的热爱，可以促使人去克服智力活动中的各种困难和障碍，锲而不舍，并从中体验到真正的幸福感、成功感。

任务项目3

消费者言为心声：表情辨别

图 6.1 为各种表情。

图 6.1　各种表情

思考：看看你能不能写出下列表情的意义，并说明你的主要评判依据。

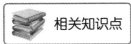

相关知识点

🗒 表情：情绪、情感的表现

　　情绪总是或隐或现地有行为表现。人的许多情绪体验可能有明显的外部表现，比如高兴时笑容满面，悲哀时哭丧着脸等，但有些情绪可能只有内心的感受而无明显的行为表现。特别是由于人通过学习对情绪的表现具有自我控制能力后，许多情绪往往不表现在明显的外部行为上。情绪在有机体身上的外显行为称为情绪表现，也称表情（emotional expression）。它包括情绪在面部、言语和身体姿态上的表现，称为面部表情、言语表情和身段表情。在高等动物的种属内或种属间，表情起着通信的作用，比如求偶、顺从、维持接触行为的信号以及警告、求救和威胁的信号等。在人类社会中，表情特别是面部表情是人际交往的一种重要工具。

知识卡片

- 消费者情绪、情感体现 ⎰ 面部表情
　　　　　　　　　　　　⎨ 身体表情
　　　　　　　　　　　　⎩ 语言表情

- 情绪、情感的机体内变化 ⎧ 呼吸系统的变化
　　　　　　　　　　　　　⎪ 循环系统的变化
　　　　　　　　　　　　　⎨ 皮肤电反应
　　　　　　　　　　　　　⎩ 内外腺体的变化

一、面部表情

　　面部表情是指通过眼部肌肉、颜面肌肉和口部肌肉的变化来表现各种情绪状态。1872年达尔文在其发表的《人类和动物的表情》一书中认为表情是动物和人类进化过程中适应性

动作的演变。比如,悲伤时的嘴角下歪,可能源于啼哭时的面型,其功能是在苦难中求援。这种求援行为的痕迹世世代代遗传下来,就自然地成为不愉快的普遍的表情。正因为人的表情具有原始的生物学的根源,所以,许多最基本的情绪,比如喜、怒、悲、惧的原始表现是通见于全人类的,有些面部表情似乎全世界都是一样的,代表着相同的意义,而与个人生长的文化无关。在艾克曼和弗里森的一项研究中,把几种面部表情的照片给5种不同文化背景(美国、巴西、智利、阿根廷和日本)的被试观看。结果表明,他们很容易指出每种表情所代表的情绪(表6.1为对6种面部表情判断一致的百分数)。关于表情是天生固有的观点,还可以从婴儿的情绪表现中得到证明。观察发现,出生不久的婴儿,不但面部表情丰富,而且也能辨认甚至会模仿别人的表情。一般心理学家的看法是,人类这种与生俱来的情绪表达能力是与生存需要紧密相关的。婴儿微笑会讨人喜欢,从而获得成人关爱;婴儿有恐惧、厌恶的表情,会引人注意,从而保护其免于危险。

表6.1 对6种面部表情判断一致的百分数

评判者	愉快	厌恶	惊奇	悲伤	愤怒	恐惧
99名美国人	97	92	95	84	67	85
40名巴西人	95	97	87	59	90	67
119名智利人	95	92	93	88	94	68
168名阿根廷人	98	92	95	78	90	54
29名日本人	100	90	100	62	90	66

一些心理学家提出人面部的不同部位在表情方面的作用是不同的。艾克曼经实验证明,眼睛对表达忧伤最重要,口部对表达快乐与厌恶最重要,前额能提供惊奇的信号,眼睛、嘴和前额对表达愤怒情绪很重要。我国的心理学家林传鼎(1944)也证明,口部肌肉对表达喜悦、怨恨等少数情绪比眼部肌肉重要;而眼部肌肉对表达更多的情绪,比如忧愁、愤恨、惊骇等,则比口部肌肉重要。

图6.2为表情的构成区域,扎伊德认为,人的表情由3个区构成:额眉、鼻根区(1区);眼、鼻颊区(2区);口唇、下巴区(3区)。

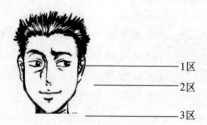

图6.2 表情的构成区域

当愉快的时候,1区放松;2区眼睛眯少,面颊上提,鼻面扩张;3区嘴角后收,上翘。各种情绪可以通过表情表现。图6.3为人类的各种表情。

图 6.3　人类的各种表情

汤姆金斯假定存在着人的原始情绪：兴趣、欢乐、惊奇、痛苦、恐惧、羞愧、轻蔑和愤怒，并列出了每一种情绪对应的面部表情的模式。

此外，艾克曼通过跨国研究证明，人们对情绪的面部表情的判断是一致的，并不因为文化背景的不同而不同；不管是处在什么文化背景下，当人们体验同一种情绪时，都会表现出同样的面部表情；处在一种文化中的人能准确地判断出不同文化中的成员所表达的面部表情。由此可见，人类的基本情绪与面部表情之间存在着比较稳定的对应关系，一方面面部传递了情绪、情感，另一方面我们可在一定程度上通过他人的面部判断其情绪。

二、身体表情

鼓掌表示兴奋，顿足代表生气，搓手表示焦虑，垂头代表沮丧，摊手表示无奈，捶胸代表痛苦……肢体语言又称身体语言，是指经由身体的各种动作，从而代替语言借以达到表情达意的沟通目的。广义言之，肢体语言也包括面部表情；狭义言之，肢体语言只包括身体与四肢所表达的意义。当事人以肢体活动表达情绪，别人也可由之辨识出当事人用其肢体所表达的心境。

手势是身段表情中的重要形式。手势通常和言语一起作用，表达赞成还是反对、接纳还是拒绝、喜欢还是厌恶等态度和思想。手势也常单独用来表达情感、思想或作出指示。比如，"双手一摊"、"手舞足蹈"等，分别表达无可奈何、高兴等情绪。

当然，身段表情是通过学习获得的，受社会风俗习惯、文化背景等制约，不仅有个体差异，而且还有种族、地域的差异。比如，点头在中国、法国、德国等许多国家表示"对"，而在保加利亚则表示"不对"；中国人以竖起拇指表示夸奖、好的意思，而在有些国家则表示侮辱的意思。

三、语言表情

语言表情是指人们在不同情绪、情感状态下语音、语气、语调、语速、节奏、停顿等变化，文字本身可以是完全相同的，表现出来的情绪、情感可能千差万别，语义因而也发生变化。比如悲哀时语调低沉、节奏缓慢；高兴时语调高昂、节奏加快；爱抚时言语温柔；恼怒时言语生硬；愤怒时大声喊叫、语句不连贯等。同一句话，由于说话的音调、节奏、速度、语气等不同，表现出来的含义可能完全不同。苏联教育家马卡连科曾举出一个例子，同样一句话"到这里来"，可以用15～20种语调说出，并表现出不同的含义。语言表情是"言外之音"，它所能表现出的含义比言语本身还要多出很多，是人们表情达意、相互沟通的重要形式。言语是我们日常沟通交流的主要工具，同时，言语中的语音、语调也是表达说话人情绪的手段。当消费者声音急促、声嘶力竭时，我们不难判断他处在一种紧张而激动的情绪之中；而音调高，语言速度快，语音差别较大，则表明人具有喜悦之情。

情绪性的语言语调、节奏、速度等的表现称为语言表情。语言表情是人类所特有的表达情绪的手段。我们都知道，呻吟表示痛苦，朗朗笑声表达了愉快情绪，尖锐的叫声表示惧怕之情等。至于否认、感叹、祈求、讥讽、鄙视等也各有一定的语调。有时人们可以用某一特定的词语，通过不同语调来表达不同的情感。比如"别说了"这句话，强硬而快速的语调体现恼怒的情绪，多少有些命令的含义；而低沉、缓慢的语调则体现着畏惧的情绪或表示哀求。

总之，面部表情、身段表情和语言表情，构成了人类的非言语交往形式，是人们表达情绪、情感的重要外部方式。

四、情绪、情感的机体内变化

在情绪、情感发生时，除了机体的外部表现外，还伴随着一系列的机体内部生理变化。如，呼吸系统、循环系统、消化系统、内分泌腺（肾上腺、脑垂体、甲状腺等）与外部腺体（现腺、泪腺）等方面产生变化。

（一）呼吸系统的变化

在某些情绪状态下，呼吸的频率、深浅、快慢、是否均匀等都会发生变化。比如惊恐时，呼吸就会暂时中断；在狂喜或极度悲痛时，呼吸就会发生痉挛现象。呼吸的变化可通过呼吸描记器记录下来，根据记录曲线，可以分析情绪状态下呼吸频率和深度的变化。人在高兴时呼吸深度不大，频率略快于平常，整个呼吸曲线基本上较有规律；悲伤时呼吸频率很慢，每次呼吸之间的间歇时间较长；处在感兴趣、积极思考状态时，呼吸频率稍慢、均匀，反映了集中思考时的特点；恐惧状态中，呼吸频率变得非常快，但有间歇、停顿的迹象，振幅变化没有规律，反映出恐惧时的战栗状态；而处在愤怒情绪时，呼吸频率也大大增加，呼吸深度异乎寻常地增大。

（二）循环系统的变化

在不同的情绪状态下，循环系统的活动一方面表现为心跳速度和强度的改变，另一方面表现为外周血管的舒张与收缩的变化。比如满意、愉快时，心跳节律正常；恐惧或暴怒时，心跳加速、血压升高。

（三）皮肤电反应

皮肤电反应（galvanic skin response，GSR）是研究情绪的机体反应的一个重要实验指标。1888年研究者发现皮肤两点之间有微小电流通过，并发现当机体受到刺激时，交感神经系统非常活跃，引起皮肤血管收缩，汗腺活动加强，从而会使皮肤电阻变小。

（四）内外腺体的变化

人在不同的情绪状态下,内外分泌腺体会相应变化,从而影响分泌物的量的变化,这种变化也是情绪的机体内部变化的重要方面。外分泌腺在不同情绪状态下会有不同的变化。比如,人在悲痛或过分高兴时往往会流泪、焦急,恐惧时会冒汗等。当否定的情绪产生时,比如恐惧、焦虑、不快等,会抑制唾液腺、消化腺的活动和肠胃的蠕动,因而感到口渴、食欲减退或消化不良。相反,愉快的情绪可以增强消化腺的活动,促进唾液、胃液及胆汁的分泌。

在不同的情绪状态下,内分泌腺也会产生相应的变化,使血液中各种激素的含量产生变化。比如,经实验证明,焦急不安者血液中肾上腺素增多;愤怒者血液中去甲肾上腺素增加。此外,注射或口服某种激素,反过来又会引起相应的情绪状态。比如,注射肾上腺素,会引起呼吸急促,血压、血糖升高,血管舒张,容易发怒。

任务项目4

把握消费者情绪、情感：三星的色彩之旅

三星笔记本于 2007 年年初,推出了"新酷黑"主义设计理念,意在利用产品自身使用特点和产品外观色彩集中体现产品审美的"新、奇、美"的感官享受,为使用者创造更加丰富多彩的人文价值感,将产品的新技术、新设计、新使用方案与亮丽的黑色钢琴漆完美搭配。充分了解分析消费者对感官审美价值热切期盼的心理,想消费者之所想,为消费者之所为,加强了笔记本电脑产品本身与外观以"新、奇、美"的审美诉求。使原本冰冷的笔记本电脑产品成为拥有人文个性化色彩的商品,并提出"让笔记本与个性相匹配"的使用方案。先人一步的将"人心,色彩,产品"三者进行超越语言的审美感官统一,将三星笔记本"创新,为你"的产品制造思想传达给所有三星用户。图 6.4 为三星笔记本。

图 6.4　三星笔记本

思考：为什么色彩营销能够起到如此明显的效应？消费者面对色彩的刺激和影响是如何进行购买决策的改变的？

 相关知识点

影响消费者情绪、情感变化的因素

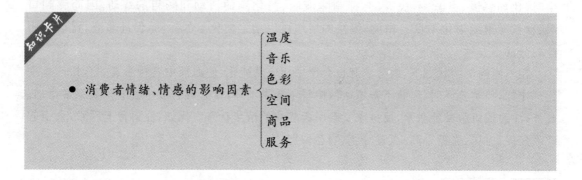

一、温度

适宜的温度令人感到舒服,过冷的温度令人感到情绪低落,购物的兴趣也不高,而过热的温度又令人烦躁,是导致不舒服、不愉快情绪的因素。比如,某超市冬天把温度调得很高,春天时也不例外,一进去就感到浑身冒汗,很不舒服。

二、音乐

购物场所的音乐是影响消费者情绪与情感的重要因素,音乐的内容、音量的大小、节奏、音响的质量等,都会给顾客带来不同的情绪、情感反应。购物场所的音量必须严格控制在一定范围内。心理学研究表明,噪声音量超过 80dB,对人的注意力有严重的干扰。情绪不同的时候,选择的音乐也应不同。精神状态不佳、情绪低落的时候,应该选择明快的乐曲来听。当人被激怒或充满敌意时,应选择轻松的乐曲来听。比如,苏州观前街小店每个售货员用高音喇叭猛力喊,声嘶力竭地大叫,此时,这种声音已成为一种严重的噪音污染。

三、色彩

到了春天,大自然就像一扇敞开的画屏,人在画屏中行走,烦恼的情绪也被荡涤殆尽。于是到了阳春三月,人们便养成了到郊外踏青的习俗。一般来说,鲜艳的颜色能驱赶人的不良情绪,心情易于好转。所以在"浓妆艳抹"的春天,人们的情绪往往非常好。一般而言,暖色调能够使人情绪兴奋,消费者的行为在兴奋的情绪支配下比较容易进行;而冷色调则能够抑制人的情绪的兴奋,不利于消费行为的进行。色彩营销是指企业通过对目标市场的色彩偏好分析,将色彩运用到企业形象策划、产品及包装设计、广告等方面以满足目标市场需求,实现交换的营销管理过程。它是把现代美学、心理学和营销学有机结合的一种边缘学科理论。美是人的一种需要,既是本能的生理性需要,又是在社会活动中所形成的心理性需要。色彩是由于某一波长的光谱射入到人的眼睛,引起视网膜内的感受器——视色素兴奋而产生的视像。因此色彩视觉是物质作用于人的视觉器官而产生的一种生理反应,即通过色彩刺激导致人的生理性反应。运用各种色彩组合策略在企业形象

策划、产品及包装设计、广告等营销活动中施以恰当的色彩策略可以满足目标市场消费者的生理性需要和心理性需要，实现需要、色彩和商品三者的有机结合，从而最终促成交换，实现企业目标。

四、空间

素雅整洁的房间，光线明亮、色彩柔和的环境，使人产生恬静、舒畅的心情。相反，阴暗、狭窄、肮脏的环境，会给人带来不快的情绪；拥挤、烦乱、嘈杂的环境会使人紧张心烦；阴森、陌生、孤寂的环境会使人惊恐不安；而优美的田园风光、湖光山色则令人神采飞扬。购物场的空间大小与人员的拥挤状况，也容易影响人们的情绪，这与人们心理上存在的空间知觉是相联系的。因此，设计商业营业场所一般尽量把营业空间扩大，增加消费者的空间知觉，不至于因为人多而产生拥挤感，影响购物的兴趣。在实际工作中也有相反的做法，这是为了取得经营效果而缩小营业场所的空间知觉的。

五、商品

消费者最终还是要通过商品满足需求。因此，无论是商品的外观还是内在质量，都可能使消费者的情感处于积极或消费的状态中。影响消费者的情感变化的主要商品因素有商品广告、商品包装、商品造型、商品性能、商品质量、商品价格等。

六、服务

服务质量的高低也会直接影响消费者的情感。提倡"微笑服务"是为了让顾客感受到良好的服务而产生安全感和信任感，真正做到宾至如归，引导顾客的情感朝着积极的方向发展。但微笑服务不能流于表面，不能只是一个形式。

 任务项目5

消费者态度测试：应该录取谁

教师发两份试卷，让两个学生做，设计一半容易做对的题目，让每个学生都做对 30 道题中的一半。但是让学生 A 做对的试卷一的题目尽量出现在前 15 道题，而让学生 B 做对的试卷二题目尽量出现在后 15 道题，然后让其他同学做面试官，对这两位同学的表现进行评价：相比较而言，谁更聪明一些？

实训结果：多数被试学生都认为学生 A 更聪明。这就是第一印象效应。

实训分析：在现实生活中，还有哪些第一印象效应？第一印象主要是性别、年龄、衣着、姿势、面部表情等"外部特征"。一般情况下，一个人的体态、姿势、谈吐、衣着打扮等都在一定程度上反映出这个人的内在素养和其他个性特征。比如不管暴发户怎么刻意修饰自己，举手投足之间都不可能有世家子弟的优雅，总会在不经意中"露出马脚"，因为这是文化的浸染，装不出来的。但是，"路遥知马力，日久见人心"，仅凭第一印象就妄加判断，"以貌取人"，往往会带来不可弥补的错误！《三国演义》中凤雏庞统当初准备效力东吴，于是去面见孙权。

孙权见到庞统相貌丑陋，心中先有几分不喜，又见他傲慢不羁，更觉不快。最后，这位广招人才的孙仲谋竟把与诸葛亮比肩齐名的奇才庞统拒于门外，尽管鲁肃苦言相劝，也无济于事。众所周知，礼节、相貌与才华决无必然联系，但是礼贤下士的孙权尚不能避免这种偏见，可见第一印象的影响之大。

思考：为什么不同的人对同一事物的第一感觉会存在这么大的差异呢？

相关知识点

 消费者态度与营销活动

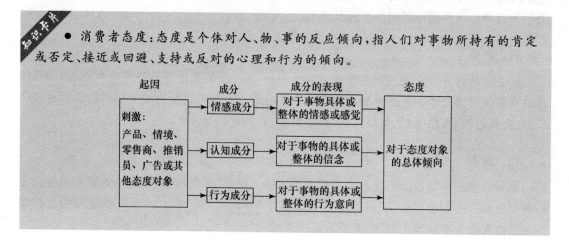

● **消费者态度：**态度是个体对人、物、事的反应倾向，指人们对事物所持有的肯定或否定、接近或回避、支持或反对的心理和行为的倾向。

一、态度与消费态度

态度是个体对人、物、事的反应倾向，指人们对事物所持有的肯定或否定、接近或回避、支持或反对的心理和行为的倾向。一般认为态度的结构包括认知、情感和意动3个成分。认知成分反映出个人对态度对象的赞同不赞同、相信不相信方面；情感成分反映出个人对态度对象的喜欢不喜欢方面；意动成分反映着个人对态度对象的行动意图和行动准备状态。

人们几乎对所有事物都持有态度，这种态度不是与生俱来的，而是后天习得的。比如，我们对某人形成好感，可能是由于他/她外貌上的吸引，也可能是由于其言谈举止的得体、知识的渊博和人格的高尚。不管出自何种缘由，这种好感都是通过接触、观察和了解逐步形成的，而不是天生固有的。态度一经形成，就具有相对持久和稳定的特点，并逐步成为个性的一部分，使个体在反应模式上表现出一定的规则和习惯性。在这一点上，态度和情绪有很大的区别，后者常常具有情境性，伴随某种情境的消失，情绪也会随之减弱或消失。正因为态度所呈现的持久性、稳定性和一致性，使态度改变具有较大的困难。消费态度是消费者评价消费对象优劣的心理倾向。导致消费者喜欢或厌恶、接近或远离特定的产品和服务。

态度可以视作由3个成分组成：认知成分（信念）、情感成分（感觉）和行为成分（反应倾向）。

二、消费态度的类型

态度按来源分为以下 3 种。

1. 以认知为基础的态度

这主要指根据相关事实而形成的态度。比如一辆汽车的客观价值：一升汽油能跑几千米路？它是否有安全气囊？外形是否美观？价格如何？

2. 以情感为基础的态度

这是根据感觉和价值观形成的态度。比如对堕胎、死刑、婚前性行为等的态度。

3. 以行为为基础的态度

这是根据人们对某一对象所表现出来的行为的观察而形成的态度。在某些情景下，人们要等到看见自己的行为之后才知道自己感觉如何。比如你问一个朋友是否喜欢运动。如果他/她回答："嗯，我想我喜欢，因为我经常跑步或者去健身房锻炼身体。"我们就说他/她有一种"以行为为基础的态度"。他/她的态度更多的是基于对行为的观察，而不是他/她的认知或情感。

态度一旦形成，可以以两种形式存在：外显态度和内隐态度。外显态度是指我们意识到的并易于报告的。人们也有内隐态度，是自然而然的、不受控制的，而且往往是无意识的评价。社会中的许多行为，比如，了解他人的立场，告诉他人我们的观点，说服他人改变原先的看法等，都与态度有关。而且，态度对于理解偏见、种族歧视、消费者行为、人际吸引等社会心理现象都十分重要。

许多研究表明，态度与行为的联系常常是表面的，表面上的态度是一回事，而实质性的行为又可能是另一回事。在日常生活中实际行为与态度是不一致的，至少不总是保持一致，在某种程度上还会有很大的差距。

有些人的态度与行为表现出较高的一致性；有些人由于容易受他人或环境的影响，其态度与行为之间的联系变化较大。这种个别差异，与态度主体的人格变量有关。影响态度与行为关系的人格变量主要是自我监控。高自我监控者对情境的适合性线索有高的敏感性，并能相应地调节自己的行为，在极端情况下，这种人可能是一只变色龙，总是改变自己的态度以适应情境。而低自我监控者对社会情境信息的注意较少，从而常常根据内在感受和态度行动。

三、消费态度的功能

消费者对产品、服务或企业形成某种态度，并将其储存在记忆中，需要的时候，就会将其从记忆中提取出来，以应付或帮助解决当前所面临的购买问题。通过这种方式，态度有助于消费者更加有效地适应动态的购买环境，使之不必对每一新事物或新的产品、新的营销手段都以新的方式作出解释和反应。从这个意义上来说，形成态度能够满足或有助于满足某些消费需要，或者说，态度本身具有一定的功能。

1. 适应功能

适应功能（adjustment function）亦称实利或功利功能，指态度能使人更好地适应环境和趋利避害。人是社会性动物，他人和社会群体对人的生存、发展具有重要的作用。只有形成适当的态度，才能从某些重要的人物或群体那里获得赞同、奖赏或融合。

2. 自我防御功能

自我防御功能(ego defense function)指形成关于某些事物的态度,能够帮助个体回避或忘却那些严峻环境或难以正视的现实,从而保护个体的现有人格和保持心理健康。

3. 知识或认识功能

知识或认识功能(knowledge function)指形成某种态度,更有利于对事物的认识和理解。事实上,态度可以作为帮助人们理解世界的一种标准或参照物,有助于人们赋予变幻不定的外部世界以某些意义。

4. 价值表达功能

价值表达功能(value-express function)指形成某种态度,能够向别人表达自己的核心价值观念。在 20 世纪 70 年代末 80 年代初,对外开放的大门刚刚开启的时候,一些年轻人以穿花格衬衣和喇叭裤为时尚,而很多中老年人对这种装束颇有微辞,由此反映了两代人在接受外来文化上的不同价值观念。

四、消费态度的信念

消费者信念是指消费者持有的关于事物的属性及其利益的知识。不同消费者对同一事物可能拥有不同的信念,而这种信念又会影响消费者的态度。一些消费者可能认为名牌产品的质量比一般产品高出很多,能够提供很大的附加利益;另一些消费者则坚持认为,随着产品的成熟,不同企业生产的产品在品质上并不存在太大的差异,名牌产品提供的附加利益并不像人们想象的那么大。很显然,上述不同的信念会导致对名牌产品的不同态度。

在购买或消费过程中,信念一般涉及 3 方面的联结关系,由此形成 3 种类型的信念。这3 种信念是客体-属性信念、属性-利益信念、客体-利益信念。

1. 客体-属性信念

客体可以是人、产品、公司或其他事物。属性则是指客体所具备或不具备的特性、特征。消费者所具有的关于某一客体拥有某种特定属性的知识就叫客体-属性信念。比如,某种发动机是汽轮驱动,阿司匹林具有抑制血栓形成功能,就是关于产品具有某种属性的信念。总之,客体-属性信念使消费者将某一属性与某人、某事或某物联系起来。

2. 属性-利益信念

消费者购买产品、服务是为了解决某类问题或满足某种需要。因此,消费者追求的产品属性,是那些能够提供利益的属性。实际上,属性-利益信念就是消费者对某种属性能够带来何种后果,提供何种特定利益的认识或认知。比如,阿司匹林所具有的阻止血栓形成的属性,有助于降低心脏病发作的风险,由此使消费者建立起这两者之间的联系。

3. 客体-利益信念

客体-利益信念是指对一种产品、服务将导致消费者形成某种特定利益的认识。在前述阿司匹林例子中,客体-利益信念是指对使用阿司匹林与降低心脏病发病概率之联系的认知。通过分析消费者的需要和满足这些需要的产品利益,有助于企业发展合适的产品策略与促销策略。

五、消费态度的构成

品牌信念、评估品牌与购买意向构成了消费者态度的 3 种成分。图 6.6 为消费态度的构成。

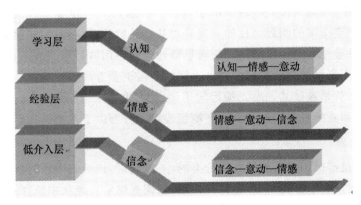

图 6.6　消费态度的构成

1. **品牌信念**

品牌信念是态度的认知成分,是指消费者根据某品牌产品的属性和利益所形成的认识。营销人员可以通过调查采访,研究消费者所重视的产品属性和利益。包括消费者持有的关于事物的属性及其利益的知识和营销人员应确定消费者赋予属性和利益的价值。

2. **评估品牌**

评估品牌即消费者通过有关媒体对该产品的介绍,通过亲属和朋友的推荐,以及自己使用该产品,对该产品形成的态度。这种态度对产品市场表现影响很大。对其评价主要注重:消费者对该品牌产品在技术水平、质量和价格比、功能和价格比等方面的产品认识;对该品牌所代表产品的情绪体验,包括在以往使用该产品过程中的情绪体验,该产品带给消费者心理上的满足,对群体心理的适应,其售后服务对客户要求的满足程度,等等。

情绪或情感成分是指消费者对品牌的情绪或情感反应,体现了消费者对品牌的整体评价。消费者的品牌信念是多维的,而情绪、情感成分是一维的,测定消费者对品牌的态度可以从"最不喜欢"到"最喜欢",从"最差"到"最好",随情境、个体的改变而改变,情感可能先于认知并影响认知。评估品牌是态度最重要的成分,它是消费者行为的决定因素,所以,有些营销人员也把评估品牌与消费者的态度作为同一概念。换句话说,有时所说的"消费者态度"或"态度"就是指消费者的"评估品牌"或情感成分,而不包括品牌信念和购买意向。

3. **购买意向**

购买意向是态度的行为成分,指消费者对态度标的物作出特定反应的倾向,指消费者对某个目标物或行动以某种方式作出反应的倾向性。比如消费者决定买还是不买科龙空调,是不是向朋友推荐该品牌等。行为往往是针对整个事物的,不像信念和情感那样具有属性指向。消费者难以针对产品的某些具体属性作出反应,而是针对整个产品作出买或不买的决定。营销人员可以通过测试营销组合因素,比如产品、价格、渠道、广告、推销、服务等,确定哪些因素在最有力地影响消费者的购买行为。营销人员也可以直接影响消费者态度成分中的购买意向成分,而不一定要首先作用于态度成分中的认知成分和情感成分。足够大的经济诱惑，比如大幅度地降价或给予优惠，有可能使消费者购买不太喜欢的产品，但是即使在购买以后，消费者的品牌信念和品牌评估也不一定会发生改变。

六、消费态度的测评

在市场调查中，常需对被调查对象的态度、意见、感觉等心理活动方面的问题进行判别和测定，这就是消费态度的测评。比如消费者对某个品牌的喜欢程度、居民对房改的意见和评价等，都要借助数量方法加以测定。把质量特性的问题用数量形式表示出来，可以采用态度测量技术。态度测量的方法有很多种。不同的态度测量方法可以通过态度测量表得以反映。所谓测量表，就是通过某一事先拟定的用语、记号和数目，来测定人们心理活动的度量工具。它将所要调查的资料定性化。态度测量表可以分为以下 4 类。

（一）类别量表

类别量表是根据被调查对象的性质分类的，一般而言，该量表中所列的答案都是不同性质的，每一类答案只表示分类，不存在比较关系，被调查对象只能从中选择一个答案，而不必对每个答案进行比较。比如以下两个例子。

1. 您是否决定在今年内购买电脑？

    A. 是   B. 尚未决定   C. 否

2. 您认为影响快餐经营的最重要因素是下面哪一个？

    A. 地段   B. 价格   C. 食品质量   D. 服务质量

    E. 花色品种   F. 其他

以上两个问句，所列答案只表示分类，而答案前面的字符只作分类用，不能作相互比较，也不能作数学运算，它的目的只在求得各分类答案的数量和比例。因此，调查后，必须分析出被调查对象的代表性看法，称之为平均态度值。在该类测量中，平均态度不能用算数平均数或者中位数表示，而只能以众数（人数最多的被选答案）作为平均态度值，同时可以计算各类态度的比例（百分比）以作比较。

（二）顺序量表

顺序量表是指量表中所罗列的答案之间要具有顺序关系，而且其顺序关系是由每个调查者根据自己的态度来确定的。顺序量表比类别量表要多一个特性，即顺序量表必须对每个备选答案充分考虑，逐一比较，然后确定每个答案的顺序。不过，顺序量表也仅能对各答案按照高低顺序作一排列。比如下面这个例子。

某日化产品公司要求家庭主妇根据她们心中的偏好，对 5 种品牌的洗衣粉依最喜欢到最不喜欢排列，最喜欢给 5 分，最不喜欢给 1 分，这就是一个顺序排列表。如果某主妇的答案是这样的：

    5. 海鸥   4. 传化   3. 雕牌   2. 白猫   1. 活力 28

这表明她对各品牌洗衣粉的好恶次序看法，但并不能说明各品牌洗衣粉之间的差距有多少。也就是说，在该主妇看来，并不是说传化洗衣粉比活力 28 好 4 倍。因此，在顺序量表中也不能将代表各类答案的分数作数学运算，只能说明一个顺序关系。在顺序量表中，求平均态度值时，可以采用中位数或者加权平均数。也可以进一步将态度之间的顺序关系转化为差距关系。

（三）差距量表

差距量表不仅能表达各备选答案（态度）之间的顺序关系,还可以测定各顺序位置之间的距离。在上例中,如果被调查对象以 100 分为满分,给出的分数分别是：90 分、70 分、40分、30 分和 5 分,就可以表示顺序和差距。

当然这种评定有一定的主观性。差距量表可以进行数学运算。比如将各品牌的分数相加除以人数,就可以得到该品牌的平均值,当然也可以进行类别统计和顺序统计。差别量表没有真正的零点(即零点的确定必须有完全客观的标准,比如 100 分或 0 分)。

（四）等比量表

等比量表除了具备差距类别所有的特征以外,还具有真正的零点这一特征,也就是说,等比量表中的各个答案之间具有类别关系、顺序关系、差距关系、等比关系和比率关系。

比如,身高、体重、年龄等变数的测量都可以用等比量表。可以说,体重 50 kg 的人是体重 25 kg 的人的两倍,无论体重如何计量,零点标准是客观存在的。

在以上 4 种态度测量表中,类别量表和顺序量表使用最为频繁。因为态度测量本质上是一种顺序关系,很难用客观的标准来表示差距关系和等比关系。

七、消费态度与消费行为

1. 消费者态度对购买行为的影响

消费者态度对购买行为的影响,主要通过以下 3 个方面体现出来。

首先,消费者态度将影响其对产品、商标的判断与评价。其次,态度影响消费者的学习兴趣与学习效果。最后,态度通过影响消费者购买意向,进而影响购买行为。消费者是否对某一对象采取特定的行动,不能根据他对这一对象的态度来预测,因为特定的行动是由采取行动的人的意图所决定的。要预测消费者行为,必须了解消费者的意图,而消费者态度只不过是决定其意图的因素之一。

2. 购买行为与态度不一致的影响因素

消费者态度一般要透过购买意向这一中间变量来影响消费者购买行为,态度与行为之间在很多情况下并不一致。造成不一致的原因,除了前面已经提及的主观规范、意外事件以外,还有很多其他的因素。

（1）购买动机。即使消费者对某一企业或某一产品持有积极态度和好感,但如果缺乏购买动机,消费者也不一定会采取购买行动。比如,一些消费者可能对 IBM 生产的计算机怀有好感,认为 IBM 计算机品质超群,但这些消费者可能并没有意识到需要拥有一台 IBM计算机,由此造成态度与行为之间的不一致。

（2）购买能力。消费者可能对某种产品特别推崇,但由于经济能力的限制,只能选择价格低一些的同类其他牌号的产品。很多消费者对"奔驰"汽车评价很高,但真正作购买决定时,可能选择的是其他牌号的汽车,原因就在于"奔驰"的高品质同时也意味着消费者需支付更高的价格。

（3）情境因素。比如节假日、时间的缺乏、生病等,都可能导致购买态度与购买行为的不一致。当时间比较宽裕时,消费者可以按照自己的偏好和态度选择某种牌号的产品;但当时间非常紧张,比如要赶飞机,要很快离开某个城市时,消费者实际选择的产品与他对该产品的态度就不一定有太多的内在联系。

（4）测度上的问题。行为与态度之间的不一致，有时可能是由于对态度的测量存在偏误。比如，只测量了消费者对某种产品的态度，而没有测量消费者对同类其他竞争品的态度；只测量了家庭中某一成员的态度，而没有测量家庭其他成员的态度；或者离开了具体情境进行测度，而没有测量态度所涉及的其他方面等。

（5）态度测量与行动之间的延滞。态度测量与行动之间总存在一定的时间间隔。在此时间内，新产品的出现，竞争品的新的促销手段的采用，以及很多其他的因素，都可能引起消费者态度的变化，进而影响其购买意向与行为。时间间隔越长，态度与行动之间的偏差或不一致就会越大。

3. 改变消费者态度的策略

（1）促使消费者对产品有新的积极的评价。这是最常用的策略。这种战略往往需要产品有新的形态，比如标识、包装、颜色、功能等。Hobo 是全美最大的、最成功的玩具经销商。它的目标是从现有产品上增加 70% 的收入。它的一个营销策略就是通过增添新的属性和建立新的信念，使其老产品能良好地运作。比如，在 1996 年，Hobo 发现许多孩子对原有的 G. I. Joe 形象失去了兴趣，销售量也随之下降。于是 Hobo 通过去除老的形象，重新设计了 80% 的产品线。孩子们对新的外形很喜欢，销量很快得到了恢复。

（2）提高已存在的积极信念的强度。营销人员也可以通过改变已存在的积极信念在强度上来影响消费者的态度。在欧洲，20 世纪 90 年代中期，牛肉的消费下降了 50% 以上，这一戏剧性的变化，严重打击了牛肉供应商。研究分析表明，消费者受鸡肉广告的吸引，认为鸡肉含有更低的胆固醇和卡路里，而原来牛肉种种健康性的信念被遗忘了。为此，牛肉行业委员会花费数千万广告费，将牛肉和鸡肉作比较，从而重新唤起并加强了消费者认为牛肉是健康食品的信念，并在短期内使牛肉的消费量有了很大的提高。

（3）降低已存在的消极信念的强度。黄油、蛋黄等食品的属性曾获得很积极的评价，因为它给食品以丰富和令人满意的味道。但 20 世纪 90 年代后，黄油和蛋黄成为心血管疾病的罪魁祸首，消费者对它们普遍持有负面和消极的看法。Kraft 推出它的无脂色拉佐料（蛋白奶油）和蛋黄酱产品系列，重点消除消费者对高脂、高胆固醇食品的顾虑和消极态度，打开了市场。

（4）和某种消费者强烈持有的信念相联系。这是一种借力的策略。营销人员将产品和某一种已经存在的消费者强烈持有的信念联系起来，从而有效影响消费者的态度。它要求营销人员通过使一个更积极、更高等的结果与此属性相关联，来构造一个新的"目的链"。比如，麦片的制造商将食品含高纤维的特性和防癌联系起来，以改善消费者的态度，因为"防癌"是消费者强烈持有的信念。同样，这种策略也可以从另外的角度来做，即向消费者提示不用某产品所可能有的风险。

 课后练习

一、名词解释

情绪　　情感　　态度　　面部表情　　语言表情

二、简答题

1. 简述情绪的影响因素。

2. 试述情绪与情感的关系。

3. 人类面部表情有共性吗？有什么特点？

4. 情绪、情感的表达方式有哪些？

5. 态度会影响消费的哪些方面？

三、思考讨论题

1. 图 6.9 为美国情绪心理学家艾克曼。请看哪个微笑是假的,哪个是自然的？讨论你是怎么判断的,并分析表情在营销人员中的作用。

图 6.9 美国情绪心理学家艾克曼

2. 分组讨论态度在消费行为中起到的作用,并举例说明。

社会文化与消费心理

◎了解社会文化的含义和背景

◎了解文化对消费者购买行为的潜在影响

◎掌握如何根据不同文化进行营销

 案例与思考

作为全球最大的咖啡零售商、咖啡加工厂及连锁咖啡店品牌，星巴克已成为美国文化的一部分。它的吸引力，不单在于咖啡的质素，也在于气氛管理——绿色标记、棕色设计、暖色灯光和时尚音乐，化成休闲的城市空间。星巴克这种美国＋欧洲＋品味＋休闲的咖啡室空间，可以跨越国境，给你亲切的品牌归属感。1999 年，星巴克在海外还只有 281 家连锁店，现今这一数字已经增加到了 1 200 家。打动一向嗜咖啡如命的欧洲人也许不难，但要在以茶类为主要饮料的亚洲国家推广，星巴克无疑面临着文化差异的挑战。

在这方面最明显的例子是围绕星巴克故宫店的争论。2000 年，星巴克故宫店开张，引起了社会各界的广泛关注。这个位于乾清门广场特色文化商店内的星巴克店只有两张小圆桌、几把折叠椅，柜台也只有两米见方，也许可以算是星巴克所有店面中最袖珍的一个。但是，"袖珍店"引来的各方抗议却不容小觑，那一时期多家媒体对此进行了连篇累牍的报道，从中不难看出中国传统文化和公众心理对外来咖啡文化的敏感。

支持也好、反对也罢，这些都已经成为过去，星巴克正在成为这个日新月异的国家里一个随处可见的标记，就像它在其他国家所做的一样。星巴克是如何做到这一切的？他们如何让从小喝茶长大的中国人愿意掏出几十元人民币，去星巴克店里喝一杯苦苦的咖啡？对于这些疑问，北京美大咖啡有限公司的副总经理李富强的回答是："咖啡只是载体，我们成功经营的关键是服务。星巴克了解顾客的需求，能够不断提供更好的服务，包括文化的满足。"

最初星巴克的中国顾客仍然是一些习惯了咖啡味道的人，比如那些从事外交工作的人和他们的家人，以及有留学背景和海外经历的人。据说搜狐网的张朝阳曾经频繁光顾星巴克在北京开业较早的中粮店。当时搜狐就在中粮广场楼上办公，张朝阳说星巴克的咖啡"是在美国伴着他读书的味道"。这一逸闻是否属实我们不得而知，但的确有许多文化和演艺界名人都曾出现在星巴克店里。作为名人出现的地方，星巴克的被接受度不断攀升，而在大部分时尚读物里，星巴克永远是消磨时光的最佳选择。"坐在靠窗的位子上，读书，思考，享受时光"，无数中国人就这样被打动，而我们甚至不知道类似的煽情文字究竟是否是星巴克中国战略的一部分。但是显然，它生效了，星巴克迅速成为多数人想要一个放松场所时的第一选择，成为远离家庭和办公室之外的"第三生活空间"。

文化的满足还来源于星巴克引以为荣的服务。从一些报道中我们可以了解到与此有关的诸多细节：顾客进门，10 秒钟内店员就要给予眼神接触；每杯浓缩咖啡煮 18 到 23 秒口味最佳；拿铁的牛奶至少要加热到 150℃，但是绝不能超过 170℃；如果伙伴打翻了牛奶，不但要立刻帮忙清理，还要告诉他"没关系"，这样才能体现星巴克的尊重文化，使其保持更轻松的心情为顾客服务。甚至小到打开咖啡豆包装袋、贴上包装标签这样的小事，都有明确的规定。装好 1 磅的咖啡豆后，标签一定要贴在星巴克标志上方 1 英寸半的地方。星巴克训练每位员工成为咖啡吧台后的科学家，它努力使每位顾客每一次来喝咖啡，都变成一种只有在星巴克才能感受到的特殊体验。

在星巴克咖啡馆里，强调的不再是咖啡，而是一种崇尚知识，尊重人本位，带有一点"小资"情调的文化。正是星巴克的文化造就了它的品质。什么是文化？星巴克为什么已经成为一种文化了呢？

"文化营销"的4种理解

一是各种文化产品或形式的营销。比如音像制品、书籍、舞蹈、杂技等,这里它们也是商品,自然也有其目标顾客群,这些群体又有他们的需求特点,这与一般产品或服务的营销没有什么两样。

二是利用各种文化产品或形式来协助商品的营销,这已经很普遍,比如汽车新品发布会上的时装秀、歌星现场表演、背景音乐的播放、背板上布置的名画等。

三是考虑作为社会环境的文化影响下的营销。营销学的泰斗菲利浦·科特勒尽管没有明确提出"文化营销"这样的概念,但他指出文化的因素(包括文化、亚文化和社会阶层)是影响购买决策的最基本的因素。那么,什么是社会学意义上的文化呢?按照社会学家戴维·波普诺的定义,指的是一个人类群体或社会的所有共享成果,包括物质的,也包括非物质的,如果你是在北京营销,那就应该考虑北京人的价值观、语言、知识等非物质文化和建筑、交通、蔬菜等物质文化。

四是为了形成一种有利于竞争和销售的文化而营销。这里的文化可以理解成一种包括品牌形象、品牌内涵、品牌忠诚、独特社群(由现有的和潜在的消费者构成)文化等多种元素的东西,这种东西一旦形成,将使品牌的拥有者在与其他厂商的竞争中获得其社群的支持,从而处于优势。

可见,从后两种意义上来定义文化营销,更具有普遍性和实践意义。

人们为什么要进咖啡厅

一是需要一个比较安静的谈事的场所。这时那种安静、整洁、灯光柔和、方便(比如离上班的地方很近、提供宽带接口)的咖啡厅、茶馆会成为首选。

二是需要一个工作间隙放松的场所,即所谓的第三空间。这时,那种快捷、使人轻松(通过装饰、摆设、灯光、背景音乐等表现出来)、自由(提供自助式服务选择、随便阅读的报刊和网络浏览)、方便(提供各种小吃,如甜点)等的咖啡厅、快餐店会成为首选。

三是需要一个谈恋爱的场合。这时根据女朋友或潜在女朋友的好静还是好动,会选择咖啡厅或酒吧,这时情调是第一位的。另外,如果咖啡厅或酒吧能显出品位,那自然就再好不过了!

四是如果消费者需要为家里添置一套不错的咖啡具并希望买一些自己打磨的咖啡,而如果咖啡厅能提供,也许他会进咖啡厅。

从上例可以看出,首先,消费者的需求很少是为了喝咖啡,大多数情况下是为了一个空间,第四种情况下虽然买的是商品,但也不完全是;其次,在不同的需求满足的过程中,都有超过一种的选择,比如茶馆、酒吧和快餐厅在某些情况下都是咖啡厅的替代品;最后,针对每种需求,还可能有各种档次的服务选择。

为了赚钱而"文化"

由于涉及了"文化",它的成本可多可少,所以很难定价。另外,正是由于"文化"看不见摸不着,也往往与效率背道而驰;这些都使得经营者很容易落入为文化而文化的陷阱,忽略了文化营销的商业目的(当然如果仅仅是作为一种个人爱好除外)。结果,往往很难"销"起来!

从经营的角度看，文化是顾客在超出有形的商品和可以描述的服务内容之外所希望而且实际又得到的东西。你为顾客提供的这种东西越多，顾客对你的依赖就越多，你在顾客的心中就形成了某个固定的联系或形象，这种联系超乎有形的产品或可计量的服务，很难因为竞争者的加入而轻易改变，这才是文化经营的魅力。但是，正如天下没有免费的午餐，这些都离不开成本。而营销者要面对的是，必须进行成本控制和提供更多的服务以促进特定社群文化的形成中作出平衡。

案例分析思路

消费者在购买商品时，必然会经历一个认知过程，即通过感知觉获得对商品的初步感知，然后调动记忆、想象，运用以往的知识经验进行思维，作出决策。这似乎是一个高度理想化的心理决策过程。不过事实上，在日常的购买活动中，我们的消费行为不仅反映了我们的认识过程，而且时刻伴随着情感过程。所谓"人非草木，孰能无情"，人的任何活动都带有感情的色彩，它对人的行动有着积极或者消极的作用。比如，如果我们购物中受到礼遇，会很高兴，从而多消费一些东西；反过来，如果在购物时遇到态度恶劣的服务员，会很生气甚至拂袖而去。

消费文化的内容：文化营销案例阅读

圣诞节对于年轻人来说，已经成为他们必过的节日，对这个节日的喜好度甚至高于五一国际劳动节、国庆节。所以绝大多数的商家都在此时举行促销活动。对于一个运动品牌来讲，促销必不可少。那么361°怎么才能从茫茫的促销传播大潮中脱颖而出，有效地抢占对手份额呢？无论是中国移动的动感地带与麦当劳结成战略联盟，抑或是魔兽世界与九城公司在上海举办了"要爽由自己 冰火暴风城"的嘉年华，这些成功促销都是以品牌为目的，依附于当时的热点事件或企业制造的热点事件当中，即在制造热点事件、热点话题的同时，抓住公众对企业的好印象，趁热打铁充分利用媒体促销、转换，为品牌传播和销售创造良好时机。它们都是充分利用公关事件与媒体整合，其意义在于间接地为销售服务，间接地为品牌服务。很明显这些新颖的促销方式获得消费者的促销都有特定的共同点，即被称为现代成功促销必备的3个要素：大事件、大卖点和大力度。

第一，大事件。就是与众所周知的热门事件挂钩从而进行的促销手段。大事件是所有人关注的焦点，每个人都想见证或者体验这样的盛事。比如像4年一度的奥运会与世界杯。

第二，大卖点。通过设置极具诱惑力的大奖，采取更大的礼品支持，获奖概率更高。优惠是更有吸引力的促销方式，活动对消费者会产生很强的吸引力，并可形成口头传播，具备一定的话题性。

第三,大力度。促销就是在常规促销的基础上,针对竞争对手的促销方式。通过大力度的媒体宣传,以及企业深层有效的执行,来打击竞争对手的促销效力,从而抢占更多的市场份额。

思考:举例说明文化对消费者行为的影响。

相关知识点

 社会文化概述

设想一下,你和你的朋友正在共享一大块比萨饼。在美国,比萨饼上面很可能是青椒;在日本,则最有可能是鱿鱼;在英国,可能是金枪鱼和玉米;在澳大利亚,可能放的是鸡蛋;在印度,则可能是酱姜片。你可能会奇怪,为什么比萨饼上的配料会如此五花八门。对于其他文化中的人们,比萨饼加上这样一些食品则是十分自然的,这就是文化。我们并没有意识到对比萨饼顶层所添加的食品,以及很多其他事物的偏好强烈地受我们所在文化的影响。

- **消费文化:**消费文化是指反映在消费中的一个社会或一个集团、阶层各种外显的或内隐的思维模式、行为模式和价值模式。

- **消费亚文化** { 种族亚文化　民族亚文化　地域亚文化

一、文化的概念

1. 文化的定义

文化一般是指人类在社会发展过程中所创造的物质财富和精神财富的总和,表明了人类所创造的社会历史的发展水平、程度和质量的状态。这里的文化,主要是指观念形态的文化(精神文化),包括思想、道德、科学、哲学、艺术、宗教、价值观、审美观、信仰、风俗习惯等方面的内容。文化是一种社会现象,是在一定的物质基础上形成的,是一定的政治和经济的反映。由于不同社会或国家的文化通常是围绕着不同的因素在不同的物质基础上建立起来并与之相适应的,因此不同社会或国家的文化往往存在着较大的差异。社会文化通过各种方式和途径向社会成员传输着社会规范和价值准则,影响着社会成员的行为模式。大部分人尊重他们的文化,接受他们文化中共同的价值准则,遵循其中的道德规范和风俗习惯。所以,文化对消费者的需求与购买行为具有强烈而广泛的影响。这种影响表现为,处于同一社会文化环境中的人们在消费需求与购买行为等方面具有许多相似之处,处在不同社会文化环境中的人们则在消费需求与购买行为等方面具有很大的差异。

广义的文化是指人类社会在漫长的发展过程中所创造的物质财富和精神财富的总和。

狭义的文化是指社会的意识形态,包括政治、法律、道德、哲学、文学、艺术、宗教等社会意识的各种形式。

中义的文化介于广义与狭义的文化之间，是指社会意识形态同人们的衣食住行等物质生活、社会关系相结合的一种文化，比如服饰文化、饮食文化和各种伦理关系、人际关系等，也称之为社会文化。我们在消费心理学中所讨论的文化即指中义的文化。

消费文化是指反映在消费中的一个社会或一个集团、阶层各种外显的或内隐的思维模式、行为模式和价值模式。

2. 文化的特点

（1）文化是后天习得的。文化是一种习得的行为，它不包括遗传性或本能性反应。人类个体从出生开始，就从自己周围的社会环境中学会了一整套的信念、价值观、习惯等。

（2）文化的影响是无形的。文化的影响是无形的、看不见的，它对人的影响也是潜移默化的。在大多数情况下，我们根本意识不到文化对我们的影响。只有偶尔接触到另一种文化时，我们才会意识到自己所特有的这种文化已经塑造了我们自己的行为。比如，《刮痧》描述的是一位中国老人去美国看护孙子。孙子患病，老人用刮痧的方法给孙子治病，病治好了，老人却因"虐待儿童"而被告上法庭，反映了中西文化的差异和碰撞。文化鸿沟对于不同文化传统的交流是非常不利的。正如电影中反方律师完全歪曲了对中国文化的理解，从而贬低了男主角许大同的价值观和道德观，进而侮辱了中国传统的价值观和道德观，结果他们在听证会上正面地、严重地冲突了起来。因此，想要更好地和其他文化的人们交流，必须要了解对方的文化背景和文化习惯。

（3）社会文化既有稳定性，又有可变性。一种文化一旦形成，便会在一定的时期内发挥作用，并通过各种形式传递下去。但同时，社会文化又是动态的，可变化的，会随着时间的变化而缓慢地演变。

（4）社会文化是规范性的。现代社会越来越复杂，文化不可能规定人的一举一动，只能为大多数人提供行为和思想的边界。在美国，儿童应该被给予足够的重视，家长的虐待和忽视都是违法的，儿童的教育要受到社会各界的干预。而在中国，孩子的教育完全由家长决定，中国人认为孩子是自己的，怎么教育是自己的事，与别人无关。

3. 社会文化影响消费心理的途径

（1）社会文化对消费观念的影响。社会观念关于因袭和变革的主导性认识。所谓**社会观念**，是指人们在社会生活过程中形成的对社会的态度、看法及相对应的行为方式。它包括社会整体观念和社会个体观念，两者相互依存，互为基础。社会整体观念制约并影响着个体社会观念的形成。决定社会观念模式的因素，一是经济基础（生产方式）；二是政治制度和政府政策；三是占统治地位的、流行的思想理论和社会思潮。这3方面因素的变化，造成社会观念模式的变化和转换。

① 社会文化对勤劳与悠闲的观念。日本人崇尚疯狂工作，而西欧人则喜欢劳逸结合，他们比较喜欢喝喝下午茶，聊聊天再工作。

② 对物质与财富的观念。在西方，白手起家的企业家最受人尊敬；在中国，全心全意为人民服务的人成为感动中国的人选。

③ 规范每个人关于个人与集体的认识。是彰显个性，穿着怪异，还是与大众一致？我们国家在20世纪，曾经是蓝布衫一统天下，而现在多姿多彩的服装出现于人们视野。但是不管多开放，中国人还是不会穿着比基尼大摇大摆走在大街上，而在西方社会，这样做早已不新鲜。

④ 人们的节俭观。笔者曾听说过这样一个说法,一个美国老太太和一个中国老太太去见上帝,上帝问他们生前实现的最后一个愿望是什么。美国老太太说,她生前正好把年轻时分期付款购房的最后一期房款交完了;中国老太太说,她生前刚刚用自己一生的储蓄买了一套自己的房子。

(2) 社会文化对生活方式的影响。**生活方式**是指在不同的社会和时代中生活的人们,在一定的社会条件制约下和在一定的价值观念指导下,所形成的满足自身需要的生活活动形式和行为特征的总和。生活方式有三大要素:条件、主体和形式。生活又可以分成两类,人类的日常生活和非日常生活。人类的文化是由人类创造的,不同民族的文化是其民族生活的式样。比如我们吃饭用筷子,西方用刀叉;又如,我们的文字是方块字,西方(比如英文、拉丁文)是用字母拼音写成。我们的建筑有许多是大屋顶,西方的建筑有歌德式的或巴洛克式的,等等。

(3) 社会文化对消费习惯的影响。不同的社会文化的风俗习惯,一方面规范着社会成员按照一定的方式去活动,另一方面,如果有人违背了风俗习惯,还会受到社会舆论的谴责和惩罚。比如,西方人认为"星期五"与"13"是不吉利的数字,因此许多酒店没有 13 号房间,楼房没有 13 层,人们不会选择"星期五"办喜事或开始旅行。而我国"6"、"8"、"9"等则被认为是可以带来财运和幸福的吉利数字,"4"则是一个不吉利的数字。于是电话号码和车牌号码中含有"6"、"8"、"9"或者含有特殊意义的数字组合(比如 168)的,都会被加价出售。中国传统文化的消费观是够了就行,知足常乐,同时还要节俭不吝惜。现在,消费主义在中国开始流行。东西越多越好,越奇越好。目前全人类都在消费主义的道路上越走越远。消费不是出于我们内心的实际需要,而是社会强加给我们的。人跟商品的关系完全颠倒了。不是商品的制造和存在为人服务,而是人存在的价值就是为了消费商品。这样,现代人在成为劳动的机器的同时,又成了一个消费的机器。

二、不同亚文化的消费心理特点

亚文化(subculture)又称集体文化或副文化,指与主文化相对应的那些非主流的、局部的文化现象,也指在主文化或综合文化的背景下,属于某一区域或某个集体所特有的观念和生活方式,一种亚文化不仅包含着与主文化相通的价值与观念,也有属于自己的独特的价值与观念,并构成亚文化。亚文化是一个相对的概念,是总体文化的次属文化。一个文化区的文化对于全民族文化来说是亚文化,而对于文化区内的各社区和群体文化来说则是总体文化,而后者又是亚文化。研究亚文化对于深入了解社会结构和社会生活具有重要意义。昨天的亚文化可能就是今天的主流文化,今天的亚文化可能就是明天的主流文化。所谓正规文化总是在吸收亚文化的过程中发展起来的。

亚文化是一个不同于文化类型的概念。所谓亚文化,是指某一文化群体所属次级群体的成员共有的独特信念、价值观和生活习惯。每一亚文化都会坚持其所在的更大社会群体中大多数主要的文化信念、价值观和行为模式。同时,每一文化都包含着能为其成员提供更为具体的认同感和社会化的较小的亚文化。目前,国内外营销学者普遍接受的是按民族、宗教、种族和地理划分亚文化的分类方法。

（一）种族亚文化

1. 人种分类

一个国家可能有不同的民族,各个民族都有自己独特的生活习惯和文化传统,他们即使生活在同一国家甚至同一城市,也会有自己特殊的需求、爱好和购买习惯。比如世界上有白种人、黑种人、黄种人和棕种人 4 个种族,他们的购买行为各不相同。与白人相比,美国的黑人购买的衣服、个人用品、家具和香水相对要多一些,但在食品、运输和娱乐方面的支出则较少。人种是指人类在一定的区域内,历史上所形成的、在体质上具有某些共同遗传性状(包括肤色、眼色、发色和发型、身高、面型、头型、鼻型、血型、遗传性疾病等)的人群。

被誉为"西方人类学鼻祖"、"人类之父"的德国格丁根大学教授布鲁门马赫,是第一个用科学方法对人种进行分类的。他根据肤色、发色和发型、眼色、身高、头型等体质特征,以及原住居民地,把人类划为五大人种。① 高加索人种(白种)。皮肤白色,头发栗色,头部几成球形,面呈卵形而垂直,鼻狭细,欧洲、西亚和北非的居民属之,但芬兰人、拉普兰人等除外。② 蒙古人种(黄种)。皮肤黄色,头发黑而直,头部几成方形,面部扁平,鼻小,颧骨隆起,眼裂狭细。西亚以外的亚洲人和北部的因纽特人、拉普兰人和芬兰人属之,但不包括马来人。③ 非洲人种(黑种)。皮肤黑色,头发黑而弯曲,头部狭长,颧骨突起,眼球突出,鼻厚大,口唇胀厚,多数人有八字脚。除北部非洲人外,其他非洲人皆属之。④ 美洲人种(红种)。皮肤铜色,头发黑而直,眼球陷入,鼻高而宽,颧骨突出。除因纽特人外,其他美洲原住居民属之。⑤ 马来人种(棕种)。皮肤黄褐色,头发黑而缩,头部中等狭细,鼻阔、口大。太平洋诸岛和马来半岛居民属之。这个划分可说是人种的地理分类。

黑种人起源于热带赤道地区,该地区在一年之内受到太阳的直射时间长,气温高,紫外线强烈。长期居住在此地的人群,经长期自然选择,逐渐形成一系列适应性特征:皮肤内黑色素含量高,以吸收阳光中的紫外线,保护皮肤内部结构免遭损害;体表汗腺密度特别大,以便在极度炎热时能维持或迅速恢复正常体温;鼻低宽,鼻孔通道短,嘴唇厚、嘴裂大、体毛少,便于散热;头发像羊毛一样卷曲,使每根卷发周围都有许多空隙,空隙充满空气,空气传热性差,因此,卷发有隔热作用,保护头脑不受伤害,等等。

白种人起源于较为寒冷地区,该地区阳光斜射,光线较为微弱,紫外线也弱,当地居民体内黑色素含量低,皮肤呈浅色;身体较粗壮高大,以减少热量散失;鼻子高窄,鼻孔通道较长,以预热吸进的冷空气;体表毛发密稠,以防寒冷,等等。

黄种人起源于温带地区,其肤色和身体特征的适应性具有黑白两色人种的过渡性。

2. 人种消费心理特点

据一项美国数量最多的 3 种移民——西班牙裔、亚裔与非裔美国人的调查指出,黑人收入的 2/3 用在了房屋、交通和食物上;黑人家庭主妇每天看电视的时间超过 10 个小时以上;而西班牙裔美国人则看重品牌,而且一旦看中了某个品牌,会形成习惯性消费;亚裔美国人一般重视教育。

不同人种在体形、肤色、发色、瞳孔颜色等方面具有很大的差异,从而对其消费心理和行为产生一定的影响,尤其是在化妆品、服装、鞋帽、手袋、饰物等的颜色选择和搭配上,人种差异更为突出。

（二）民族亚文化

民族文化显示民族的精神面貌和价值取向。民族和文化是两个密切联系的概念，民族本身就代表着一种文化，而文化则是构成民族的要素。民族性体现了一个民族的文化自身发展的特殊性，代表一定的民族文化传承积淀与特定地域文明的特点，表现为该民族的民族精神和文化类型。时代性则体现人类文化在一定历史时期的共同特征，反映文化发展由低向高的发展方向和文化之间传播、交融与相互渗透、相互影响的关系，表现为人类文化发展阶段的标识和特定的文化类型所展示的时代风貌与精神。

中华民族是一个多民族的共同体，中华文化也是一个多元的复合文化形态，构成中华民族大家庭的 56 个民族，都有各自的民族文化发展史。在中国历史发展进程中，汉族文化与其他兄弟民族文化相互交融、相互促进，共同创造了灿烂的中华文明。

（1）汉服（costumes in the Han Dynasty）。中国完整的服装服饰制度是在汉朝确立的。汉代染织工艺、刺绣工艺和金属工艺发展较快，推动了服装装饰的变化。西汉建立时基本上沿用秦朝的服制。东汉时期穿黑色衣服必配紫色丝织的装饰物。祭祀大典上通用的是"长冠服"。皇后的祭祀服：上衣用绀色，下裳用皂色。皇后的蚕服，上衣用青色，下裳用缥色（浅黄色）。汉文帝当政时比较俭朴，自己穿黑色丝织衣、皮鞋。一般官员要穿禅衣，又名"祗服"。在西汉时期 200 年之中，服饰实行"深衣制"，它的特点是像蝉一样的头冠（帽子）、红色的衣服、像田字状的领子、戴玉、红色的鞋。深衣形制是上衣下裳相连接缝在一起，做祭服的中衣，要缘黑色边；作为朝服的中衣，需缘红色边，在当时极为普遍。服饰总称"禅衣"。禅衣是单层的外衣。禅衣里面有中衣、深衣，其形与禅衣无大区别，只是

图 7.1　汉服

袖形有变化，都属于单层布帛衣裳。官员在上朝时都要穿黑色禅衣。图 7.1 为汉服。

（2）唐服（costumes in the Tang Dynasty）。唐朝流行女子穿"胡服"。"胡服"就是西域人的服装。腰带形式也深受胡服影响。在此以前，人们的腰饰是金银铜铁，这时候流行系"蹀躞带"，带上有金饰并扣有短而小的小带以作系物之用。这种腰带服饰最盛是在唐代，以后一直延用至北宋年代。盛唐以后，胡服的影响逐渐减弱，女服的样式日趋宽大。到了中晚唐时期，这种特点更加明显。一般妇女服装，袖宽往往四尺以上。中晚唐的贵族礼服，一般多在重要场合穿着，穿着这种礼服，发上还簪有金翠花钿，所以又称"钿钗礼衣"。唐高宗以后，以紫色为三品官服色，浅绯色为五品官服色，深绿色为六品官服色，浅绿色为七品官服色，深青色为八品官服色，浅青色为九品官服色，黄色为宫外之人及庶民服色。唐装还对邻国有很大的影响。比如日本和服从色彩上大大吸取了唐装的精华，朝鲜服也从形式上承继了唐装的长处。唐装襦裙线条柔长，十分优美自如，用料主要是丝织品，因此它的衣物以"软"和"飘柔"著称。唐装本身品类多，善变化，从外形到装饰均大胆吸收外来服饰特点，多以中亚、印度、伊朗、波斯及北方和西域外族服饰为参考，充实唐代服饰文化，使得唐代服饰丰富多彩、富丽堂皇，风格独特、奇异多姿，成为中国历史服饰中的一朵奇葩，世人瞩目。

（3）旗袍（cheongsam）。旗袍是从满族古老的服装演变而来的。旗袍，满语称"衣介"。古时泛指满洲、蒙古、汉军八旗男女穿的衣袍。清初（公元 1644—1911 年）衣式样有几大特点：无领、箭袖、左衽、四开衩、束腰。箭袖，是窄袖口，上加一块半圆形袖头，形似马蹄，又称"马蹄袖"。马蹄袖平日绾起，出猎作战时则放下，覆盖手背，冬季可御寒。四开衩，即袍下

摆前后左右,开衩至膝。左衽和束腰,紧身保暖,腰带一束,行猎时,可将干粮、用具装进前襟。男子的长袍多是蓝、灰、青色,女子的旗装多为白色。满族旗袍还有一个特点,就是在旗袍外套上坎肩。坎肩有对襟、捻襟、琵琶襟、一字襟等。穿上坎肩骑马驰骋显得十分精干利索。清世祖入关,迁都北京,旗袍开始在中原流行。清统一中国,也统一全国服饰,男人穿长袍马褂,女人穿旗袍。以后,随着满汉生活的融合、统一,旗袍不仅被汉族妇女吸收,并不断进行革新。随着辛亥革命的风起云涌,旗袍迅速在全国普及。自20世纪30年代起,旗袍几乎成了中国妇女的标准服装,民间妇女、学生、工人、达官显贵的太太,无不穿着。旗袍甚至成了交际场合和外交活动的礼服。后来,旗袍还传至国外,为他国女子效仿穿着。至20世纪30年代,满族男女都穿直统式的宽襟大袖长袍。女性旗袍下摆至(骨干)(小腿),绣花卉纹饰。男性旗袍下摆及踝,无纹饰。旗袍的造型与妇女的体态相适合,线条简便,优美大方,所以,有人认为旗袍是中国女人独有的福音,可起到彩云托月的作用。而且,旗袍老少宜穿,四季相宜,雅俗共赏。根据季节的变化和穿着者的不同需要、爱好,可长可短,可做单旗袍、夹旗袍,也可做衬绒短袍、丝棉旗袍。并且,随着选料不同,可展现出不同风格。选用小花、素格和细条丝绸制作,可显示出温和、稳重的风韵;选用织锦类衣料制作,可当迎宾、赴宴的华贵服饰。中国旗袍在日本、法国等地展销时,很受当地妇女欢迎。她们不惜重金,争购旗袍,特别是黑丝绒夹金花、婆金花的高档旗袍最为抢手。旗袍正以浓郁的民族风格,体现着中华民族传统的服饰美。它不仅成为中国女装的代表,同时也被公认为东方传统女装的象征。

(4) 民族服饰(costumes of ethnic minorities in China)。中国少数民族服饰绚丽多彩,精美绝伦,各具特色。它是各民族优秀历史文化的重要组成部分。服饰制作从原料、纺织工艺以至样式、装饰都保持着鲜明的民族和地区特色。以捕鱼为主要经济生活的赫哲族早年曾以鱼皮为衣。曾长期从事狩猎的鄂伦春、鄂温克等族用狍皮兽筋缝制衣服。经营畜牧业的蒙古族、藏族、哈萨克族、柯尔克孜族、裕固族等,穿戴多取自牲畜皮毛。从事农业的少数民族则以当地出产的棉麻丝为原料,纺织布帛丝绸,缝制衣服。图7.2为民族服饰。

图 7.2　民族服饰

少数民族的纺织、鞣皮、擀毡等工艺,有着悠久的历史。比如黎族的木棉布、藏族的氆氇、维吾尔族的爱得丽丝绸、鄂伦春的皮毛制品等素负盛名。

中国少数民族服饰款式纷繁,各自有异。大体上有长袍和短衣两类。穿袍子的民族一般戴帽蹬靴,穿短衣的民族多缠帕着履。袍子形式也多种多样,有蒙古、满、土等民族的高领大襟式,有藏、门巴等族的无领斜襟式,有维吾尔等族的右斜襟式等,还有坎肩式长袍。短衣有裤和裙之别。

裙子款式有百褶裙、筒裙、短裙、连衣裙等。无论是袍、衣,还是裙、裤,不同的民族在结构、工艺、风格等方面都有差别。同是高领大襟袍,有开叉和不开叉的,有前后开衩的,有前后开衩和周围镶边的。黎、傣、景颇、德昂等民族妇女都穿筒裙,但黎族为棉制锦裙、景颇族为毛织花裙、德昂族为横条纹裙,而傣族多为市购布料裙。

服饰不仅在民族与民族之间存在着明显的区别,就是在民族内部,不同支系、不同地区也都有明显的差异。省与省之间,县与县之间,以至寨与寨之间都有差别,如百花齐放,千姿百态。服饰是民族最显而易见的标志,历史上曾因服饰不同赋予很多民族各种地方性的名称。

在中国这样一个地域辽阔、民族众多、社会发展不平衡的国家里,由于经济生活、文化素养、自然环境和地理气候的差异,导致了民族服饰的多种多样,应该说这是民俗服饰的特点之一。中国少数民族的刺绣、蜡染等工艺相当发达,并广泛用于服饰装饰上,是民族服饰的又一特点。刺绣是各民族普遍喜爱的工艺,一般运用在头巾、腰带、围裙以及衣襟、环肩、下摆、袖口、裤脚、裙边等易损部位,既起装饰作用,又有实用价值。刺绣包括桃花、补花、绣花等多种工艺,绣花的手法有平绣、编绣、结绣、盘绣等,花纹图案有自然景物、吉祥图案、几何纹样等。

(三) 地域亚文化

1. 我国不同地域人们的消费心理

"南甜北咸,东辣西酸"。我国在饮食上有八大菜系。中国吃醋的地方,一个是黄土高原,一个是云贵高原。黄土高原最典型的是山西,山西的醋最有名。原因是黄土高原土壤钙含量太多,土壤当中钙过多,容易得胆结石,对身体有害,因而人就利用酸碱中合,选择了醋。钙是碱性,醋是酸性,二者中合。另外一个吃醋的地方是云贵高原,云贵高原吃醋也很普遍。在北京就有不少贵州酸汤鱼的餐馆。云贵高原是石灰岩,成分是碳酸钙,是钙的环境,水和食品中钙的含量高,所以需要酸中和。所以地理环境导致了这两个地方的人都喜欢吃醋。丽江水特别清,黄河水特别浑浊,这是因为丽江水是碳酸钙溶液,黄河水是混合物。

四川和湖南爱吃辣。主要是这些地方潮湿,吃了辣后毛细血管张开,浑身通透,感觉舒服。火锅在四川是夏天吃的,就是为了冒汗,另外加上麻的东西,可以冒汗冒得更厉害。

山东菜系。流派:由济南和胶东两部分地方风味组成。特点:味浓厚、嗜葱蒜,尤以烹制海鲜、汤菜和各种动物内脏为长。名菜:油爆大蛤、红烧海螺、糖酥鲤鱼。

四川菜系。流派:有成都、重庆两个流派。特点:以味多、味广、味厚、味浓著称。名菜:宫保鸡丁、一品熊掌、鱼香肉丝、干烧鱼翅、香辣炒蟹。

江苏菜系。流派:由扬州、苏州、南京地方菜发展而成。特点:烹调技艺以炖、焖、煨著称。重视调汤,保持原汁。名菜:鸡汤煮干丝、水晶肴蹄、清炖蟹粉狮子头。

浙江菜系。流派:由杭州、宁波、绍兴等地方菜构成,最负盛名的是杭州菜。特点:鲜嫩软滑,香醇绵糯,清爽不腻。名菜:龙井虾仁、叫花鸡、西湖醋鱼。

广东菜系。流派:有广州、潮州和东江 3 个流派,以广州菜为代表。特点:烹调方法突出煎、炸、烩、炖等。特点:爽、淡、脆、鲜。名菜:三蛇龙虎凤大会、烧乳猪、冬瓜盅、古老肉。

湖南菜系。流派:注重香辣、麻辣、酸、辣、焦麻、香鲜,尤以酸辣居多。特点:讲究原料的入味,技法多样,有烧、炒、蒸、熏等方法,尤以"蒸"菜见长。名菜:冰糖湘莲、红煨鱼翅。

福建菜系。流派：由福州、泉州、厦门等地发展起来，并以福州菜为其代表。特点：以海味为主要原料，注重甜酸咸香、色美味鲜。名菜：雪花鸡、金寿福、橘汁加吉鱼、太极明虾、干烧鱼。

安徽菜系。流派：由皖南、沿长江和沿淮河地方风味构成，皖南菜是主要代表。特点：以火腿佐味，冰糖提鲜，擅长烧炖，讲究火工。名菜：葫芦鸭子、符离集烧鸡。

2. 其他方面

中国北方女性的脸色比较红润，主要来自于冷空气的刺激。北方寒冷天气的刺激，使人的脸部毛细血管增多。江浙地区的人脸色偏黄，是由于该地区缺乏强烈的冷热季节调节，使脸部毛细血管减少。

中国人的基本特征是北高南低，北胖南瘦，北白南黑。云贵川人个子普遍不高的原因一是少光照，二是以大米为主的食物，三是气温较高。东北人普遍个子较高，是因为生活在寒冷气候里，需要保存热量，只有高个子的人，单位体积密度小，才能抵御寒冷。

节假日文化：节日习俗中新奇的另类促销

美国一家公司利用奇特外形的泡沫云，在某个节日里实现新颖另类的空中广告宣传。这些人造云实际上是混合了以肥皂为主的泡沫和比空气还轻的氦气，具有氦气球和儿童用塑料吸管吹出的肥皂泡的有机结合的特性。该公司使用人工造雪机器生成飘浮在空中的广告和信息，这种泡沫云被称为"Flogo"（漂浮的广告）。机器每制造出一个泡沫云需要 15 s 时间，依据客户的需要可设计不同的图案外形和标语。该机器每天的租金是 2 500 美元。Flogo 不会对空气造成污染，这种飘浮在空中的广告不会对飞机造成威胁，其原因是它飘浮时就像一片云。此外，Flogo 不会附着在飞机表面，甚至当它穿过飞机引擎时也不会带来负面影响。图 7.3 为泡沫云。

图 7.3　泡沫云

思考：公司采用了什么策略来吸引消费者？为什么这项活动选择在节日进行呢？

 相关知识点

　　节日对消费者行为的影响

　　节日是社会习俗中的一个组成部分,各个国家各个地区的节日多种多样,它们之间的文化内涵千差万别。综合节日的情况看,可大致分为 4 类,即起源于祭祀活动、起源于农事活动、起源于社群娱乐活动、起源于宗教活动。一般而言,每个节日都有自己的传说或解释。尽管有关节日习俗起源的传说大多数是虚假的,是后人附会或编撰的,与节日和节日习俗真正的起源不是一回事,但这些传说对节日习俗的延续能起到重要作用。所以,人类无意仔细探究其真伪,反而津津乐道了几千年。这些传统节日在丰富人们的精神生活,调节生活节奏的同时,还深刻影响到消费行为的变化。

知识卡片

　● 节日分类
　　　　气候性节日
　　　　国家的节日
　　　　民族性的节日
　　　　宗教性节日
　　　　国际性节日
　　　　其他类型的节日

一、节日的分类

　　节日可分为六大类。

　　(1) 气候性节日。比如,我国的春节、中秋节等。

　　(2) 国家的节日。各国的纪念日、建国节日均属此列,比如,我国的国庆纪念日,美国的独立日等。

　　(3) 民族性的节日。比如,日本的樱花节,巴西的狂欢节,我国蒙古族的那达慕等节日。

　　(4) 宗教性节日。比如,西方大多数国家都要过的圣诞节、复活节;伊斯兰教的斋戒日、古尔邦节;我国傣族的泼水节、白族和彝族的火把节等。

　　(5) 国际性节日。比如,五一国际劳动节、六一儿童节、三八妇女节等。

　　(6) 其他类型的节日。比如,西方的情人节、母亲节(每年 5 月的第二个星期天)、父亲节(每年 6 月的第三个星期天),我国的教师节等。

　　在传统的节日里,人们一般都要尽量放松一下,休息一段时间,同自己的家人团聚或者同朋友一起欢度佳节,工作单位也在传统节日到来的时候放假,便于人们共度佳节。因此每当节日到来之时,会对人们的消费行为产生比较明显的影响。具体表现在以下方面。

　　第一,人们在工作时间内无法实现的消费行为,会想办法在放假的节日之中得以实现;人们在平常难以满足的消费愿望,会借助于节日的来临而得以满足。比如儿童的一些消费愿望平常因父母比较繁忙而难以抽出时间去选购商品。在我国的传统观念中,节日期间儿童所提出的消费愿望一般会予以满足,成人的消费愿望也可能因为工作的繁忙而难以抽出

时间去选购商品。在节日期间，人们选购商品的时间相对要比平常多一些，因此购买商品的比例也就相对要高。虽然节日期间参加购物的人也相当多，限制了一部分消费者的购物兴趣，但大部分消费者仍然会在节日期间去购买他们希望得到的商品，并不因为节日期间拥挤的人群而止步。

第二，在节日期间，人们的消费行为容易出现相互模仿的现象。节日期间购买商品的消费者陡增，一个人的消费行为往往在热闹非凡的购物环境中不自觉地受到别人的影响，从众行为比较普遍。当一部分消费者在抢购一种商品的时候，即使另一部分消费者对这种商品没有购买的准备，在抢购者的影响下，也可能参与那些消费者的抢购行为。这就是在顾客相当拥挤的情况下，反而会出现从众性的消费现象。

第三，在节日期间，还会出现一些特殊的商品消费。比如人们一般都愿意把结婚这样的活动放在节假日期间举行，因此节假日期间对结婚用品的购买和消费量就特别大。青年消费者对于组织新家庭所需要的商品格外有兴趣，这一期间，结婚用品的销售量一般是平时的几倍甚至十几倍。另外，在中国的春节，除了进行正常的食品方面的消费之外，还要购买春节用品和春节礼品；在巴西的狂欢节期间，要消费大量的装饰性商品、舞蹈用品等；日本的樱花节期间，到室外赏花观花的人漫山遍野，要消费大量的摄影纪念品、方便食品、工艺品以及为外地来日本赏花观花的游客所准备的纪念品。此外，还有在世界比较流行的情人节里，情人们要互送情人礼品，比如情人贺卡、节日鲜花、情人纪念品，以示关怀和友爱。

从消费角度观察，节日不同，地区不同，人们的消费习俗也差别很大。对待节日的态度不一样，消费的内容不一样，甚至连准备工作也不一样。比如对多数中国人而言，元旦、三八妇女节、五一劳动节、国庆节等单纯纪念性的近现代节日，人们在节日前所做的准备工作相对较少，节日消费也多呈随意性，较少体现习俗。而春节、端午节、中秋节这类中国传统节日，人们的节日准备就相对多得多，节日消费也有一定的习俗。比如春节贴春联、放爆竹、吃年夜饭；元宵节吃元宵、舞狮子、踩高跷、耍龙灯；清明节踏青、扫墓；端午节吃粽子、赛龙舟、悬艾蒲、洒雄黄水；中秋节吃月饼、赏月；重阳节登高、饮菊酒、吃重阳糕等。这些传统节日遥远动人的节日传说、形形色色的节日习俗以及丰富美味的节日饮食风靡了节日文化区域，甚至以同心圆扩散的方式进行着文化传播。

上述多为汉族地区的传统。事实上，中国少数民族也有自己的传统节日及消费习俗，比如藏族的藏历年、傣族的泼水节、水族的端节、拉祜族的扩塔节、柯尔克孜族的诺劳孜节都相当于汉族的春节，都需要有各自富有民族特色的节日商品。虽有外来文化因素渗透其中，但其民族风格也非常明显，特色鲜明，并有较强的地域性。节日习俗是社会文化的一个重要方面，它的产生与社会群体的价值观念、道德伦理观念有着千丝万缕的联系。在这些节日的消费习俗中，由于不同传说沿袭的结果，人们的消费方式不同，消费表现不一。有些消费沿袭至今，可能更多的是寄托一种感情，比如清明节扫墓祭奠祖先、端午节祭奠屈原、春节供奉祖先牌位，这些消费更多地含着文化色彩。

二、中国传统文化与消费行为

1. 中国传统文化

（1）讲究中庸之道。"不偏之谓中，不倚之谓庸，中者，天下之正道，庸者，天下之定理。"中庸之道的精髓是不偏不倚，它的主张是取中讲和。用现在的话说，就是处理事物的指导思想要端正,方法要对头,既反对极左,又反对极右;既反对浅尝辄止,又反对盲目冒失;既反对保守,又反对激进;既反对刚烈,又反对柔弱;既反对以偏概全,又反对一好百好;既反对过于圆滑,又反对僵死呆板;既反对老于世故,又反对逢迎潮流;既反对大而化之,又反对事无巨细;既反对急功近利,又反对无所作为;既反对一言堂,又反对各唱各的调;既反对随声附和,又反对固执己见,等等。从哲学的高度来考量,它确实称得上是辩证的科学之道、经商之道。

(2)注重人伦。"百善孝为先",中国文化以重人伦为特色,强调伦理关系。我国传统文化以儒家伦理道德为核心,而儒家文化的伦理观念就是从基本的血缘关系发展而来的。所以,中国传统社会的人际关系都是从夫妇、父子这些核心关系派生出来的,非常看重家庭成员的依存关系,以及在此基础上的家庭关系、亲戚关系。

(3)看重面子。"面子"属于精神产品的范畴。人们爱"面子"的实质是一个人对精神产品消费效用的偏好。社会对一个人的评价本质上属于一个人的无形资产和精神财富。这种评价对个人而言,更多地体现为一种心理满足。"面子"不讲究实惠,讲究形象。"面子"直接体现的是一种精神收益,而不是物质收益。某人很有钱,有钱本身会带给他"面子",但这里"面子"是指由其物质财富而衍生的精神收益,并不是指物质财富本身。一个人很要"面子",从偏好结构的角度看,就是偏好于精神产品的消费,精神产品对其产生的边际效用相对较大。

2.中国人消费心理与消费行为特点

(1)消费行为上的大众化。儒家文化的核心就是中庸、忍让、谦和。这反映在消费行为中就是大众化的商品有一定的商场,消费行为具有明显的"社会取向"与"他人取向",以社会上大多数人的一般消费观念来规范自己的消费行为,喜欢"随大流"。

(2)"人情"消费比重大。中国人比较注重人情,强调良好的人际关系的重要性。这种特点对消费行为的影响,就是比较重视人情消费。

(3)消费支出中重积累和计划性。

(4)以家庭为主的购买准则。

(5)品牌意识较强。中国人买商品时比较重视商品品牌,对于服装或高档消费品更是如此。一方面因为中国人爱面子,名牌商品代表了一定的质量和品位,可以满足人们的炫耀心理;另一方面,中国人一般对商品的知识了解得比较少或根本不愿意去深入了解。

任务项目3

国别消费文化差异:心理现象认识与分析

2008年北京奥运会上,来自穆斯林国家的女子运动队员在田径运动场上戴着面纱,披着头巾,身穿长衣长裤给观众留下了深刻印象。

思考:不同的国家之间有什么差异?对消费者有什么影响?

相关知识点

消费文化与国际营销

国际文化差异体现 ┤
宗教
生活方式
对物质文明和权势的态度
社会阶层
非语言的文化因素

一、语言

语言是反映社会文化的一面镜子。也就是说，由不同的语言可以形成不同的社会文化圈子。人们为理解其他群体的社会文化，往往先从学习这一群体的语言开始。与此同时，对一种语言的理解，仅仅依靠学习语言的技术是不够的，学习一种语言要真正融入这种语言所属群体的文化环境中去。换句话说，要真正学好一种语言，必须熟悉其文化背景。作为市场营销管理者，学习东道国的语言是基本必备的条件之一。对语言措词上的疏忽，直接体现在翻译上的缺陷，其结果将给国际市场营销活动带来负面的影响。比如，GM公司于20世纪50年代中期向市场出示的新款汽车"NOVA"，其西班牙语翻译为"NO GO"（不走的意思）。由此，在墨西哥等中南美国家，GM公司这种品牌汽车的销售严重受挫。谁愿意出钱购买一辆"不走"的汽车呢？后来这款汽车的品牌改为拉美人比较喜欢的"加勒比"牌，结果很快就打开了市场。

中国在海外进行国际市场营销的企业也有必要制定使海外任何市场都可以接受并且容易记忆和长久记忆的商标名，采取全球化的品牌战略，提高中国产品在全球市场上的知名度。"红豆生南国，春来发几枝。愿君多采撷，此物最相思。"唐朝诗人王维的千古名句脍炙人口，妇孺皆知，所以"红豆"品牌在汉文化中始终是友情、亲情和爱情的象征。"红豆"品牌的国际化首先主要在海外华人的范围内展开，进一步的扩展是对汉语文化能够兼容的国家或地区。比如红豆集团在日本建立了子公司而且发展得很快，就是因为日本人能够理解和接受红豆的品牌文化。而在欧美国家，红豆就必须以拼音商标，并辅以广告解释，证明这是"爱的种子"（The Seed of Love），才能被逐步理解和接受。

二、宗教

宗教对国际市场营销活动的效果，起着很重要的影响。比如，伊斯兰教禁止吃猪肉和饮酒。在一些特定的纪念活动期间，因要求绝食和禁食，所以购物的需求急剧下降。又如，在基督教国家，由于在圣诞节有互相交换礼物的风俗习惯，所以，一般情况下流通商品的年销售额中大约1/3是在这一期间实现的。因为佛教徒提倡清心寡欲的生活，因此，不允许饮酒。在这方面，法国一家酿酒公司曾惹怒泰国人。这家公司将佛像和寺庙的图案印在酒瓶标签上，泰国人认为这是亵渎佛教的行为。泰国的留法学生在法国商店里发现了这种叫做

"泰国鸡尾酒"的酒精饮料,便通知了泰国政府,并开始采取行动阻止这种酒的进一步发售。因为泰国是一个佛教国家,90%的人信仰佛教,而饮酒与杀人、偷盗等罪恶一并被列为佛门五戒之一。但饮茶已成为他们的一种日常行为,饮茶习惯的推广,使茶这种特殊商品可以大量消费。现在,茶已经成为世界上的三大饮品之一。

从上面的分析我们可以看出,宗教信仰对消费行为的影响方式具体表现为影响消费者对所消费商品种类的选择,影响消费者对所消费商品式样及外观等方面的选择,影响消费者选购商品的行为方式。因宗教信仰的不同,各种教徒所禁止消费的商品也有所不同。另外,每一种宗教信仰的支持者,使用不同特点的宗教用品,也可以说属于消费行为中的一类特殊行为方式。

三、生活方式

生活方式(lifestyle),顾名思义就是一个人生活在这个世界上的样式。人们的生活方式具体表现为活动(activities)、关心事宜(interests)、思想见解(opinion),即 AIO。在同一个文化圈,同一个社会阶层,同一个职业的人们,他们所具有的生活方式也有差异。

四、对物质文明和权势的态度

物质文明是技术进步的结果,并且与一个社会经济活动的组织开展好坏有着密切联系。在产业化发展阶段,物质文明程度可成为市场细分化的基准,工业品营销管理的出发点。对物质文明的态度,在很大程度上影响国际市场营销细分的决定。比如,美国的消费者因对产品的包装清洁度非常敏感,所以出口到美国的罐装产品必须保持清洁发亮,一尘不染。还有各个海外市场消费者的电视机和收音机的普及率将对以海外市场消费者作为目标顾客的促销活动有重要影响。

五、社会阶层

社会阶层指的是社会中根据某种等级排列的具有相对同质性和持久性的群体。随着社会阶层的不同,人们具有多种多样的经济地位、姿态及价值观,这种经济地位、姿态和价值观对他们的购买行为起着重要的影响。一般处于同一社会阶层的人们具有相似的经济地位、姿态及价值观,因此,对产品或服务、品牌及公众宣传媒体有着较类似的想法和看法。对于市场营销管理者来说,社会阶层无疑是一种进行市场细分的很好的依据和提供消费者购买行为式样的有效的工具。不同的社会发展阶段,划分社会阶层的依据是不同的。在过去,社会阶层是根据人们所拥有的财富、财产状况以及社会威望来划分社会阶层的。处于不同社会阶层的人们的经济状况、兴趣和态度、价值观等各不相同。这种经济状况、态度和兴趣、价值观决定了人们的购买行为的多样性。市场营销管理者应该识别不同社会阶层的消费者,以便更好地满足他们的需要。

六、非语言的文化因素

相对于非语言沟通而言,不同国家、地区或不同群体之间,语言上的差异是比较容易察觉的。易于为人们所忽视的往往是那些影响非语言沟通的文化因素,包括时间、空间、礼仪、象征、契约和友谊等。这些因素上的差异往往也是难以察觉、理解和处理的。

（1）时间与空间。不同的社会文化可能具有不尽相同的时空观。大多数拉美人、亚洲人倾向于将时间视为更连续的和更少受制于安排。在他们看来，同时介入多项活动是十分自然的。人与人之间的关系较日程安排处于更优先的地位，各种活动有其自身的运行节律而不是完全取决于事先规定的日程表。在这些文化下，人们有一种强烈的关于现在和过去的时间导向，基于这类看法形成的时间观被称为多向时间观。

由于时间观念的差异，人们在时间的使用方式上往往表现迥异。在世界上的大多数地区，决策所要求的时间是与决策的重要性成正比的。但是，如果某笔生意谈的时间太长，美国人可能反而认为对方没有给予足够的重视。美国人喜欢直截了当，主张迅速达成交易，因此在与日本经理交往时，往往会吓走对方，或者使谈判时间拖得更长。因为日本经理会认为美国人唐突而没有礼貌，从而更加谨慎地行事。

人们在空间观念上也可能存在差异。美国人总认为，大的就是好的。因此，在美国人的公司里，办公室一般按照职务等级或声望高低，而不是按照实际需要进行分配。董事长拥有最大的办公室，其次是执行副董事长等，以此类推。日本人可以几个人共用一张办公桌，美国人对此会感到很不自在。美国人往往把经理人员的办公室同所属机构的工作现场分隔开来，法国人则喜欢把经理人员的办公室设在所属机构的中间。南美洲人同别人谈生意时，总是靠得很近，几乎是鼻尖对鼻尖，而美国人在普通商务会谈中要求保持比较远的距离，极其私人性的事情才要求保持相对较近的距离。因此，在南美洲人同美国人谈生意时，常常是美国人往后退，南美洲人就向前进。

（2）象征。象征也是文化的重要内容。所谓象征，美国当代人类学家怀特认为是"一件由使用它的人赋予它的价值和意义"。如果你看到一位身着粉红色衣服的小孩，你很可能认为这是一位小女孩；如果是蓝色着装，你可能认为这是一位男孩。在美国这样假定或推测十有八九不会错，但在其他很多国家，比如荷兰，则情况并非如此。对颜色或其他符号所带有的象征含义缺乏了解将会导致严重后果。

（3）契约与友谊。在现代社会中，企业具有越来越重要的地位和作用。我国在计划经济时代，契约是不作为商业活动的重要依据的，商业关系主要服从并受制于行政指令和人伦关系的道德原则。在传统上，中国商人最关心的是其潜在贸易伙伴的信誉，而不是契约本身。即使在今天，这种倾向在一定程度上仍然是存在的。就何时才算达成契约而言，不同社会文化中的人们的理解可能不一样。在俄罗斯人和希腊人看来，契约的签订仅仅是严肃谈判的开始，而且谈判要一直持续到整个项目的完成。中国人和美国人则一般把契约的签订看作是谈判的结束。在契约签字上，中国人认为举行隆重的合同签字仪式是一种重视，而阿拉伯人可能认为要求在契约上签字是对自己的侮辱。在谈判的内容上，在一些国家，有些内容是由法律或习惯规范的，所以并不需要专门进行协商、谈判，而同样的内容在另一些国家，则可能必须经过当事人双方经过详细谈判后才能确定。同样，在不同的社会文化条件下，人们在决策程序、谈判风格、风险策略等方面也可能会存在差异。

友谊是另一个重要的非语言文化因素。友谊同契约类似，意味着双方之间一定的权利和义务。在欧洲的许多地方，通过朋友和邻居进行产品分销是行不通的，因为那里的人们对向朋友推销以获利的行为具有极度的反感。在墨西哥，通过家庭主妇进行某些产品的分销则可能是非常有效的，因为墨西哥妇女认为推销能为她们提供一种参加社交活动的绝好机会。

在不同的社会文化中,友谊意味着不同的义务和权利。众所周知,美国人能够容易、迅速地建立友谊,而失去友谊也是容易的,其部分原因可能是由于美国人具有高度的流动性。中国人建立友谊则要缓慢得多,而且是慎重、认真的。因为"近朱者赤,近墨者黑",所以要慎交朋友。

(4)礼仪与礼节。礼仪与礼节代表社会交往中一般被接受的行为方式,它也可能导致人们相互间的误解或不自在。在一个文化中被认为粗鲁无礼和令人讨厌的行为,在另一个文化中可能是十分正常和被人们普遍接受的。比如,在中国和其他一些东方国家,坐着时跷二郎腿在许多场合(比如晚辈在长辈面前)会被认为是对他人的不尊敬或者是缺少教养和没有礼貌的。对一个阿拉伯人亮出鞋底,也是不礼貌的。但在美国,则会被认为是普遍的和可接受的。因此,许多美国广告都有跷二郎腿或把双脚搁在桌子上的画面,而且画面中的人物优哉游哉,充满自信。与印度人谈话时,不盯着对方看表示尊敬。而在美国,直盯着谈话者的眼睛才表示尊敬。

任务项目4

消费流行:春夏火锅流行吃素的

平时吃惯了大鱼大肉,想着天热时吃点火锅刺激胃口,这对于挑剔的老百姓来说,本已是很平常的事情。全部由大豆蛋白制成的火腿肠、牛羊肉开始"亮相",不少食客都纷纷点上一份,并对这种由大豆做的火腿肠、牛羊肉感觉新奇不已。炎热的天气,使得一些清淡不含油腻的豆类制品变得特别受欢迎,大豆做成的素肉也就成为火锅食客们的最爱。据悉,这样的大豆火腿肠每根才5毛,而其他的素鸡翅、素大肠的价格也只要2到3元一碟。图7.4为以豆类制品为主的火锅。

图7.4 以豆类制品为主的火锅

这种大豆火腿肠成为不少食客的"香饽饽"。有的说,现在大鱼大肉吃多了觉得腻,来点新花样,吃火锅有胃口。有的则表示,吃豆制品其实比吃纯粹的肉要有营养。乍看上去,这种素"火腿肉"不仅在外观上和真的肉制品毫无区别,就连口味也并无二致,唯一的区别就是不含脂肪,而且蛋白质含量更高。

"无论是从外观还是口味，它都更接近肉制品"，这种新型的大豆火腿肠，其实是大豆蛋白纤维制品，和传统的豆类加工制品，比如豆腐、豆花有着很大的区别。据专家介绍，目前市场上的这种新型大豆肉制品，由于是用纯大豆蛋白制作，因此和真正的火腿肠相比，几乎不含淀粉和糖分。那些喜好火腿肠的口味，却又不敢越雷池的糖尿病患者，完全可以通过这种新的大豆火腿肠来解馋，而不必担心影响健康。

思考：消费流行有哪些类型？应该怎么引导消费流行？

相关知识点

消费流行

> - **消费流行**：消费流行是在一定时期和范围内，大部分消费者呈现出相似或相同行为表现的一种消费现象。
>
> - 消费流行的种类和方式 $\begin{cases} 滴流 \\ 横流 \\ 逆流 \end{cases}$
>
> - 引导消费者消费流行的策略 $\begin{cases} 大众媒体宣传 \\ 模特示范 \end{cases}$

一、消费流行的含义

消费流行是在一定时期和范围内，大部分消费者呈现出相似或相同行为表现的一种消费现象。具体表现为多数消费者对某种商品或时尚同时产生兴趣，而使该商品或时尚在短时间内成为众多消费者狂热追求的对象。此时，这种商品即成为流行商品，这种消费趋势也就成为消费流行。

流行对于人们的消费行为有很大的影响，往往是许多产品畅销或滞销的直接原因。某种商品一旦流行，就意味着大量的市场需求量和较高利润可能，能够引导潮流，是所有商家的梦想。但是没有任何一个设计者、公司或广告者，可以完全建立一个流行的文化。

二、消费流行的种类和方式

消费流行涉及的范围十分广泛。从性质上看，有吃、穿、用的商品的流行；从范围上看，有世界性、全国性、地区性和阶层性的消费流行；从速度上看，有一般流行、迅速流行和缓慢流行；从时间上看，有短期季节流行、中短期流行和长期流行，等等。归纳起来，消费流行的方式一般有以下3种。

1. 滴流

滴流即自上而下依次引发的流行方式。它通常以权威人物、名人明星的消费行为为先导，而后由上而下在社会上流行开来。比如中山装、列宁装的流行等。

2．横流

横流即社会各阶层之间相互诱发横向流行的方式。具体表现为,某种商品或消费时尚由社会的某一阶层率先使用、领导,而后向其他阶层蔓延、渗透,进而流行起来。如近年来,外资企业中白领阶层的消费行为经常向其他社会阶层扩散,从而引发流行。

3．逆流

逆流即自下而上的流行方式。它是从社会下层的消费行为开始,逐渐向社会上层推广,从而形成消费流行。比如牛仔服原是美国西部牧牛人的工装,现在已成为下至平民百姓、上至美国总统的风行服装。领带源于北欧渔民系在脖子上的防寒布巾,现在则成为与西装配套的高雅服饰。

流行不管采取何种方式,其过程一般是由"消费领袖"带头,而后引发多数人的效仿,从而形成时尚潮流。引发流行除了上述榜样的作用外,还有商品的影响、宣传的影响、外来文化与生活方式的影响等。

三、消费流行的发展趋势

在企业营销中,掌握消费流行的趋势,对于企业驾驭流行、掌握企业营销的主动权、提高企业营销效益具有极为重要的意义。由于影响消费流行的各种因素基本上为不可控因素,各种流行带有很大的随机性,因此,全面掌握消费流行的发展规律是十分困难的。随着经济、政治和文化教育的发展,消费流行主要表现出以下 3 方面的发展趋势。

（一）消费流行的范围广、速度快

由于消费流行的渠道多、速度快,往往自发地形成一种"消费导向",为众多的消费者所接受,使消费流行的范围越来越广。通过社会舆论的媒介,消费流行常在社会各阶层之间横向流传。比如旅游热、西服热、美容热等,都是首先由社会某一阶层提倡使用,然后向其他阶层蔓延、普及,形成风气。消费流行由上至下的传播渠道,是指社会上某一阶层的领袖人物或知名人士带头提倡使用,然后百姓模仿形成风气。消费流行从下至上的传播渠道,是指由较低的社会阶层向较高阶层传播,也可形成消费流行。由于消费流行渠道多,强化了消费者彼此互相参照,互相刺激,推波助澜,不断升温,使消费流行的范围越来越广。

流行商品的特性是"新"。"新"的商品的中心是"优越性",即优越于其他同类产品。这种优越性迎合了大众心理。在市场经济条件下,由于企业竞争激烈,使流行商品的优越性更加突出,能满足消费者在使用其他同类产品中得不到的几种需要,具有很强的吸引力。由于消费者经济收入的不断增长,为消费流行提供了经济基础,为众多的消费者所接受,有利于消费流行速度的加快,从而使消费流行的范围越来越广。

（二）消费流行商品的品种越来越多

过去由于商品经济不发达,消费者消费的商品品种比较单一,流行商品的品种与构成也很贫乏。随着现代科学技术和商品经济的发展,新技术、新工艺的应用,新产品、新花色品种、新款式不断增加,使人们的消费品日益多样化、丰富化、复杂化。科学技术的发展改变了人们的价值观念、道德观念和审美观念,促使人们产生新的消费行为。比如,现代科学越来越揭示出时间的价值,创造出各种使用最省时、最快捷方便的商品,影响着人们的消费观念。科学技术的进步使人类生活与消费的范围和领域不断扩大。

（三）消费流行持续的时间越来越短

消费流行的发展过程,与商品的生命周期一样,也有一个不断更新的规律。旧的消费流行不断被新的消费流行所取代。在现代社会中,由于时代潮流的步伐趋于加快,这种更新的速度也在不断加快,消费流行的持续时间在不断缩短。这主要有以下两个原因。

1. 产品更新换代的加快

由于经济的发展,技术进步越快,产品的更新换代越快,新产品不断投放市场,本身就为加快消费流行的更新速度创造了可能性。消费流行商品会提前进入衰退期,其他替代品与不同花色的产品随时都有出现流行的可能,这就必然造成流行品种的时间差越来越小。作为一种流行,随时都有可能被其他或可替代品种的流行所代替。

2. 消费者购买力的增强

由于人们生活水平越来越高,消费者的购买力增强,人们追求美、追求时髦的心理越来越强烈。许多消费者已改变了以往把过去购买的流行产品的最后一点价值消费尽才更换同类产品的观念。消费者为了追求流行,随时可能抛弃过时的消费品,甚至是完好的过时的消费品,去重新购置流行的消费品,导致了消费流行的持续时间越来越短的趋势。

四、引导消费者消费流行的策略

（一）大众媒体宣传

大众媒体是流行文化的缔造者,也是消费文化的传播者。在当今这样一个消费型的社会,大众媒体文化在某种意义上来说就是社会流行文化与消费文化的代言人。打造流行与引导消费往往是大众媒体构建社会文化的一个重要方面。大众媒体对具体的、个别的商品消费的引导是最显而易见的。典型的代表就是广告媒体,其传达的各种形式的消费信息都能对消费大众产生强大的诱导作用。在这种消费环境中,大众媒体的价值观有着强大的影响力,社会个体所渴求的社会认同正在逐渐转化为大众媒体的认同,个体与所属群体之间的身份认同已被大众媒体所掌控,因此个体的消费和对具体商品的选择在很大程度上依赖于大众媒体。

大众媒体对消费文化的巨大影响不只是表现在对具体的商品消费的引导上,更加表现在对生活方式的消费引导上,也即有关消费习惯和消费体验的营造。大众媒体对社会个体的影响是全方位的,对其消费观念的培植更是潜移默化和深刻的。由此有关"生活方式消费"问题便越来越成为媒体和大众所共同关注的焦点。

（二）模特示范

在营销信息的促动中,经常利用消费者的群体归属意识和对意见领袖的信任来实现目标。一些广告创意中采用"生活片段"的信息组合方式,大多含有这一方面的意味。比如,在宝洁公司的大量电视广告片中,几乎都贯穿着一个模式,即参照性示范。在宝洁大举开发中国市场时,几乎从未采用那些深具知名度和社会影响力的明星作为广告模特,而大多是从日常生活的特定群体中选取一些人物,比如"合资公司助理顾莉"、"大学讲师章晓英"等,此类广告真实而具有实际影响。这种把生活片段与真实人物融为一体的示范,既有群体之间的参照,又不乏意见领袖的引导。又如奥黛利·赫本在《罗马假日》中短发的造型一出,让无数少女走向了理发店;汤姆·克鲁斯在《壮志凌云》一片中戴太阳镜的飞机师形象,令雷鸣旋风席卷中西,平实镜成为前卫的指标,引发了全球抢购的热潮。图7.5为《罗马假日》中卷起流行风潮的奥黛丽·赫本的短发。

图7.5　《罗马假日》中卷起流行风潮的奥黛丽·赫本的短发

课后练习

一、名词解释

社会文化　　社会阶层　　消费流行

二、简答题

1. 简述文化对消费者行为的影响。

2. 中国餐饮文化包括哪些内容?

3. 现代社会消费流行的主要特点和趋势是什么?

4. 广告媒体如何引导消费流行?

三、思考讨论题

1. 分组讨论,女生讨论女性饰品的消费流行趋势和营销策略,男生讨论汽车消费的消费流行趋势和营销策略。

2. 来自中国台湾的报道:"以往只能选戴精钢与银饰等冷硬金属搭配造型的男生,顶多买个花哨手表,过过干瘾,现在他们勇于挑战各色宝石与透明水晶戒饰,有人甚至迷恋复古的金色虎眼戒指,最爱戴上后的富贵喜气,活脱自《海角七号》中走出来的乡镇代表。也有时髦型男超爱买女款项链、戒饰,还特地向品牌订制大尺寸女戒,戒面有亮粉的深色星沙石以及紫水晶。像Calvin Klein洋溢中性风味的女款摩登链坠,许多人抢买后再把硅胶链条换成男用尺寸。"

图7.6　新潮饰品

图7.6为新潮饰品,很多以前只是女士青睐的饰品现在也成为男士的新宠。分析这种现象的成因和社会影响因素。

消费群体与消费心理

◎了解社会群体的概念和划分

◎了解不同社会群体的不同购买偏好

◎掌握如何根据不同社会群体进行营销

 案例与思考

中国人对于珠宝首饰的喜爱，可谓是由来已久，因为它不仅具有保值功能，更凝结着悠悠华夏几千年的文化古韵，而穿金戴银更是富贵显赫的象征，也是身份、地位的标记。香港的周大福，以自己沧桑而富有传奇色彩的发展历程，见证了中国几十年来珠宝首饰业的历史巨变，用自己独特而张扬个性的营销策略，演绎着周大福珠宝首饰成功拓展的经典。

提起香港的周大福及其系列珠宝首饰，在业界及消费者中，可谓是耳熟能详。周大福，这个创立于1929年，后辗转迁移并正式在香港成立的珠宝金行，历经70余年的风雨历程，逐步奠定了其在香港珠宝首饰业界的领导地位，并备受消费者的钟爱与信赖。在有些地域，周大福已成为珠宝首饰的代名词。

周大福，这个入选中国最具品牌价值的珠宝首饰企业，缘何能在较短的时间里，星火燎原，成功占领港澳及内地的大片市场？其市场拓展成功的奥秘到底在哪里？

产品策略：全面而彰显个性

1."绝泽"珍珠系列

所有的美丽都离不开水，珍珠正是水的化身，水的结晶，是品格高贵的象征。"绝泽"珍珠系列将颗颗富有灵性与生命力的珍珠置于流畅、唯美的线条之中，增添了女性的清新风格，含蓄却耀目，是热爱自然、追求意境的女性之首选。

2."绝色"红蓝宝石系列

绝色红蓝宝石系列将性感魅惑、甜蜜动人与浪漫鲜明、前卫个性的元素完美结合，将女性妩媚动人的气质演绎到极致，打造出了一款款古典浪漫又兼具现代时尚气息的饰物，是摩登女郎心中之至爱。

3."水中花"系列

铂金"水中花"系列的设计概念源于"铂金如水"。

主打吊坠和指环以女性"心湖中的涟漪"为主题，设计时尚优雅，将清雅与灿烂完美协调，灵巧地勾勒出盛放的花儿在平静心湖中泛起的丝丝涟漪，就像"水中花"般含蓄，但却是心湖中真实而恒久的灿烂回忆！其清新、高雅的格调，让人浮想联翩。

4."DISNEY公主"首饰系列

"DISNEY公主"首饰系列设计主要以6个深受欢迎的迪士尼童话公主故事为主题，整个系列均围绕着公主的华丽、优雅、纯洁等特质设计而成，包括钻石系列、18K金、铂金及纯银系列，其中钻石系列中更首推限量版"公主方钻石首饰"，增添了一份尊贵非凡的气派，给首饰增添了灵性与神秘。

5."惹火"系列

"惹火"单颗美钻系列吊坠和戒指，借助层次空间与柔美线条的完美结合，诠释极度的女性化风潮，在动感与和谐中，运用奇妙的层次空间令钻石展现无与伦比的折射光芒，而撩人的曲线更是喻义了无限舒展的女性魅力，让新潮的女性叹为观止。

周大福系列产品不仅高贵时髦，品质优良，而且产品定位合理，层次分明。周大福产品既有端庄朴实大众化的首饰，也有设计新潮、动感前卫的年轻系列，更有雍容华贵的高档饰

品。为满足女性求变的消费心理,值周大福75周年纪念庆典之际,还隆重推出"绝配"组合套配,该套配可以随意变换不同戴法,成为市场追逐的新宠。

兵法有云:"凡战者,以正合,以奇胜。"周大福珠宝饰品之所以能够成功占领市场,与其首创推出的999.9纯金饰品这一"市场奇兵"有很大的关系。它打破了业界传统而狭隘的眼光,开创了金饰制造新工艺的先河,领导了消费新潮流,为周大福以后的快速稳定发展奠定了雄厚的经济基础。现在,周大福首创的999.9纯金首饰已经成为香港的黄金成色标准与典范。

案例分析思路

每个人生活在这个世界上,都会不可避免地与人交往,我们与之交往的群体,或者我们自己在其中,比如朋友群体、家庭成员;或者我们自己不在其中,比如社会名人、科学家、心理学大师等。这些群体对消费心理会产生重要影响。消费者的购买心理与行为不可避免地受到社会环境和各种群体关系的影响和制约。只有从社会环境与消费者相互关系的角度进行研究,才能科学地解释复杂多样的消费心理与行为现象,并为消费行为的预测和引导提供切实可行的依据。

消费群体的作用:优秀资料推荐

《心理黑洞——曼哈顿心理诊所手记》记录了一个中国临床心理学家在美国曼哈顿做心理医生的真实经历。曼哈顿作为"世界大都会",造就了世界任何其他地区都无可比拟的千奇百怪的"纽约客"心理众生相。书中所选的案例稀奇古怪,事事真实,讲述的故事鲜为人知,闻所未闻。尤其是"9·11"恐怖事件对美国民众心理和信仰的巨大影响,本书有最真实而直接的反映;为中国大众了解美国人的内心世界提供了最深入的视野;对中国人未来的心理走向也有启发性的教育意义。本书文笔优美流畅,机智幽默,富于哲思,妙趣横生,极其精彩,读来令人爱不释手。本书可谓中国第一本深入探究"纽约客"内心世界的心理分析专著,首次在世界心理学界涉及了如此广泛的心理病症。尤其是作者从心理治疗的角度,对人类心理、变态心理、精神病、催眠等心理进行的深入剖析,可以解除人们对此长期存在的偏见和神秘感。通过此书,读者可以消除对变态心理即精神病的不当恐惧,了解其来龙去脉,最后达到防患于未然、健康心身的目的,是一本难能可贵的通俗的科普读物。图8.1为书的封面。

思考:社会群体对人的心理有什么影响?

图8.1　书的封面

相关知识点

 社会群体及其对消费者心理的影响

● 消费群体：消费群体一般是指两个或两个以上具有相互作用、相互影响的人所形成的人群结合体。

● 消费流行的类型 { 初级群体和次级群体
正式群体和非正式群体

一、社会群体的概念

社会是一个集合的概念，任何社会都有其内在的层次和结构，依据不同的划分标准，社会可以划分成若干个不同的群体。在一定时期内，任何一个消费者都从属于某一群体，而在同一群体内的人们由于受多种等同或近似因素的影响，以致有着相同或相似的消费需要、消费方式、消费结构和消费水平。同样，不同社会群体的人由于所处社会地位不同，所扮演的角色不同，生理特征和心理特征上存在的差异，又导致了他们的消费需要、消费方式、消费结构和消费水平各具特色。

群体一般是指两个或两个以上具有相互作用、相互影响的人所形成的人群结合体。它不是个体的简单聚集，而是有着类似价值观念、性格和习惯的个体通过一定的方式，为了一定的目的结合而成的，可谓"物以类聚，人以群分"。在消费领域内，消费者普遍存在着追求价廉物美、求名好胜、求新趋时、求美立异、求质自尊等心理倾向。这些心理倾向由于影响因素不同，其表现范围、程序及心理机制等也不相同，而由此对社会产生的反向作用也不相同。因而群体中的任何一个成员，其行为不仅受自己独立的思想、信念、价值标准、消费观念等的影响，还受到群体内其他个体因素的影响。也就是说，作为在与他人的相互影响、相互作用过程中实现自己消费行为的消费者，其消费行为和消费心理也要受到其所属群体的影响，并随之产生不同的消费心理或改变原有的各种消费心态。

二、社会群体的特点

（一）经常性的社会互动

社会群体是以一定的社会关系为纽带的个人的集合体。群体成员间保持着经常性的互动关系。社会群体中的人际关系以彼此了解为纽带，并以一定的利益和感情关系为基础，转瞬即逝的互动不能形成社会群体，群体互动关系的形成与发展需要一定时间的交往。

（二）相对稳定的成员关系

群体一旦形成，便有着相应的成员身份，这些身份便结成特定的社会关系。这种社会关系表现为两个方面：一是相当明确，另一则相对模糊。比如家庭中的成员关系便是相当明确的。家庭成员通常是由父母及子女组成，他们之间存在的夫妻关系、父子关系、母子关系、兄弟姐妹关系都是明确的,不能随意混淆。在相对松散的群体中,也存在着成员身份。比如有着相同爱好,并经常在一起活动的人,大家能够彼此接受;而对于不认识的人则不愿意接受他们参加自己的活动。这就是成员身份的一种表现。在这种模糊的成员关系中,成员之间的关系不确定,但是相对稳定。

（三）具有明确的行为规范

在群体最初形成的时候,可能只有简单的互相认同关系。随着群体的发展,往往会在内部形成稳定的交往方式,进而形成一定的公认的规范,用来协调成员的行为,以保证群体的功能得以实现。不论是简单的、非正规的通过互相信任、彼此接近形成的一些承诺,还是复杂的正规的规章制度,都是群体内部有一定行为规范的表现。

（四）具有共同一致的群体意识

群体要求成员在群体活动中保持一致并以此与群体以外的成员区分开来,这些独特的群体活动特征使成员能够明确区分群体内成员和群体外成员,并把本群体视为一个整体,形成一致的群体意识。具体说来,群体意识也就是一种群体归属感,就是成员认为自己属于某个群体。这种意识一旦建立起来,群体成员就与群体外的人有了明显的区别感,对群体有了相应的期望和归属意识。

三、社会群体的类型

1. 初级群体和次级群体

依据群体成员间关系的亲密程度,社会群体可以划分为初级群体和次级群体。

（1）初级群体,又称首届群体或基本群体,是指由面对面互动所形成的、具有亲密的人际关系和浓厚的感情色彩的社会群体。典型的初级群体有家庭、邻里、朋友、亲属等。初级群体反映着人们最简单、最初步的社会关系,即初级社会关系。

（2）次级群体,又叫次属群体或间接群体,它指的是其成员为了某种特定的目标集合在一起,通过明确的规章制度结成正规关系的社会群体。群体成员间的感情联系相对不如初级群体,面对面的互动有限。典型的次级群体是各类社会组织,比如公司、政府机构、学校等。次级群体的规模可大可小,较小的次级群体,比如一个科室、班组。在较大的次级群体中,总会出现一些较小的初级群体,比如军队中的战友群、工厂中的工友小集团以及学校里的"哥们"群体等。

2. 正式群体和非正式群体

正式群体和非正式群体是根据群体的组织化、正规化程度来划分的。这种划分方法最早由美国的梅约提出。正式群体诸如现代社会的社会组织等,其成员的地位、角色和规范,以及权利、责任和义务都有明确的规定,并有相对固定的成员,比如企业、机关、学校等。正式群体的组织化、正规化程度高,其成员间的互动采取制度化、规范化的方式。

非正式群体主要是指社会组织内部的成员在日常互动中自发形成的人际关系系统。从形成的基础上来看,非正式群体有以下6种类型。

（1）友谊型。即以感情为基础而形成的亲密朋友群体。在友谊型群体中,成员之间有诸多的共同点,彼此情投意合,成员感情投入较多。

（2）同好型。即以共同的兴趣爱好为纽带结成的群体。比如棋友等。在这些群体中,成员之间未必都是知心朋友。

（3）利益型。即以共同的利益为纽带的群体。比如在一个商场中，一群消费者感到商家有欺诈行为，就联合起来"讨说法"，如此形成的临时性群体是利益型的，非正式的。利益型群体可以是稳定的，比如美国国会以外的"院外集团"，他们没有明确的规章制度，没有明确的成员身份，属于非正式群体，又是共同利益促成的联合体。

（4）信仰型。即以共同的理想、价值观和信仰为基础结成的非正式群体，比如自发组织起来的学习小组。

上面的几种类型是根据不同的标准划分出来的，由于其出发点和划分标准不同，对于不同的群体的认识就应有所不同，不能简单地认为非正式群体就是初级群体，正式群体就是次级群体。尽管它们有许多相同点，但不能等同。比如家庭，既属于初级群体，同时它又是非正式的；而许多利益型的次级群体，比如党派政治中的压力集团，是次级群体，但不是初级群体，对此要清楚地辨明。

四、社会群体对消费者心理的影响

群体对个体消费者的心理影响，是通过个体消费者在群体中所扮演的角色、榜样群体、群体规范和压力以及信息沟通等形成的。

1. 个体消费者在群体中所扮演的角色（即"个体角色"）对个体消费者心理的影响

群体中的个体是指在群体中处于一定位置、具有一定活动规范的个体及其行为模式。由于每个消费者事实上都虚拟地归属于某些群体，因而他在每一群体中都必然占有一定的社会地位，担任一定的角色，具有相应的责任、权利和义务，从而形成消费者的个体角色。个体角色对消费心理的影响有以下 3 点。第一，一定程度上反映了消费者的社会地位，并因此影响其消费心理。可以设想，一位地位很高、坐着专用小汽车的人，不大可能会坐在街头大排档点小吃，即使个体消费者有此欲望，也由于同人的干预或担心他人的看法或自尊心的需要等，将此种欲望压抑起来。第二，影响消费者的社会交往（包括交往对象、交往方式等），迫使其消费心理发生变化。在现实生活中，人们通常是按照自己地位来选择交往对象的。换言之，每个人交往的对象往往是和他同类型、整体状况相似的人。一旦和其角色不同的对象交往，其消费心理将发生显著变化。比如，在礼仪交往上，当角色相仿时，交往双方心理处于平衡状态；然而当一方比另一方地位高或低时，其消费心理则产生不平衡，这从相互间赠送礼品的质和量就可窥见一斑。第三，由于在同一个社会，人可能同属于多个群体，角色具有多样性，而不同角色又具有不同的角色规范，因而在行为过程中往往形成多重角色矛盾，导致角色冲突，进而影响消费心理。当一个消费者欲改变传统的消费习惯，则必然与其在传统消费习惯下已有的角色规范产生冲突，因此他可能既不依据已有习惯了的消费心理进行角色活动，也不按新的行为规范进行角色活动，这就会在行为过程中表现出犹豫不决的矛盾心理。在现实生活中最为常见的就是个体消费者在购物时表现出的极为矛盾的心理。比如年轻的女教师在着装方面，作为女性有求美求新、时尚的消费心理，但又受其角色影响，产生角色矛盾，体现在消费行为上则为犹豫不决。

2. 榜样群体对个体消费者心理的影响

榜样群体是依据个体消费者对群体所持态度而形成的，专指被个体消费者用以指导自己消费行为的群体，是个体消费者心目中的偶像。它既可以是几人组成的小群体，也可以是政党、社会团体等大群体，对它的选择完全取决于个体消费者的主观意志。它对消费者心理产生经常性的直接影响，并通过信息传递来实现这种影响。在现实生活中，追求时髦、追赶消费风潮的"追星族"等消费现象就是榜样群体对消费心理影响的典型表现。一般情况下，一旦榜样群体中产生了新的消费行为或消费倾向，其他消费者便通过纵横交错的各种信息渠道获取信息并极力效仿。由于对榜样群体的选择受个体消费者主观因素的影响，人们尤其是年轻的一代，他们的判断能力、审美能力、鉴别能力等存在着差异，因此在模仿榜样群体的行为活动过程中，也表现出较大的选择的主观性、行为的盲目性、心理的趋同性以及个性的差异性，由此形成了色彩斑斓的消费市场。

3. 群体规范和压力对个体消费者心理的影响

任何一个群体都有一定的规范，即有自己的规章制度。它是群体以约定俗成的非正式或共同商定的正式形式确定的行为准则，但多数是约定俗成的标准，而且在通常场合下，个体消费者会自觉遵守这种群体规范，使个体行为符合群体规范。群体规范对个体消费者心理往往产生助长、助弱、从众、社会顾虑倾向等作用，使消费者行为发生变化，而群体规范对消费者心理影响的实施则主要通过群体的内在一致性、屈从一致性、信息一致性、鉴别一致性等手段。第一，群体规范转化为一种无形的心理压力，迫使群体内部各个个体消费者按照一定的规范进行自己的消费活动。在这种情况下，个体消费者原来所固有的某些消费心理就会受到抑制，代之以群体规范范围内的新的消费心理，以此求得与群体的一致，即屈从一致性。比如，创业时期以提倡节约、反对铺张浪费作为群体规范，这对经济条件好的消费者无疑是一种约束，使他们原有的求名、求美、求新等消费心理或被强行改变，或压抑于隐性状态，努力使自己和群体的消费心理与消费行为尽可能一致，以避免自己承受群体压力，或成为众矢之的。又如现代人情消费不断升级，这对众多的消费者无疑是一个沉重的思想包袱和经济负担，然而由于受所属群体的约定俗成的规范制约，为和群体成员保持一致，产生了从众行为。这种从众行为并非己愿，于是便出现极为矛盾的心理。若为之，自己承受经济重压；若不为之，内心又承受一种无形的压力，担心他人会如何看待自己，但此种压力相对于经济压力而言要大得多。第二，当群体规范顺应个体消费者的心理特点时，个体消费者会产生安全感，其内心也处于平静状态，行为上表现出乐观、自信，其原有的消费心理随之进一步强化；当群体规范与个体消费者心理不相符时，个体消费者便会产生危机感，原有的消费心理迅速发生变化，或积极迎合或逆反抵抗，呈现出极为复杂的消费心态。当这种现象多次出现在消费行为过程中时，个体消费者就会失去消费的自信，进而产生强烈的自卑感，以至于伤害身心健康。

4. 信息沟通对个体消费者心理的影响

任何群体都离不开信息沟通，信息沟通对一个群体的存在和作用发挥具有生死攸关的意义。处于信息高速传递的时代，其沟通有内部沟通和外部沟通两种形式。虽然信息沟通本身无论哪一种形式对个体消费者心理都没有影响，但信息沟通的内容及其效益却对个体消费者的心理变化有着重要作用，其中群体内部信息沟通尤甚。群体内部的信息主要包括消费者行为的信息、消费者态度的信息等，这些内容无不与群体内其他个体消费者的心理及行为相关联。特别是在初级群体内部，一个消费者的行为和态度必将引起其他消费者的关注，并借以指导其自身行为，甚至成为其他消费者刻意模仿或参照的对象。比如，在家庭这样一个初级群体中，父母的消费行为会对孩子产生重要的影响，成为其刻意模仿或参照的对象。这里信息沟通的及时性和时效性是影响消费者心理的重要因素。由于消费者普遍存在着求美、求新、求奇、求实、求廉、求好、自尊等心理，因而任何一则有价值或对其有利的信息，都能引起众多消费者的兴趣，激发消费需求和动机，并在其他成员的影响下，实现消费行为。

因此信息沟通得是否及时,信息是否具有一定的时效,信息是否领导时代潮流,对消费者就显得更加重要了。

消费群体的带动效应：克努特的明星效应

人们对客观事物的认识总是根据事物能否满足自己需要而产生一定的态度,同时产生一种态度的体验,这就是情感过程。社会群体之间的情感相互影响,甚至会产生"明星效应"。图8.2为小北极熊克努特在德国柏林动物园玩耍。克努特是德国动物园30多年来首只人工喂养成活的北极熊。命运多舛的它成为近来人们关注的焦点。克努特的"明星效应"带来了众多商机。它不仅给柏林动物园带来了众多游客,柏林动物园的股票也在德国证交所一路攀升。作为德国动物园30多年来首只人工喂养成活的北极熊,克努特悲惨的身世和娇滴滴的外表使它成为人们的新宠,各国媒体争相报道,游人络绎不绝。为满足人们进一步了解克努特的愿望,克努特目前居住的柏林动物园还向公众展示关于克努特的儿童图书。

图8.2　小北极熊克努特在德国柏林动物园玩耍

思考：人们为什么会如此喜爱一只北极熊呢？在克努特成为柏林动物园的品牌标志的背后,是什么消费心理在起作用？

　相关知识点

　参照群体及其对消费者心理的影响

> ● **参照群体**：参照群体实际上是个体在形成其购买或消费决策时,用以作为参照、比较的个人或群体。
>
> ● 参照群体的类型 $\begin{cases} 正面参照群体 \\ 反面参照群体 \end{cases}$
>
> ● 参照群体效应体现 $\begin{cases} 名人效应 \\ 专家效应 \\ "普通人"效应 \\ 经理型代言人 \end{cases}$

一、参照群体的概念

（一）参照群体的概念

参照群体又称相关群体、榜样群体，实际上是个体在形成其购买或消费决策时，用以作为参照、比较的个人或群体。如同从行为科学里借用的其他概念一样，参照群体的含义也在随着时代的变化而变化。参照群体最初是指家庭、朋友等个体与之具有直接互动的群体，但现在它不仅包括了这些具有互动基础的群体，而且也涵盖了与个体没有直接面对面接触但对个体行为产生影响的个人和群体。

（二）参照群体的类型

根据我们是否是其中的成员，可以把参照群体分为"隶属参照群体"（我们是其中的一员）和"非隶属参照群体"（我们不是其中的一员）两类。根据情感吸引力和吸引方向，可以把参照群体划分成"正面参照群体"和"反面参照群体"两类。把这两种标准合并起来，就得出 4 类参照群体：回避性参照群体（反面、非隶属），渴望性参照群体（正面、非隶属），否认性参照群体（反面、隶属），接触性参照群体（正面、隶属）。

所谓**回避性参照群体**，指的是我们不具有其成员身份并力图回避的群体。比如，乞丐对于一个体面的人来说，就属于回避性参照群体。这种群体不会对我们的态度和行为取向起示范作用，相反，它反衬出我们的体面身份，唤起我们的优越感。在消费方面，这种群体的作用在于从反面的角度唤起我们消费的荣耀感和满足感。正因为如此，"比上不足"导致的心理失衡，可以通过"比下有余"来重新获得平衡。

否认性参照群体是客观上我们是其中的一员，主观上我们却力图否认自己归属其中。比如，一个假释犯可能不愿在他人面前公开显示自己的罪犯身份。在消费上，许多身处社会底层或边缘的人，常常会通过模仿地位比他们更高的群体和阶层的消费行为，来掩盖自己的真实身份。他们的消费，事实上是认同危机的体现。

所谓**接触性参照群体**，指的是我们隶属其中并在主观上认同它、与之频繁接触的群体。在这里，根据接触强度不同，该群体还可以进一步分为强接触性参照群体（比如亲朋好友）和弱接触性参照群体。接触性参照群体对我们的消费有十分明显的影响。首先，接触性参照群体在相互交往中传播了有关消费产品的信息，从而影响到人们的消费选择和购物。其次，接触性参照群体成为影响其成员的消费情趣、品位和偏好的途径，导致群体内部的消费趋同现象，同时也造成群体之间（比如，青年与老年之间、男人与女人之间、白领和蓝领之间、城镇居民和乡村居民之间等）的消费行为差异。最后，接触性参照群体也成为其成员的消费行为的评判人，并构成个体消费行为的群体压力。

渴望性参照群体是那种我们不具有成员身份却渴望加入或仿效的群体。在追随者看来，渴望性参照群体具有比他们更高的社会地位、声誉或品位，是他们心目中的偶像和行为模特。因此，该群体在消费上对其追随者具有示范和影响作用。比如，影视体育明星对于追星族来说，就是渴望性参照群体，他们在消费上的一举一动都成为追星族的模仿对象。正是由于他们的影响作用，产品广告往往选择明星人物作为其形象代言人。再如，高收入阶层可以成为其他收入阶层的渴望性参照群体。他们在别墅、轿车、国际旅游、高尔夫球、名贵服装等项目上的消费，就对中等收入阶层产生了强烈的示范效应。

（三）影响消费者的主要参照群体

1. 家庭成员

这是消费者最重要的参照群体，它包括了消费者的血缘家庭和婚姻家庭的成员。家庭成员的个性、价值观以及成员之间的相互影响，形成了一个家庭的整体风格、价值观念和生活方式，从而对消费者行为起着直接的影响作用。家庭的影响将在下一节详细论述。

2. 同学、同事

由于长时间共同学习或在同一组织机构中合作共事，消费者常常受到来自同学或同事的影响。

3. 社区邻居

我国消费者受传统习俗的影响，比较注重邻里关系，尤其是居住条件比较拥挤的居民，邻里往来更为密切。在消费活动中，左邻右舍的消费倾向、价值评价、选择标准等，往往成为人们重要的参照依据。

4. 亲戚朋友

这也是影响消费者行为的主要参照群体。在某些情况下，由于具有共同的价值取向，朋友的看法往往更具有说服力。

5. 社会团体

各种正式和非正式的社会团体，比如党派、教会、书法协会、健身俱乐部等，也在一定程度上影响着消费者的购买行为。

6. 名人专家

比如，政界要人、专家学者、影视明星、优秀运动员、著名作家，以及那些受到人们崇拜和爱戴的权威人士，都可能成为消费者的参照群体。

二、参照群体的心理作用机制

参照群体对消费者行为的影响是在一定心理机制的作用下发生的。具体作用形式包括以下方面。

1. 模仿

模仿是指个人受非控制的社会刺激引起的一种行为反应，这种行为反应能够再现他人特定的外部特征和行为方式。研究表明，消费者之所以发生模仿行为，是由于人的本能、先天倾向以及社会生活中榜样影响的结果。在榜样的影响下，消费者不仅模仿到某种行为方式，而且会形成共同的心理倾向，从而表现出消费观念、兴趣偏好和态度倾向的一致性。

2. 提示

提示又称暗示，是在无对抗条件下，用含蓄间接的方法对人们的心理和行为产生影响，从而使人们按照一定的方式去行动，并使其思想、行为与提示者的意志相符合。影响提示作用的最主要因素是提示者的数目。只要众多提示者保持一致，就会形成一种强大的驱动力量，推动引导个人行为服从群体行为。

3. 情绪感染与循环反应

情绪感染是情绪反应最主要的机制之一。它的作用表现为一个循环过程。在这一过程中，别人的情绪会在个人心理上引起同样的情绪，而这种情绪又会加强他人的情绪，从而形成情绪感染的循环反应。群体行为即是循环反应的结果。循环反应强调群体内部成员之间的互动。因此,群体气氛、群体中的价值观念、行为规范等,都会直接影响每个成员的思想、态度和行为。

4. 行为感染与群体促进

个人虽然已经形成某种固定的行为模式,但在群体条件下,由于群体规范和群体压力的作用,会使某些符合群体要求的个人行为得到表现和强化,而一些不符合群体要求的行为则受到否定和抑制。为了减少来自群体的心理压力,个人必须服从群体的要求,被群体行为所感染。

5. 认同

认同是一种感情的移入过程,是指个人在社会交往中,被他人同化或同化他人。任何群体都有为多数成员共同遵从的目标和价值追求。个人作为群体内部的成员之一,在与其他成员的互动交往中,会受到这一共同目标和认识的影响,从而产生认同感。认同感往往通过潜移默化的方式发生作用,使人们的认识和行动趋于一致。

参照群体对个体影响力的大小主要取决于消费产品时引人注意的程度,它包括以下两个方面。

(1)产品是生活必需品还是奢侈品。这时参照群体的影响表现在产品的选择上,家庭日用消费者的选择通常不受参照群体的影响。对于只有少数人拥有的奢侈品,比如,汽车、高档服装等,购买者的选择通常要受参照群体的影响,而且有时影响力是很大的。比如朋友或家庭对购买汽车等大件的影响是相当大的。

(2)产品是在公共场合还是在私人场合消费。这时参照群体的影响表现在品牌的选择上,在私人场合、家庭场合消费的产品,比如电脑、冰箱、微波炉等的参照群体的影响力小;在公共场合消费的产品,比如私人轿车、名牌服装等的参照群体的影响力大。

市场营销者在其促销活动中应该考虑其产品和品牌受参照群体影响力的大小。如果参照群体对产品和品牌的影响力较小,营销重点特别是广告诉求应该强调产品的性能、价值,以实际利益吸引消费者,比如洗衣粉。如果参照群体的影响强烈,则在营销中,特别是广告诉求应该多借助群体中的意见领袖和明星的力量,比如高尔夫球俱乐部。

三、参照群体对消费者的影响

(一)参照群体的3种影响方式

1. 信息影响

参照群体不断向消费者传递一些消费信息,消费者会将这些信息作为重要的参考依据,最终影响其消费行为。参照群体的信息影响程度取决于被影响者与群体成员的相似性,以及施加影响的群体成员的专长性。

2. 规范影响

规范影响是指群体要求成员遵守的规范对消费者产生的影响。参照群体能产生这种影响的前提是参照群体能给予消费者某种奖赏或惩罚;参照群体的行为是明确可知的;消费者有得到奖赏或避免惩罚的愿望。因而,遵从参照群体的规范要求就成为被影响者的主动行为。

3. 价值表现影响

每个参照群体都有一定的价值观和文化内涵。大多数消费者都希望在维持自我的同时被社会所认同,因而会按照一定群体的价值观和其他各种习惯、规范行事,从而实现社会认同的目标。一个群体能对消费者产生这种影响要有一定的前提，即消费者要能认同这个群体的价值观，并完全接受这个群体的规范。

（二）参照群体的影响程度

参照群体对消费者虽然具有重要影响，但不同消费者受参照群体影响的程度却有很大差别。现实中，参照群体对消费者影响力的大小主要取决于以下因素。

1. 消费者的个性特征

消费者的个性不同，受参照群体的影响程度也显著不同。一般来说，自信心强、善于独立思考、做事有主见、具有较强分析判断能力的消费者，受参照群体的影响较小；相反，习惯依赖他人、做事缺乏主见、优柔寡断的消费者，往往受参照群体的影响较深。

2. 消费者的自我形象

每个消费者的内心深处都有自己设定的自我形象，其中既包括实际的自我形象，也包括理想的自我形象。实际生活中，每个参照群体都有其独特的价值观、行为准则与消费特征。当它们符合消费者的自我形象时，就会使消费者对该群体产生强烈的认同感，把它视为塑造自我形象的一个榜样群体。

3. 消费者选购商品的类型

国外有学者认为，参照群体对消费者选购不同类型商品的影响程度的不同可以从两方面说明。一方面是商品被别人认知的程度，即自己使用这种商品能否引起别人的重视，这个产品的品牌能否被别人识别，由此将商品分为大众性商品和私人化商品。另一方面是消费者对商品的需求强度，由此将商品分为必需品和奢侈品。

由于具体国情不同，有些在国外被认为是必需品的商品在我国可能是奢侈品。因此，在分析我国参照群体对消费者选购商品的影响程度时要结合实际进行。

四、参照群体的效应体现

（一）名人效应

名人或公众人物，比如影视明星、歌星和体育明星，作为参照群体对公众尤其是对崇拜他们的受众具有巨大的影响力和感召力。对很多人来说，名人代表了一种理想化的生活模式。正因为如此，企业花巨额费用聘请名人来促销产品。研究发现，用名人做支持的广告较不用名人的广告评价更正面和积极，这一点在青少年群体上体现得更为明显。运用名人效应的方式多种多样。比如可以用名人作为产品或公司代言人，即将名人与产品或公司联系起来，使其在媒体上频频亮相；也可以用名人做证词广告，即在广告中引述广告产品或服务的优点和长处，或介绍其使用该产品或服务的体验；还可以采用将名人的名字使用于产品或包装上等做法。

（二）专家效应

专家是指在某一专业领域受过专门训练、具有专门知识、经验和特长的人。医生、律师、营养学家等均是各自领域的专家。专家所具有的丰富知识和经验，使其在介绍、推荐产品与服务时较一般人更具权威性，从而产生专家所特有的公信力和影响力。当然，在运用专家效应时，一方面应注意法律的限制，比如有的国家不允许医生为药品做证词广告；另一方面，应避免公众对专家的公正性和客观性产生质疑。

（三）"普通人"效应

运用满意顾客的证词证言来宣传企业的产品,是广告中常用的方法之一。由于出现在荧屏上或画面上的证人或代言人是和潜在顾客一样的普通消费者,这会使受众感到亲近,从而使广告诉求更容易引起共鸣。像宝洁公司、北京大宝化妆品公司都曾运用过"普通人"证词广告,应当说效果还是不错的。还有一些公司在电视广告中展示普通消费者或普通家庭如何用广告中的产品解决其遇到的问题,如何从产品的消费中获得乐趣等。由于这类广告贴近消费者,反映了消费者的现实生活,因此,它们可能更容易获得认可。

（四）经理型代言人

自 20 世纪 70 年代以来,越来越多的企业在广告中用公司总裁或总经理做代言人。比如,克莱斯勒汽车公司的老总李·艾柯卡(Lee Iacocca)在广告中对消费者极尽劝说,获得很大成功。同样,像雷明顿(Remington)公司的老总维克多·凯恩(Victor Kiam)、马休特连锁旅店的老总比尔·马休特均在广告中促销其产品。我国广西三金药业集团公司在其生产的桂林西瓜霜上使用公司总经理和产品发明人邹节明的名字和图像,也是这种经理型代言人的运用。

任务项目3

不同群体的把握：女性消费者的消费心理

现在在互联网上风靡的淘宝网,每天仍在展开着数十万数百万的生意准备。要是你细心考察的话,那些为其疯狂买单的均为妙龄女性,具有正当职业,从高报酬的金领到平常报酬的小白领,都在疯狂地选购着本人看中的商品,不管用不用得上,只要鼠标一点,几百大洋就划到了卖家卡里。你可能会纳闷,那些商品摸不着,触不到,为什么就能在一瞬间达成生意呢？达成生意后,就是守候快递。平常在两至三天内,全国各地的买家都会收到本人的商品。要是此刻你恰巧在她身边的话,你会发现拿到商品的她此刻已经黯然变色。不是因为商品本身有什么偏差,而是她推断的脑海中的画面和现实有不小的距离。但是她也会买单。因为,这种购买习惯已经习以为常,她不会后悔。转头还会笑嘻嘻地给买家一个好评。互联网给我们一个更好的方式去近距离考察我们的女性消费者,你会发现很多想都想不到的新奇现象。

那些让她们疯狂的原因你要是还没有看出来的话,那你就不是一个合格的营销人,起码不是一个敏锐的营销人。

每个人心中都有本人的心灵花园,那里有人们对世界对生活最美好、最不合实际的梦境和欲望。这种潜伏在人们内心的不合实际的想象,恰巧能够协助人们常保企求,给予动力。就像一个女孩,小时候,她想要一套公主裙,而有几个人小时候就能穿上本人的梦想中的公主裙呢？她只能采集漫画书里的公主画。长大了一些,开始梦想童话里的爱情,但是同样没有几个人能够幸运拥有,就算拥有也无法和她心中想象的一样。于是那些电视剧里完美演绎的爱情故事让她们痴迷,会钦慕编造出来的男主角,这都是因为那些临近她们心中的欲望,甚至多出。拿时装来讲吧,你知道她对时装最美的想象是什么,然后你去把她的想象图像化,演绎出来,激起她内心所有潜在起来的盼头,就算是编造,她也会买单。因为就算梦想和现实存在距离,只要曾经临近过,就值得付出。

曾经有个哲学家说过,那些永久不衰的事业是那些实质上能够给人带来快活和甜美的事业。细细品味,你大概就会明白其中之意了。

思考:为什么人们常说女人的钱最好赚? 女性购物有什么特殊心理?

 不同年龄群体的消费心理特点

- 不同年龄消费群体 {儿童消费群体 青少年消费群体 中年消费群体 老年消费群体

- 不同性别群体 {女性消费群体 男性消费群体

- 不同职业群体 {农民消费群体 蓝领消费群体

一、不同年龄群体人群的心理特点

（一）儿童消费群体的心理特点

从出生婴儿到11岁的儿童,受一系列外部环境因素的影响,他们的消费心理和消费行为变化幅度最大。这种变化在不同的年龄阶段表现得最为明显,即乳婴期(0~3岁)、学前期(3~6岁,又称幼儿期)和学初期(6~11岁,又称童年期)。在这3个阶段中,儿童的心理与行为会出现3次较大的质的飞跃,表现在心理上,逐渐有了认识能力、意识倾向、学习、兴趣、爱好、意志、情绪等心理品质;学会了在感知和思维的基础上解决简单的问题;行为方式上也逐渐从被动转为主动。这种心理与行为特征在消费者活动中表现为以下几种情况。

1. 从纯生理性需要逐渐发展为带有社会性的需要

儿童在婴幼儿时期,消费需要主要表现为生理性的,且纯粹由他人帮助完成的特点。随着年龄的增长,儿童对外界环境刺激的反应日益敏感,消费需要从本能发展为自我意识加入的社会需要。四五岁的儿童学会了比较,年龄越大,这种比较越深刻。然而,这时的儿童仅是商品和服务的使用者,而很少成为直接购买者。处于幼儿区、学初期的儿童,已经具有一定的购买意识,并对父母的购买决策发生影响。有的还可以单独购买某些简单商品,即购买行为由完全依赖型向半依赖型转化。

2. 从模仿性消费发展为带有个性特点的消费

儿童的模仿性非常强，尤其在学前期，对于其他同龄儿童的消费行为往往有强烈的模仿欲望。随着年龄的增长，这种模仿性消费逐渐被有个性特点的消费所代替，购买行为也开始有了一定的目标和意向，比如自己的玩具用品一定要好于其他同龄儿童。

3. 消费情绪从不稳定发展到比较稳定

儿童的消费情绪极不稳定，易受他人感染，易变化，这种心理特性在学前期表现得尤为突出。随着年龄的增长，儿童接触社会环境的机会增多，有了集体生活的锻炼，意志得到增强，消费情绪逐渐趋于稳定。总之，儿童的消费心理多处于感情支配阶段，购买行为以依赖型为主，但有影响父母购买决策的倾向。

(二) 青少年消费群体的心理特点

1. 青少年的购物行为与追求时尚、突出个性相关

女生的选择标准从多到少依次是舒适、无所谓、名牌；男生的选择标准依次是舒适、与众不同、无所谓、名牌。男女生的选择标准有一些差异。女生对于是否是名牌并不在乎，但她们对于"舒适"的理解包含了"穿出自己的风格"。对她们来说，买名牌就等同于买了相同的款式，不一定就适合自己，不一定能体现自己的风格。男生对于"舒适"的要求很高，因为不但要便于运动，而且能体现活力。他们更加希望通过"与众不同"来展现自己的特色，来体会"酷"的感觉。对于"名牌"商品，他们看重了产品的好质量和舒适感。尽管男生和女生对于每个标准的理解不同，但是他们希望与众不同，求新、求变。由于青少年追求新颖和独特，他们就会去能满足需要的专卖店、百货商店以及各种特色店购买能展现他们风格的衣物。

2. 青少年的购物行为与媒体宣传相关

在现今社会，对青少年影响最大的是明星偶像和大众传播媒体的宣传，可是他们对明星的崇拜是理智的，他们不是一味地模仿，而是根据自己的特点和喜好选择适合自己的，可以用"有个性"来形容现在的青少年。这种个性体现在以下几个方面。第一，他们对"酷"的理解虽然并不完全，但是他们至少意识到那是一种适合某个人的"酷"。第二，他们所追求的"与众不同"不是模仿别人获得的，而是自己去创造搭配的，是适合自己并且能展现自己的一种"与众不同"。第三，他们对于"酷"的追求是比较理智的，因为他们还是在乎社会文化、时代背景、他人的评价等因素的。总之，他们对美的追求、对"与众不同"的理解包含了以下 3 句话——"适合我"、"展现我"、"我就是我"。因此，青少年追求的"个性"并不能与另类、稀奇古怪等同，他们的"个性"是一种独一无二的自我。

3. 青少年的购物行为有自己的个性

青少年仍然受到流行趋势的影响，但是他们能将新的和旧的衣服搭配起来穿，能分辨并找到适合自己的，而不是一味盲从。结合影响青少年的因素和衣物更换频率这两题来看，流行对青少年的影响是存在的，青少年也无法抵挡日新月异、推陈出新的新款式、新色彩的诱惑。他们对于时尚的追求既有情感的一面，又有理智的一面。从情感上说，他们最容易表达追求时尚的愿望。从理智上说，他们欣赏时尚的同时能够找出适合自己的，他们追求时尚的同时能够抓住时尚变化的命脉，装扮出富有"个性"的自我。

青少年的消费心理有以下特征。

(1) 追求新颖时尚。青少年大多思想解放，富于幻想，容易接受新事物，喜欢猎奇。他们购买的商品要求"新、奇、美"，然后才是实用，他们往往是某些新产品的首批购买者和消费

带头人。为了追求时新,他们也会去模仿所崇拜的明星,他们之间也会相互观察、议论和模仿,使其在消费流行中尽量赶在前头。

(2)追求个性化。青少年的自我意识加强了,有他们自己的性格、志向、兴趣等,他们在各类活动中都会有意无意地表现他们的特殊性。因此,青少年不仅是追新逐异,而且要求在消费中反映他们的个性,喜欢购买能反映其个性的商品。当然,单个商品是很难反映各类青少年的不同个性的,因此青少年是在他们全部消费活动中来表现其个性的。为了在消费活动中反映自己的个性,他们就不只是对名人、明星进行模仿或简单地猎奇,还必须有独创性,因此他们在消费上的学习方式是多样化的。

(3)注重感情和直觉,冲动性购买色彩浓烈。青少年虽然已有较强的思维能力,决策能力,但仍然容易感情用事。他们特别看重商品的外形、款式、颜色、牌子和商标。当直觉告诉他们商品是好的,他们就会产生积极的感情,从而迅速作出购买决策,非买到不可。至于商品的内在质量、价格、是否会很快过时等问题就较少考虑了。

(三)中年消费群体

中年时期为31～60岁,这阶段的消费者是一个人数最庞大的消费群体,同时也是一个消费能力极强但又具有自我压抑特征的群体。在我国,中年人上有老下有小,经济负担较重,虽然经济收入较高,但直接用于自己的支出并不多,表现出明显的自我压抑倾向。同时,由于中年消费者的子女尚未独立,而父母又步入老年行列,所以中年消费者一般是家庭商品的购买者和决策者。中年的消费有以下特点。

(1)购买时,注重商品的实用性、价格及外观的统一。中年人购物时不像年轻人那样注重时尚和浪漫,而是更多地关注商品的实际效用、合理的价格和简洁大方的外观。

(2)理性消费远超过情绪性消费,计划消费远超过冲动性消费。

(3)尊重传统,较为保守,对新产品缺乏足够的热情;注重商品使用的便利性,倾向于购买能减轻家务劳动时间或提高工作效率的产品;消费需求稳定而集中,自我消费呈压抑状态。

(四)老年消费群体

随着年龄的增加,老年人的消费经验也不断地增加,哪些商品最能满足自己的需要他们心中有数,因此他们会多家选择,充分考虑各种因素,购买自己满意的商品。他们通过反复购买、使用某种商品,对这种商品有着较为深刻的印象,逐渐形成固定不变的消费习惯和购买习惯,且不会轻易改变这种习惯。老年人的习惯购买心理还表现在:对于不了解的商品不轻易采用,极少发生冲动性购买。而随着生活水平的提高和社会发展的进步,现在的老年消费者已不是我们想象中的那种只求价格便宜的消费者了。他们在购买商品时会考虑各方面的因素,价格只是他们考虑的因素之一。

老年消费者把商品的实用性作为购买商品的第一目的性。他们强调质量可靠、方便实用、经济合理、舒适安全。至于商品的品牌、款式、颜色和包装,是放在第二位考虑的。我国现阶段的老年消费者经历过较长一段时间的并不富裕的生活,他们生活一般都很节俭,价格便宜对于他们选择商品有一定的吸引力。但是随着人们生活的改善,收入水平的提高,以及我国形成的买方市场下的"过剩经济",老年消费者在购买商品时也不是一味追求低价格,品质和实用性才是他们考虑的主要因素。

老年消耗者有补偿性消费动机。在子女成人独立,经济负担减轻之后,一些老年消费者试图进行补偿性消费。一些老年消费者试图随时寻找机会补偿过去因条件限制未能实现的消费欲望。他们在美容美发、穿着打扮、营养食品、健身娱乐、旅游观光等方面,同样有着强烈的消费兴趣。说起玩具,许多人自然联想到孩子。其实玩具并不是儿童的专利。心理学家认为,赋闲在家的老年人都有一种回归童真的倾向。西方发达国家针对成年人和老年人研制开发的玩具,已逐渐成为玩具市场的热点。

老年人消费的心理特征包括以下几点。

(1)在购买方式的选择上,老年消费者多数选择在大商场和离家较近的商店购买。这是因为大商场所提供的商品一般在质量上可以得到保障,而且在购物环境和服务方面也有较大优势。老年消费者的体力相对以前有所下降,他们希望能够在比较近的地方买到自己满意的商品,并且希望能够得到周到的服务,比如商品咨询、导购服务、运行较慢的自动扶手电梯、舒适的休息环境等。

在专卖店和连锁店购买商品的老年消费者也占有一定的比例,甚至还有极少一部分老年消费者会通过电视直销和电话购物购买商品。这说明随着我国市场经济的不断发展,人们的消费行为也在不断地改变。不仅是青年人的消费行为在改变,而且有相当一部分老年消费者的消费行为也在随着时代的变迁而改变,他们对于一些较新的购物方式都表现出一定的适应能力。因此,在对老年消费者销售商品的时候可以采取多种方式。

(2)在购物的陪伴方式上,因为老年人大多害怕寂寞,而其子女由于工作等原因闲暇时间较少,所以老年消费者多选择与老伴和同龄人一道出门购物。老年人之间有共同话题,在购买商品时也可以互相参考、出谋划策,他们对于哪些商品适合老年人比较了解。这就说明,影响老年消费者购买行为的相关群体主要还是老年人。

(3)老年消费者对广告的依赖程度一般,并且由于一些虚假广告的负面影响,使一部分老年消费者对广告产生了反感情绪。由于老年消费者心理成熟、经验丰富,他们一般相信通过多家选择和仔细判断就能选出自己满意的商品。当然老年消费者还是希望通过广告了解一些商品的性能和特点,并以此为依据选择某些商品,但是要尽量避免夸大性和虚假的广告。

二、性别群体的消费心理特点

(一)女性消费群体

女性消费群体感情丰富、热情细腻,好交际、注意力集中,机械记忆能力强,联想丰富,一般都很爱美。女性在消费市场中的地位比较特殊,她们不仅对自己所需的消费品进行购买决策,而且也是家庭用品的主要购买者。在家庭中,她们同时承担着母亲、女儿、妻子等角色,她们也是绝大多数儿童用品、老年用品和男性用品的购买者。

购买家庭耐用消费品时,女性作为主要决策者的比例呈逐年上升的趋势。2003年,已有近40%的女性成为家庭耐用消费品购买的主要决策者。女性的家庭/事业观较男性更多地偏重于家庭。因此,女性往往更愿意付出时间和精力致力于建立一个理想的家庭,营造一个舒适的生活氛围。这就要求女性不仅要关心柴米油盐这些家庭日常生活用品,也要关心冰箱、彩电,甚至家用汽车、家庭住宅等这些家庭耐用品。由此可知,女性日益成为购买家庭耐用消费品的主要决策者是必然的结果。

（二）女性消费者的心理特征分析

1．女性消费者数量庞大，是大多数购买行为的主体

据统计，我国女性消费者占全国人口的 48.7%，其中在消费过程中有较大影响的是 20~54 岁的女性，约占人口总数的 21%。女性消费者不仅人数众多，而且在购买活动中起着特殊的重要作用。她们不仅为自己购买所需商品，而且由于在家庭中承担了女儿、妻子、母亲、主妇等多种角色，因而也是大多数儿童用品、男性用品、老人用品和家庭用品的主要购买者。

2．购买商品挑剔，选择性强

由于女性消费品品种繁多，弹性较大，加之女性特有的细腻、认真，因而她们对商品的选择挑剔程度较男性高。另外，女性通常具有较强的表达能力、感染能力和传播能力，善于通过说服、劝告、传话等方式对周围其他消费者发生影响。

3．注重商品的外观和感性特征

男性消费者购买商品时，较多地注重商品的功能和效用，而女性消费者购买的主要是日常生活用品，比如服装、鞋帽等，因而对其外观形象、感性特征等较重视，往往在某种情绪或情感的驱动下产生购买欲望。这里导致情绪、情感萌生的原因是多方面的，比如商品名称、款式色彩、包装装潢、环境气氛等都可以使女性萌发购买欲望，甚至产生冲动性购买行为。在给丈夫、子女和父母购买商品时，这种感性色彩更加强烈。

4．注重商品的实用性和具体利益

由于女性消费者在家庭中的作用和家务劳动的经验，使她们对商品的关注角度与男性大不相同。表现为对商品的实际效用和具体利益要求强烈，特别是细微之处的优点，往往能迅速博得女性消费者的欢心，促成购买行为。

5．注重商品的便利性和生活的创造性

现代社会，中青年妇女的就业率很高，她们既要工作，又担负着大部分家务劳动，因此，她们对日常生活用品的便利性具有强烈的要求。每一种新的、能减轻家务劳动的便利性消费品，都能博得她们的青睐。同时，女性消费者对于生活中新的、富于创造性的事物，也充满热情，比如购置新款时装、布置新房间、烹调一道新菜等，以显示其创造性。

6．有较强的自我意识和自尊心

女性消费者有较强的自我意识和自尊心，对外界事物反应敏感。她们往往以选择的眼光、购买的内容及购买的标准来评价自己和别人。希望通过明智的、有效的消费活动来体现自我价值。即使作为旁观者，也愿意发表意见，并且希望被采纳，而对别人的否定意见不以为然。在购买活动中，营业员的表情、语调、介绍、评论等，都会影响女性消费者的自尊心，进而影响其购买行为。

鉴于女性消费者的上述心理与行为特征，企业在制定营销组合策略时，要迎合这些心理，采取适宜的措施。比如，商品的款式设计、色彩运用要注意诱发女性消费者的情感；商品的包装装潢要新颖趋时、细致方便；广告宣传要突出商品的实用性和具体利益，注意尊重其创造性。另外，企业的现场促销还应注意语言的规范性，讲究语言艺术，做到礼貌待客，尊重女性消费者，以赢得其好感。

女性对各类广告也比男性敏感。从媒体接触习惯上来说，女性更容易接受更生动和感性化的媒体，比如电视和杂志。而男性常会被一些理性的文字所吸引。女性更习惯于晚上待在家中,那么电视便会成为她们最易于也是最乐于接受的信息媒介,电视广告自然较平时受到更多女性的瞩目。

在商品价格上,女性较之男性更加相信"货比三家,价比三家"的道理。女性消费者往往会针对自己的生活需求进行谨慎的决策。决定购买后,通常还会比较几家商店的同类商品价格,经过一番斟酌比较后,往往会选择最便宜的商品。这个消费习惯似乎也是中国较为传统的消费习惯。女性的理财观念也更加传统,不愿承担过多的风险,这就注定了女性对花销更谨慎,对价格更敏感。这也从一个侧面证明了促销活动对女性购物决策的影响力会比较大。

(三)男性消费群体

男性消费者相对于女性来说,选购商品的范围较窄,通常多选购"硬性商品",重视理念,较重视阳刚气质。其特性有以下几点。

1. 重视实用性

男性消费者选购商品多为理念选购,不易受商品门脸、环境及他人的影响。重视商品的使用效果及质量,不太关注细节。

2. 选购商品有指定标准,迅速果断

男性的逻辑思维力强,并倾向通过杂志等媒体普遍搜集有关产品的信息,决策迅速。

3. 暴躁的自喜好胜心,购物不太重视产值问题

由于男性本身所具有的抗击性和成绩欲较强,所以男性购物时倾向置办高档产品,不愿斤斤计较,以防别人说自己量小或所购产品"不上档次"。在考虑性别时,有两点需注意。第一,商品的"性别属性",即商品本身的性别差别。第二,市场的"性别属性",即市场本身的性别差别。大多数商品,譬如说一张信用卡,其实是"中性"的,不是为男人或女人所专用。为一项"中性"商品制定行销策略,需要考虑市场的性别差别。

男性消费者购买动机的特点包括动机形成迅速、果断,具有较强的自信性,购买动机具有被动性,比如家里人的嘱咐,同事、朋友的委托,工作的需要等。动机的主动性、灵活性都比较差,购买动机感情色彩比较淡薄。当动机形成后,稳定性较好,其购买行为也比较有规律。男性消费者在购买某些商品上与女性的明显区别就是决策过程不易受感情支配。比如购买汽车,男性主要考虑商品的性能、质量、名牌、使用效果、转售价值和保修期限。如果上述条件符合他的要求,就会作出购买决策。而女性则喜欢从感情出发,对车子的外观式样、颜色严加挑剔,并以此形成自己对商品的好恶。

三、不同职业群体的消费心理特点

(一)农民消费群体

1. 实用性的消费动机较为普遍

就总体而言,我国大多数农民的消费水平还处于较低层次。与此相适应,注重商品的实用性成为农民消费者带有普遍性的主导动机。他们在选购商品时往往要求商品质量可靠、性能安全、经济耐用,而对商品的包装、造型、设计等外观因素并不过分看重。

2. 求廉动机较强烈

我国农民的平均收入水平较低,受其限制,在选购商品时,价格仍然是影响农民购买的首要因素。多数农民消费者对价格低廉的中低档、大众型商品表现出浓厚的兴趣。物美价

廉是他们选购商品的基本标准。

3. 储备性动机比较明显

我国农村地域广阔，各地交通运输状况、商业网点设置、发展水平极不平衡，加之农业生产特点造成的收入季节性差异，使得农民的购买行为带有集中性和储备性特点。此外，农村的建房、婚庆、丧事等活动需要大笔费用支出。这些都促成农民消费者在日常消费中抱有强烈的储备动机。

4. 受传统习俗的影响深刻

世代相传的传统习俗在广大农村有着深厚的作用基础和统御力量，从而对农民消费者的购买决策和行为具有深刻影响。

鉴于农民消费者的心理与行为特征，面对农村消费市场的企业应提供物美价廉、实用性强、适合当地传统习俗的商品，以便满足广大农村消费者的需要。

（二）农民消费的新趋势

近年来，随着社会主义市场经济的发展，我国农村市场发生了深刻变化，农民的消费行为也呈现出一系列新的特点。

1. 吃的方面

恩格尔系数（即食品消费支出占生活消费总支出的份额）有下降的趋势，主食消费下降，高能量、富有营养的副食消费上升。

2. 穿的方面

衣着的消费比重逐步下降，对棉布、化纤布、呢绒、绸缎等的需求平稳，中低档服装尤受欢迎，但对款式和花色的要求提高。高档服装的需求也有一定增长。

3. 用的方面

用品消费的比重在不断上升。由于近年来农村"建房热"持续降温，农民建房消费逐步转向用的消费。增长最快的是家用电器类，耐用消费品加快更新换代，对洗衣机、电视机、冰箱等需求旺盛。

4. 住的方面

尽管进入 20 世纪 90 年代以来，农村"建房热"持续降温，住房消费支出有所减少，但相对来说，对室内装潢用品的消费需求有增无减。

5. 行的方面

农民消费者已不再满足于拥有自行车，购买摩托车、机动三轮车甚至小型汽车的人数越来越多，他们对交通工具提出了更高的要求。这种消费趋向在一些经济发达地区已经比较明显。

农村消费在我国国民经济中一直占有举足轻重的地位。农村消费的重大转变，必将对消费市场，进而对国民经济的许多行业和企业及其生产结构、产品结构产生深刻影响，也必将给生产经营者带来大量商机。因此，生产经营企业应特别重视农民消费心理与行为的转变及发展趋势，在满足农民消费需求的同时，大力挖掘农村消费市场的潜力。

（三）蓝领消费群体

蓝领群体具体界定为：18～60 岁，参加过正规的职业培训，人均月收入在 3 000 元以下。他们和传统观念中的产业工人不同的是，现代蓝领的本质特征在于其具有统一的生产技能和职业规范,具有一定的组织化水平。蓝领比较典型的职业是高级技术工人、受过专门训练的推销员和售货员、服务规范化的出租司机与物流运输工人、具有高标准卫生条件约束下的厨艺人员等。

因为他们接受过职业技能培训,所以与无领相比,他们有比较稳定可观的收入和对品牌产品的较高需求,而 5 600 万的庞大基数又使得他们的总体消费能力大大超过白领。特别是近两年来,很多城市已经出现了蓝领就业机会明显高于白领就业机会、蓝领和白领的收入差距逐渐缩小的趋势。

从人口规模和消费能力来说,蓝领阶层是目前和未来中国市场中居于相对主导地位的重要消费群体之一。根据零点调查集团的研究,蓝领阶层中近 80% 的人人均月收入在 1 000元以上,70% 的蓝领家庭月收入在 3 000 元左右,多数蓝领家庭的经济状况已经达到了 2002年国家统计局公布的中等收入家庭水平。

单从经济收入的指标来看,蓝领阶层其实总体上已经是一个具备相当支付能力的群体。以手表产品类别为例,前进策略的研究人员根据调查结果推算,在未来一年内蓝领群体的手表消费潜量大约为 60.3 亿元,而白领仅为 15.5 亿元,蓝领在手表消费总量上的消费潜力要明显高于白领。

任务项目4

家庭群体的消费影响:新婚一族家庭消费——切忌懒人理财

汤颖是一家公司的文员,今年 31 岁,月平均收入 4 000 元。丈夫于阳在某电脑公司做营销工作,月平均收入 6 000 元。他们现有一套 90 m² 的产权住房,另外,有银行存款 20 万元,即将到期的国债 10 万元。

从家庭消费情况来看,两人能挣会花。不过,年收入 12 万元,每年才攒 18 000 元确实太少了,如果继续这么"潇洒"下去,将来只能坐吃山空了。

对于理财,汤女士和先生均属于"懒人"型。

夫妇俩发了工资一般不是存银行就是花掉,随机性较大,几乎没有任何家庭消费计划和理财规划。按说两人的收入不算低,但前几天两人静心回顾了一下从去年 7 月结婚以来家庭的大体收支以及理财收益情况,真是不算不知道,一算吓一跳,其结果让两人非常郁闷。张先生还编了句顺口溜对其结婚后的家庭消费理财自嘲:结余不足两万,收益更是可怜。

家庭消费的计划和安排在现代生活中显得越来越重要。《红楼梦》里的王熙凤和《大宅门》里的二奶奶,其实就是顶尖的财务规划师,可以把家庭生活的里里外外和生意中的方方面面打理得井井有条。丰富的生活常识和广博的社会经验,以及对人性多样性的准确把握,是家庭消费理财的必修功课。

思考:家庭购物决策结构是一成不变的吗?受到哪些因素的影响?

**相关知识点**

家庭与购买决策

家庭作为社会结构的基本细胞单位，与消费活动有着极为密切的关系。据统计，大约80％的购买决策与购买行为是由家庭控制和实施的。家庭不仅对其成员的消费观念、生活方式和消费习惯有重要影响，而且直接制约着消费支出的投向、购买决策的制定与实施。为此，有必要深入研究家庭对消费者行为的影响。

- 家庭消费群体构成
  - 核心家庭
  - 复合式家庭
  - 本原家庭
  - 生育家庭
  - 联合家庭和不完全家庭
- 家庭消费影响因素
  - 家庭人口数
  - 家庭收入
  - 家庭消费角色分工

一、构成类型与家庭生命周期

（一）家庭构成类型

家庭是指建立在婚姻关系、血缘关系或继承、收养关系的基础上，由夫妻和一定范围亲属结合组成的一种社会生活组织单位。家庭按其成员构成可分为以下几种类型。

1. 核心家庭

此即由夫妇或其中一方和未婚子女构成。

2. 复合式家庭

复合式家庭也称扩大的家庭，由核心家庭和其他亲属（如祖父母、叔伯姨舅、堂表兄妹等）组成，即中国式的三代或四代同堂的大家庭。

3. 本原家庭

本原家庭即人们出生或被养育的家庭，也就是父母或养育者的家庭。

4. 生育家庭

生育家庭即一个人结婚、生育后组建的家庭，它标志着一个新的独立消费单位的出现。

5. 联合家庭和不完全家庭

联合家庭指家庭中任何一代含有两对以上夫妻的家庭，如父母和两代或两代以上已婚子女组成的家庭或兄弟姐妹婚后不分家的家庭。不完全家庭指空巢、丁克和单亲等家庭。

（二）家庭生命周期

家庭生命发展周期是指大多数家庭所必经的历程。从家庭的组成开始到家庭消失，一个家庭一般来说要经历以下 5 个阶段:初婚期、生育期、满巢期、空巢期和鳏寡期。在不同阶段,家庭收入水平、生活方式都会不同,家庭成员的消费心理和消费行为也会不同。

1. 初婚期

初婚期指男女双方结婚登记成合法夫妻并建立家庭,到生下第一个子女的这段时期。

受传统观念的影响,我国大部分人家庭观念强烈,把结婚当成是人生的头等大事,不惜多年的积蓄也要把婚事操办得有声有色。这就形成了家庭组建之初的大规模突击性消费:室内装修、购买成套家具、品种齐全的家用电器、室内用品以及婚礼时的高档时装和大量食品。初婚期往往是一个家庭消费品的购买高潮期。

2. 生育期

生育期指第一个孩子出生到最后一个孩子长大成人这一个阶段。对于只生一个孩子的大多数家庭来说,将这个孩子抚养成人,即属于生育期阶段,这类家庭生育期短,有些家庭子女较多,家庭的生育期便相应延长。

孩子的出生在很大程度上改变了年轻夫妇的生活方式,可供自由支配的收入、闲暇的时间大大减少了。虽然这时家庭总收入可能有所上升,但养育孩子既费时又花钱,因而这一时期家庭整体消费水平较低。

3. 满巢期

满巢期指从子女陆续长大成人到他们另组家庭这一阶段。在子女多的家庭,生育期尚未结束,满巢期已到,因而满巢期不太明显。在子女少的家庭,满巢期可持续较长时间。

满巢期是家庭的鼎盛时期。这一时期,子女已长大成人并开始有一定的经济收入,已届中年的父母也基本上事业有成,收入颇丰。因而家庭总的收入处于最高峰,总的消费水平也很高,有能力共同购置高档大件商品。作为家庭核心成员的父母,这时已积累了丰富的生活经验和购买经验,他们的购买动机理智性强,多表现为经验型的购买。另外,在此阶段,子女已不再是完全被动的消费者,他们逐渐成熟,有能力参与商品的评价、选择及购买,甚至在有些家庭中,子女在满巢期成为家庭购买的主要决策者。

这一时期家庭支出主要有两个方面:满足整个家庭的消费需要;在满足现实需要的基础上开始为子女的结婚和生育进行家庭储蓄。

4. 空巢期

当子女成家立业之后,陆续从原来的家庭中分离组成新的家庭,形成一个新的消费单位,原来家庭中的人口数逐渐减少至只有父母两人,即形成家庭生命周期的空巢期。

这一时期,父母的总收入可能达到最高峰,同时家庭负担减轻,可自由支配的闲暇时间较多,因而这一时期家庭消费水平很高,消费结构也不断得到改善。大部分的家庭在这一时期又出现了一个类似初婚期的消费热潮,心理上正处于"第二次青春期"的父母希望补偿年轻时由于负担重而不能满足的愿望,于是夫妻结伴出去旅游、购置一些豪华商品、保健用品等。

5. 鳏寡期

这一时期开始于夫妻双方有一人死亡。在这一阶段,未亡的一方生活方式会发生较大变化,再加上心理上的变化、经济收入的减少,其消费行为必然会产生巨大变化。

在我国,赡养老人是一种传统美德。不少鳏寡老人同子女生活在一起,他们的消费行为受子女影响较大。

还有一部分老人单独生活,他们的消费行为受原有的消费习惯、个人兴趣爱好、现有收入水平等因素的影响。这一时期,老人的收入水平较低,用于医疗保健的必要支出较高,老人消费行为相当谨慎,大部分人的消费支出降到很低,余出的收入用于储蓄,以备不测。这一阶段,老人寻求安全保健及感情寄托的心理较强烈,消费支出除必要的衣食住行外,多集中于医疗、保健及一些消遣物品上。子女孝敬老人的商品大部分也是食品、保健用品及一些消遣用品。

二、家庭购买的角色分工与决策方式

（一）孩子成为小件个人商品的决策者,家庭大宗消费的影响者

孩子在传统家庭中的消费受到父母的绝对控制,他们的衣、食、玩、学等用品均由父母提供,但现代家庭观念中"子代偏重"和"文化反哺"的现象则使孩子在家庭消费中的地位有很大改变。这种改变突出反映在两个方面。

其一,孩子的消费在家庭中变得越来越重要,即便是一些家庭共用的大件消费品也往往以孩子的需求为中心,孩子在家长的购买考虑因素中已经占有非常重要的地位。根据零点调查在北京、上海、广州和武汉 4 个城市针对 425 个有 7～12 岁孩子的家庭进行的抽样调查,孩子的消费占据了家庭收入的 30％左右。而另一项有关家用轿车研究的数据则显示,"为了方便接送配偶、孩子"是家庭汽车消费的 4 个主要目的之一,其中 31～40 岁年龄组的人做这一选择的人数比例最高（该年龄段人群拥有孩子的比例较高且具备经济优势）。

其二,在家庭事务中获得发言权甚至决策权的文化资本和能力使孩子能够主动地对家庭消费决策产生影响。零点调查一项关于消费新趋向的研究结果表明,不同年龄段的孩子对家庭的消费决策均具备一定的影响力,其中 13～18 岁的孩子对家庭消费决策的影响力高达 44％。零点调查 1999 年在北京、上海、广州和武汉 4 个城市针对中学生的消费研究表明,孩子不仅对个人学习、生活用品拥有强大的决策权,而且对买房、装修等家庭大宗消费也具有一定的建议影响力。从中学生决策权分布图中可以看到,在和孩子高度相关且商品价值不大的商品上,孩子有较高的决策权,比如中学生的零食、杂志、个人用品等;在与孩子相关度低或价值比较高的商品上,孩子的决策权较小,比如房子、家人的衣服等。

（二）中青年人取代老年人成为家庭消费的主要决策者

由于经济改革及新经济的发展,老年人在现代家庭中已经失去了对家庭财产的主控权,中青年男性作为家庭经济的支柱,成为家庭消费决策的绝对掌控者。住房和电脑消费的研究显示,购买房子的决策者中有五成以上是 31～50 岁的中青年人;电脑的购买决策者就更加年轻化,35.8％的家庭中购买电脑由 18～25 岁的青年人决定,20.6％由 26～30 岁的人决定,21.3％由 31～40 岁的人决定。而在家庭耐用消费品中,50 岁以上的老年人的决策力更是明显减弱。

（三）丈夫——家庭大件消费的终审者;妻子——家庭日用品的决策者,家庭消费的信息把关人

在各项消费品的购买决策中,房子、汽车等大件消费品及其他耐用消费品均由丈夫主导决策,而妻子则在家庭日用品的购买决策中居主导地位。零点调查 2002 年的房地产研究也充分表明,无论是购买家庭的第一处还是第二处住宅,都有接近七成的家庭主要由丈夫最终

决定。同样,2002 年的家用轿车研究也发现,在购买家庭轿车的决策过程中,39％以上的妻子认为"丈夫在买车的这件事情上影响最大"。

丈夫和妻子在不同的消费品类别中各居决策主导地位,他们的决策模式也存在显著差异。丈夫由于生活节奏快,工作忙,在实际的家庭消费决策过程中,除了在住房、汽车等大宗消费品(中国女性对建筑、机械、电子等产品知识往往惧于了解)的购买过程参与较多外,对其他的耐用消费品往往只扮演终审者的角色。而在耐用消费品的整个购买过程当中,前期的信息搜集和比较的工作往往由妻子负责,丈夫只是最终的拍板人。通常的购买流程是"妻子帮我逛,逛得差不多了,然后她叫我去看行不行,决定权在我手上,但逛商场是她的事情"。女性对购物和商品信息的热衷在口碑传播研究中也得到印证,此项研究表明,男性和女性虽然都乐于汲取并传播信息,但女性对购买和使用商品的经验、生活小常识、子女教育以及医疗保健等方面的关注程度明显高于男性。这也使女性更多地担当着商品信息把关者和家庭日常消费主宰者的角色。

三、家庭消费心理特点

家庭是社会生活组织形式和社会构成的基本单位。它与消费行为有着极为密切的关系。尤其是在我国,人们受传统的家庭观念影响很深,人们的收入一般是以家庭为中心相对统一地支配。家庭是进行绝大多数消费行为的基本单位。比如日用品的购买以满足整个家庭的需要为目的,高档耐用消费品(比如家电、小轿车)也是以家庭为中心进行购买。同时,家庭成员之间消费心理和行为的相互影响更大。

营销人员应当考虑如下几方面因素对消费心理和行为的影响。

（一）家庭人口数

家庭人口数对消费的影响主要表现在以下 4 个方面。

（1）影响商品的消费数量。

（2）影响以家庭为主所消费的商品的数量。

（3）影响消费行为的决策过程。

（4）家庭人口的多少影响着家庭的消费水平和家庭的消费质量。

（二）家庭收入

家庭收入是指家庭支出的源头,是家庭消费的经济基础。它在很大程度上决定家庭的消费行为。一个收入水平低的家庭,在拥有足够的食物后,剩余的可任意支配的资金很少,故而消费水平较低、决策较慢,消费行为理智性较强,较难受到各种促销手段的影响。

（三）家庭消费角色分工

在一个稳定的家庭内部,家庭成员的消费大多以家庭为单位进行,但在购买具体商品时,家庭成员之间存在着合作与分工,每个成员可能起的作用各不相同。根据家庭成员在购买过程中所起的不同作用,可分为 5 种消费角色:倡导者、影响者、决策者、购买者和使用者。家庭决策类型一般有 5 种:丈夫权威型、妻子权威型、合作依赖型、独立支配型和子女权威型。

不同的家庭决策类型其购买行为不一样。比如,在丈夫权威型的家庭中,家庭的主要商品是根据丈夫的眼光、好恶来选的,购买行为带有明显的男性心理特征等。

 课后练习

一、名词解释

参照群体　　社会群体　　满巢期

二、简答题

1. 简述社会群体的特点。

2. 简述参照群体对消费的影响。

3. 简述家庭的不同生命周期阶段。

4. 试述女性消费心理的特点。

5. 家庭消费角色有哪些分工？

三、思考讨论题

1. 分组讨论你在你家的不同类型商品消费中充当了什么角色。为什么不同产品的角色分工会有这样的差异？

2. 化妆品几乎是所有女性的必需品，不同的化妆品销售终端吸引不同的女性消费群。根据市场细分原理，依据一些标准，女性消费者可以分成不同的消费群，每个消费群都有自己独特的消费特征。讨论女性消费者在购买化妆品的决策方面有什么特点，以及受到哪些因素的影响。

商品因素与消费者心理

◎了解商品因素在消费心理中的影响作用

◎了解广告对消费心理的把握

◎掌握商品设计的技巧和营销手段

案例与思考

2006年9月，在知识产权领域发生了一件"怪事"，那就是全球最大空调生产基地的所有者——格兰仕公司拿着厚厚的一摞材料要求注册色彩专利，格兰仕要抢注的空调外观色彩包括深海蓝、浅紫灰、铁锈红，还有渲染性感、浪漫的浆果紫、浅香橙，以及充满诱惑力的暗红、金棕色及沼泽绿，几乎将能够应用在空调上的流行色一网打尽。

格兰仕在空调行业发动的这一场"色彩革命"并非偶然。看一看近年来很多行业的创新营销，无不与颜色有关，从手机行业的彩信、彩铃，到汽车行业的外观设计，从快速消费品行业的"酷儿"，到家电行业的彩色空调。色彩营销正在从边沿走向主流，从外围走向核心，成为差异化营销的第一选择。

空调业经过前几年的价格战、渠道战、技术战和概念战，已经让参战企业精疲力竭，无暇深入思考空调业的本质。大家都是牵着"模仿"的手，跟着感觉走，最后走入了死胡同。有人将空调行业的这种竞争总结为"十大天地"现象，即炒作惊天动地，广告铺天盖地，技术缺天少地，价格昏天黑地，服务谈天说地，资金哭天喊地，促销花天酒地，消费者怨天怨地，吹牛欢天喜地，品牌飞天落地。

在空调行业这样的竞争背景下，怎样才能让自己的产品和品牌脱颖而出呢？

格兰仕空调研发中心经过两年多时间对数万名消费者的市场调研发现，色彩可以为产品、品牌的信息传播扩展40%的受众，提升人们的认知理解力达到75%。也就是说，在不增加成本的基础上，成功的色彩能增加15%～30%的附加值。

专家们认为，颜色作为品牌文化的组成部分，在品牌的设计开发、生产制造、营销等领域正起着越来越重要的作用，成为品牌文化内涵、个性而时尚的表达。

格兰仕空调研发中心设有专门的色彩设计室，从事市场情报的收集工作，并聘请了几十位设计专家、美工大师对流行色进行广泛的市场调研，以了解中国人的"好色"倾向，再将这些情报进行整理作出色彩的产品方案，提供给生产部门。

格兰仕空调销售公司总经理郎青认为，中国目前的空调大都是千篇一律、呆滞苍白的白色空调，色彩的秘密他们根本不知道，或者是没有意识到其中蕴藏的巨大商机。而格兰仕正是在这种情况下捷足先登，占领先机，成为色彩空调的领导者。

其实，格兰仕能否如愿以偿获得色彩空调专利的结果并不重要。申请专利不过是其最新的营销策略而已。即使专利申请不成功，格兰仕也会在彩色空调这一新领域获得相当的"话语权"。

率先而为的格兰仕正式宣布：从2006年9月1日起，停止白色空调的生产，终结呆滞时代！引领空调行业健康发展，全力研发并推广色彩空调，并呼吁所有空调制造厂家拿出诚意，给空调一点颜色，让房间变得好看，为色彩中国添砖加瓦，奉献靓丽色彩。让空调靓起来、让消费者有限的投入得到更多一点的完美和更高的价值！

格兰仕"为你而变，颜色革命"的新理念推出之后，很快便引发了中国空调业新一轮的洗牌。尽管不是所有的品牌都认可格兰仕的做法和对白色空调的态度，但大势所趋，也都或多或少地推出了色彩空调。色彩空调在为中国空调市场带来长久等待的靓色的同时，也成为格兰仕进一步巩固和提高业界地位的有力武器。

谋略解析：色彩砝码的商业价值

其实，色彩在商业领域的应用由来已久，早已经引起很多商家的重视。比如，营销专家早就提出过，在商业上，色彩是第一卖点。在商品展览柜中，如果你的商品没能在第一眼给顾客以美的吸引，那一定是你没把商品的颜色搭配好。哪怕商品质量再好，也会削弱它们的风采。

色彩是一把打开消费者心灵的钥匙。好的色彩不仅可以向消费者传达商品的信息，而且能吸引消费者的目光。美国流行色彩研究中心的一项调查表明，人们在挑选商品的时候存在一个"7秒定律"：面对琳琅满目的商品，人们只需7秒钟就可以确定对这些商品是否感兴趣。在这短暂而关键的7秒钟内，色彩的作用占到67％，成为决定人们对商品好恶的重要因素。

德国的心理学研究还显示，消费者的色彩感觉能鲜明地表现出他的主观情绪。色彩甚至会对人的心血管、内分泌机能以及中枢神经系统的活动产生影响。

国外产品之所以看起来品位更高，很大程度上是因为它们的外观及包装使用了美丽的色彩。瑞士雀巢公司的色彩设计师曾做过一个有趣的试验，他们将同一壶煮好的咖啡，倒入红、黄、绿3种颜色的咖啡罐中，让十几个人品尝比较。结果，品尝者一致认为：绿色罐中的咖啡味道偏酸，黄色罐中的味道偏淡，红色罐中的味道极好。由此，雀巢公司决定用红色罐包装咖啡，果然赢得消费者的一致认同。

现在色彩营销战略已被越来越多的商家所重视，商家们都认识到了色彩具有低成本高附加值的功效。据国际流行色协会调查数据表明，在不增加成本的基础上，通过改变颜色的设计，可以给产品带来10％～25％的附加值。不仅产品本身及包装可充分利用色彩来提升价值，色彩还可以成为企业形象识别的核心理念，比如绿色的"鳄鱼"、红黄对比的"麦当劳"等。因此，"色彩"必将成为新一轮的营销热点。

商品包装的心理作用

市场的现代化，对于商品和包装提出了越来越高的要求。随着社会的进步，人们对于消费品的需求不再只是追求物质上的满足，还要求得到心理上的满足，而销售包装往往直接与能否满足人们的心理需求相联系。现代生活中，包装已成为商品的一个密不可分的组成部分，许多商品又与包装结合成一体，比如袋泡茶的茶袋，止喘药物和香水的喷雾装置，都从方便购买者使用的心理需求出发，提供一种便利使用的功能。顾客们多数是通过眼睛接受外界信息的。面对琳琅满目的商品，常常同一品种却有很多种品牌，在这种情况下产品的包装设计往往会影响顾客的心理需求，成为决定购买的重要因素，显示出包装设计的特殊价值。图9.1为各种商品包装。

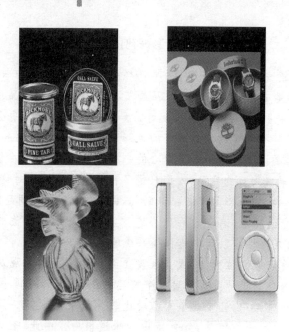

图 9.1　各种商品包装

有一项心理试验，把同样的咖啡分别放入近代的电咖啡壶和古代咖啡壶里，让受试者去品尝。结果表明，古代咖啡壶里的咖啡味道被认为比近代咖啡壶里的味道好得多。它说明商品外表在一定程度上会影响到顾客的心理决策。

商品是消费行为的客体，消费者的需求最终要通过商品得以实现，商品的属性相对地决定着消费需求的满足程度。同时，个体消费心理的差异形成了消费者对于商品的不同看法。

思考：商品本身对消费心理有什么影响作用？应该如何运用到企业营销中？

 相关知识点

 商品的功能

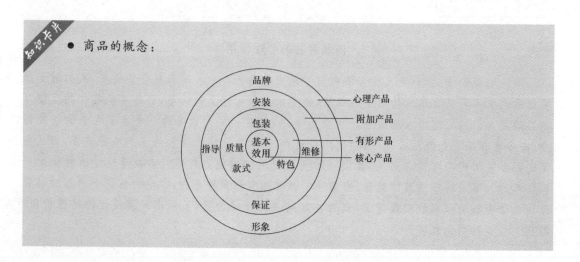

一、商品的概念

商品是人类社会生产力发展到一定历史阶段的产物。**商品**是指用来交换、能满足人们某种需要的劳动产品。商品具有以下不同于物品、产品的特点：① 商品是具有使用价值的劳动产品；② 商品是供他人消费的劳动产品；③ 商品是必须通过交换才能到达别人手中的劳动产品。

二、商品的构成

现代经济学家认为商品概念是广义的、整体的。它不仅指一种物体，也不仅指一种服务，还包括购买商品所得到的直接的、间接的、有形的、无形的利益和满足感，这样来理解商品的含义，称为商品整体要领或叫做产品整体概念。

产品整体概念包含核心产品、有形产品、附加产品和心理产品 4 个层次。

（1）**核心产品**也称实质产品，是指消费者购买某种产品时所追求的利益，是顾客真正要买的东西，因而在产品整体概念中也是最基本、最主要的部分。消费者购买某种产品，并不是为了占有或获得产品本身，而是为了获得能满足某种需要的效用或利益。比如买自行车是为了代步，买汉堡是为了充饥，买化妆品是希望美丽、体现气质、增加魅力等。因此，企业在开发、宣传产品时应明确地确定产品能提供的利益，产品才具有吸引力。

（2）**有形产品**是核心产品借以实现的形式，即向市场提供的实体和服务的形象。如果有形产品是实体物品，则它在市场上通常表现为产品质量水平、外观特色、式样、品牌名称、包装等。产品的基本效用必须通过某些具体的形式才得以实现。市场营销者应首先着眼于顾客购买产品时所追求的利益，以求更完美地满足顾客需要，从这一点出发再去寻求利益得以实现的形式，进行产品设计。产品的有形特征主要指质量、款式、特色和包装。比如冰箱，有形产品不仅指电冰箱的制冷功能，还包括它的质量、造型、颜色、容量等。

（3）**附加产品**是顾客购买有形产品时所获得的全部附加服务和利益，包括提供信贷、免费送货、保证、安装、售后服务等。附加产品的概念来源于对市场需要的深入认识。因为购买者的目的是为了满足某种需要，因而他们希望得到与满足该项需要有关的一切。

商品保证、运送、安装、维修等都属于商品整体概念中的无形产品，它们是实现商品效用的可靠保证。在现代消费者对产品的要求日益增高的情况下，购买者十分关心产品的安全可靠。因此，产品的服务性是满足社会需要的客观要求，在整个产品中绝不是可有可无的，而是商品整体概念中的不可缺少的要素。比如，日本的丰田汽车公司就在全世界许多国家的大城市里设立维修中心，为该公司销售的产品进行修理、保养、更换零部件等工作，开展全面售后服务，这就给消费者带来更多的产品附加利益。产品的附加利益，有利于引导、启发和刺激消费者购买或增加购买某些产品。

（4）**心理产品**指产品的品牌和形象提供给顾客心理上的满足。产品的消费往往是生理消费和心理消费相结合的过程。随着人们生活水平的提高，人们对产品的品牌和形象看得越来越重，因而它也是产品整体概念的重要组成部分。

三、商品的基本功能

商品功能可以简单地分为两大类，一是商品的基本功能，二是商品的心理功能。商品的基本功能取决于商品本身的物理性质，比如商品的结构、商品的成分、稳定性的指标等。商品的心理功能在于满足消费者的心理需要方面，比如审美的需要、身份象征的需要等。

认知心理学研究认为，面对信息超载时代，人们常常是凭借片段的信息来辨认物体和认识事物，这就是所谓的**主观认知**。品牌作为产品的标志，可以用来表征并创造出同类产品之间的差异特征。消费者正是凭借着对品牌特征产生一种感觉和体验，帮助其选择或识别产品。心理学认为这一现象就是品牌认知，它在消费者头脑中形成一种无形的识别器，其基本功能是减少人们在选购商品时所花费的精力、风险和时间。进一步研究还发现，品牌认知能反映人们对品牌情感的表达。因为一个品牌反映了一种生活方式、生活态度和消费观念，是它与消费者在情感上产生了共鸣。如今成功的品牌对消费者的影响正是这样，它以高美誉度、高强度和高冲击力的信息，诱导消费者将注意力集中在品牌商品上，进而引导消费者购买品牌商品。

商品的基本功能包括实用的功能、舒适的功能、安全的功能、耐用的功能和实惠的功能。这些基本功能是所有商品首先需要具备的。商品的心理功能包括象征功能、审美功能、自我实现功能等。当前消费者对商品的选择性越来越强，在基本功能当中，他们越来越重视商品的方便性、舒适性、多功能性与节能性。这就对生产企业的产品提出了新的要求。

任务项目2

品牌的心理作用：案例分析与讨论

2007年6月，全球赫赫有名的达能公司旗下的一批依云矿泉水被检出细菌总数含量超标，依云既不是第一次被查出存在这样的问题，也不是第一个被查出有问题的洋品牌。洋品牌为什么屡出问题？依云之后还会是谁？

对于依云矿泉水来说，被检出"细菌总数超标"已不是第一次。2006年9月9日，进境的5.227 2 t依云矿泉水同样被上海检验检疫局检验出细菌总数超标。

根据相关数据显示，2006年9月9日，欧洲进口矿泉水就屡次被抽检出细菌总数不符合我国标准的规定。截至2006年10月，上海检验检疫局共受理报检进口天然矿泉水128批次970多万L，其中近90%来自欧洲地区。

一瓶500 mL的普通品牌矿泉水价格通常在1元左右，而同样500 mL的一瓶依云矿泉水售价一般在8.5元左右。家乐福超市（香河园店）的销售人员告诉《市场报》记者，依云虽然价位高，但颇受一些高端消费人群的青睐。其购买者大多是城市白领和外国人。在不少消费者心中，依云一直是品质和品位的象征。

然而，正是这样一个以高品质而享誉全球的国际品牌，竟然在细菌总数这样的基础性指标上都不过关。这让一些钟情于该品牌的消费者不敢相信。在北京建外SOHO某外企工作的李女士告诉《市场报》记者，依云是她购水的首选品牌，不仅饮用，有时还用作皮肤护理。得知依云矿泉水在细菌总数指标上超标100倍后，她有些诧异，并不无忧虑地反问记者："以前，用过不少这个品牌的水，不会有什么问题吧？"

相关知识点

📔 品牌名称与标志

> ● **品牌的概念**：用以识别某个销售者或某群销售者的产品或服务,并使之与竞争对手的产品或服务区别开来的商业名称及其标志,由文字、标记、符号、图案、颜色等要素组成。
>
> ● **消费者品牌心理的形成阶段**：得知品牌→感受品牌→感悟品牌→传播品牌

一、品牌的定义

(一) 品牌的内容

品牌是用以识别某个销售者或某群销售者的产品或服务,并使之与竞争对手的产品或服务区别开来的商业名称及其标志,由文字、标记、符号、图案、颜色等要素组成。品牌是一个集合概念,包括品牌名称和品牌标志两部分。

品牌名称是指品牌中可以用语言称呼的部分,也称"品名",比如可口可乐、肯德基等。

品牌标志也称"品标",是指品牌中可以被认出、易于记忆但不能用言语称呼的部分,通常由图案、符号或特殊颜色等构成。比如红底上白色的字体的曲线,容易想到可口可乐。

品牌识别、品牌形象和品牌利益是品牌的第一层属性。因为,这个属性最外围,最具体,最不需要抽象,甚至描述的语言都可以是很直接的。这是品牌结构的外在形式。而品牌社会属性、品牌文化、品牌个性等属于品牌的第二属性。对它们的描述相对就比较抽象。需要借助品牌识别与形象设计进行丰富。因此,它就是第二性的,它属于品牌结构的中间体。

品牌的核心价值属于品牌的核心部分。它往往把整个品牌提炼成一句话,成为该品牌一切行动的指南,其概括是高度的,往往经历一个比较长的时期不变。任何一个完整的品牌结构都包含这 3 个属性。而这 3 个属性并不是分离的,它们一起存在于一个品牌中。犹如地球是由地心、地幔和地壳组成的一样。

组成品牌的 3 层属性是精神的,品牌的本质属性是精神的。品牌本质上是意识的产物、意识运动的结果,遵循着认识的规律。确定这一点对清晰地界定品牌,研究品牌与分销网络的关系,研究品牌在企业经营活动中的地位,以及如何发展品牌、运作品牌具有十分重要的意义。

(二) 品牌的功能

1. 识别

品牌自身含义清楚、目标明确、专指性强。只要一提起某品牌,在消费者心目中就能唤起记忆和联想,以及感觉、情绪,同时意识到指的是什么。有些品牌的名称、标识物和标识语,是区别于其他品牌的重要特征,消费者早已铭刻在心。比如深蓝色的、均分为八等份条纹的"IBM",给人以博大精深和可信赖的情绪联想,传遍了全球。

2. 信息浓缩

品牌的名称、标识物、标识语含义丰富、深刻、幽默、具体，要求以消费者所掌握的关于品牌的整体信息的形式出现。因为人的记忆力以网络方式存储短小的块状信息，而品牌能够提供进入网状记忆和刺激，激活相关的网状记忆块，以触发、沟通和消费者的联系。

3. 安全性

一个熟悉的品牌，特别是著名品牌，在长期市场竞争中享有崇高声誉，给消费者带来了信心和保证，能满足消费者所期待获得的物质、功能和心理利益的满足。

4. 附加价值

附加价值是指消费者欣赏产品的基本功能之外的东西。建立品牌一定要给客户提供比一般产品更多的价值和利益，使消费者得到超值享受。尽管不同的品牌提供的附加价值不同，消费者获得的利益享受不同，但在价值享受、功能利益、心理利益等关键利益方面，起码有一种或多种利益优先于其他品牌。

品牌功能的变迁经历了如下 4 个阶段。

第一阶段，功能型品牌。品牌成为品类代名词。当你想吃汉堡的时候你会想到什么？麦当劳。当你想吃火锅的时候你会想到什么？小肥羊。当你患感冒不舒服的时候你会想到什么？康泰克……这些品牌已经成了品类的代名词。当消费者进行消费的时候，对某个品类的商品的需求要落实到一些特定的品牌上。这时候，能被消费者首先想起的品牌往往成为首选的消费对象，这就是"品类优势"，这就是"代名词作用"，这就是"功能型品牌"的意义。

第二阶段，形象型品牌。品牌成为身份象征。奔驰汽车和捷达汽车在代步、马力、速度功能上几近相同，在舒适性、安全性方面的差异也远远没有在价格上差异的那么大。那究竟是什么原因，能够让中国成千上万的老板集体选购奔驰车，甚至不惜持币待购呢？因为奔驰代表了一种形象。这种形象既为汽车贴上了一个"高价、优质、安全、舒适"的标签，又为消费者带上一个"贵族、有钱人、有实力"的光环。形象型品牌是"消费者形象"的表征，消费者借助消费行为表达和传递某种意义和信息，包括其地位、身份、个性、品位、情趣和认同。此时，品牌是消费者的标签。

第三阶段，体验型品牌。让消费者成为品牌的一部分。消费者为什么会对高价咖啡产生兴趣？原因在于温暖而具有现代感的环境、轻松愉快的格调、高素质的服务员共同营造了一个"小资聚集地"的氛围，这就是浓重的"小资体验"。在这个过程中，消费者的行为体验构成了品牌核心价值中最重要的一个因素。体验型品牌的关键在于定义一个消费者心目中希望的自我，将概念外化成一种可以执行的行为准则，并使消费者认同这种准则，将自身与消费行为过程及情感体验共同构建成品牌准则的一部分。

第四阶段，情感型品牌。让消费者爱上品牌。品牌功能的最高境界就是品牌与消费者建立牢固的私密关系，成为"相见恨晚"、"情投意合"，甚至"肝胆相照"、"两肋插刀"的朋友；就是品牌让消费者的消费行为变成了自发、自愿的行为；就是品牌成为承诺、成为偏爱、成为依赖。品牌功能的最高境界，就是情感型的品牌。

二、消费者品牌心理形成

(一) 得知品牌

品牌能够给人们安全感和信任感，在其他消费者心目中，品牌是一个可信赖的角色，消费者可以从自己信赖的品牌上得到荣誉感和满足感，这是消费者能够得知品牌的前提条件。

品牌承认是一种大众行为,只是看他得知品牌是在购买前还是购买后而已。一个品牌区别于别的产品的基本点就是优质,信赖来源于可靠。

（二）感受品牌

消费者购买需求来临时,品牌的得知对于他是重要的,但是没有形成个人对于品牌的美誉度前,消费者会比较这个品牌的产品是否和别的产品一样,它们有什么不同,在可消费的资金范围内比较为什么这个品牌的产品要比一般的贵。此时品牌产品就面临一场考验。品牌不是无理由的出位和超前,而是对于现实消费者心理准确把握的表现,这样的产品很容易得到消费者的认可。如果服务很舒适的话,品牌感受和产品购买这个过程就完满地结束了。

（三）感悟品牌

追求产品的个性化和品位化,是现在消费市场的普遍趋势。当消费者购买产品或服务后,使用是一个感悟品牌的过程。将别人对于品牌的价值和文化对比于自身的使用过程,将自身的性格爱好和品牌对称起来。就如同对于巴黎,由初步的印象——它是法国的首都,意味着独特的全铁构架的埃菲尔铁塔,意味着罗浮宫、凡尔赛宫的珍藏,意味着巴黎时尚,到亲自踏上巴黎土地去亲身体验感悟。购买产品获得使用价值仅仅是消费第一需求,在这之后的价值认同和文化诉求才是品牌不同于其他产品最为关键的一环,也是消费者在感悟品牌过程中形成品牌忠诚度最重要的一环。

（四）传播品牌

人因为群聚展示自身价值和品位而交流。在日常生活中,当该品牌有购买结合点甚至没有时,那些品牌忠诚者就会像传教士那样说出该品牌的好处、它的非同一般、它的经历历程和发展。因为在说的时候他本身就是这个品牌的代言人,在无形中他因为对公认的品牌的熟识而受到人们的关注。品牌的传播形成了一个众口的过程,当这种过程被更多的人知道后,品牌就逐步成为大众的品牌。

每个消费者的行为因其所处的境况而异。在家里看电视时喝的饮料的品牌与周末晚上与朋友在酒吧喝的饮料的品牌可能是不同的。此时有条件的自我形象,即人们希望他们在某个特定场合时的形象是品牌选择的重要因素。消费者常常根据所处的境况来选择品牌,使自我形象与周围人群对他的期望相适应。比如人们常常对将在某种场合见到的人先进行预测和评价,然后根据他们的自我形象来选择适合这种场合的自我形象。图 9.3 为境况条件对品牌选择的影响。

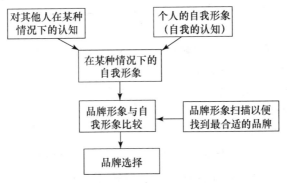

图 9.3　境况条件对品牌选择的影响

三、品牌名称的心理效应

（一）品牌心理效应的作用

成功品牌的一个重要特征，就是始终如一地将品牌的功能与消费者心理上的欲求联结起来。通过这种形式，将品牌信息传递给消费者，在心理上产生效应。

1. 便于消费者的认知

比如，"李宁"牌服装以人名命名，"泸州老窖"酒以地名命名；"娃哈哈"既便于小孩发音，利于模仿，又充满趣味，开口便笑。

2. 品牌名称应便于消费者对商品形象的记忆，名称应在 5 个字以内

因为人的短时记忆容量是 7 ± 2 个，如果过长，消费者很难记住。比如，1 个字的品牌有"柒"牌男装、"简"牌服装等，2 个字的品牌有"青岛"啤酒、"长虹"彩电等，3 个字的品牌有"海飞丝"洗发水、"忘不了"西裤、"爽歪歪"饮料等，4 个字的品牌有"阿迪达斯"、"伊莱克斯"等，5 个字的品牌有"美特斯·邦威"等。

3. 品牌名称能影响消费者的情感

宝洁公司 3 年花费 10 亿力推的沐浴产品"激爽"（Zest）在中国彻底失败并停产。激爽的失败，其中一个原因在于其广告诉求的超前性。类似"新奇和刺激的体验"的沐浴概念并不被普通消费者所接受。因为，目前中国大多数消费者对沐浴的概念还停留在清洁除菌的层面，"激爽"不能引起中国消费者的共鸣。

4. 品牌名称能够启发消费者的联想

"飘柔"洗发水使人联想到一头乌黑亮丽的头发，"七匹狼"男装使人想到男人的伟岸，"克咳"让人知道它是可以消除感冒的。

（二）品牌心理效用的内容

1. 品牌名称及标识物、标识语

品牌的名称和标识物、标识语是该品牌区别于其他品牌的重要标志。三者各具个性，统一互补，极易被消费者接受、认同和产生心理效应。品牌名称通常由文字、符号、图案或 3 个因素组合构成，涵盖了品牌所有特征，具有良好的宣传、沟通和交流作用。一个理想的品牌名称总是和质量、利益和服务联系在一起的。

标识物本身能够帮助认知、联想和使消费者产生积极的感受、喜爱和偏好。标识物直接反映品牌，同时把名称和产品类别以及服务联系在一起。如果标识物能够引起消费者的注意和兴趣，品牌走入消费者的心中指日可待。

标识语的作用一是能为产品提供联想，比如，由张裕的"爱国、敬业、优质、争雄"，联想到其创办人爱国华侨张弼士敢与洋酒争天下的爱国主义精神。二是能强化名称和标识物，比如夏普公司的"夏普的产品来自夏普的思想"，反复强调品牌名称。标识语特殊、幽默、极具个性，既可以吸引更多的消费者，又可以促进理解和记忆，达到沟通和传播的最佳效果。

2. 品牌的视觉形象

据心理学家分析，人们的信息 85% 是从视觉中获得的，因此，建立良好的品牌视觉形象是竞争的首选目标。品牌的视觉形象必须是统一的、稳定的，这是品牌吸引消费者的重要条件之一。美国斯坦福大学商学院 1996 年一份关于世界 100 家最知名品牌的研究报告显示，

有一半著名品牌创办后,经历百年依然势头强劲,比如宝洁(1837)、强生(1886)和 IBM (1911)。品牌视觉形象的统一和稳定,主要表现在 4 个方面:① 文字,比如 SONY、同仁堂等,几十年甚至百年不变,形成了统一稳定的固有形象;② 图形,比如海尔的兄弟图样,可口可乐的变体图形,强烈地展示品牌的魅力;③ 颜色,比如 IBM 采用博大和谐的蓝色,李宁牌采用热情、奔放、飘逸、充满活力的红色,都象征着品牌的生命力;④ 由文字、图形和颜色的有机结合,图文并茂,更反映了品牌的立体式视觉形象。

品牌视觉上的统一和稳定实际上是相对的,随着历史、文化的变迁,尤其是品牌文化取向沉淀的结果,有的品牌进入地区、全国、世界性名牌行列,继续征服、诱惑消费者的心。有的品牌虽然各领风骚了一段时间,仍然逃脱不了销声匿迹的厄运。所以,发展是客观的,任何品牌只有在相对稳定和统一的基础上,不断地求发展求完善,才能永葆品牌青春。

3. 独特的个性

品牌的个性特征实质上是反映品牌的定位。凡成功品牌都有准确的定位,比如世界级品牌万宝路就是在再定位后走向辉煌的。原来生产的烟味淡、香料少、没有滤嘴、白色包装、针对女性,广告诉求对象以女性为主,市场占有份额极低。1954 年重新界定市场、突出个性,重新定位的新万宝路属重口味香烟、香料多、有过滤嘴、红色包装、现代化形象、针对男性,广告诉求对象主要以男性为主。定位原则是强调万宝路的男性特征,代表人物以牛仔形象出现,受到男性认同、女性青睐。由于牛仔象征着年轻、粗犷、独立和男性化的定位,放之四海皆通,不受国度及文化限制,万宝路一跃成为世界香烟品牌的领袖。

人们在选择品牌时,主要满足两方面的欲求,一方面是品牌功能的满足;另一方面是由品牌唤起的联想、情绪和情感满足。当相同品牌竞争时,最能唤起记忆、联想和情感的品牌就最先被消费者选中。

(三) 品牌延伸的心理效用

(1) 品牌延伸会损害已有的成功品牌,人们会觉得不务正业,原来的品牌会逐渐变得模糊和不可信。

(2) 品牌延伸同时会连累新产品,人们会认为你不是干这行的料,因此,对于新产品,品牌延伸会使人们产生不专业的印象,这对新产品没有好处。品牌延伸引发消费者心理冲突的实例比比皆是,比如我国的三九集团以"999"胃泰起家,后来延伸到"999"啤酒,给消费者带来极大的心理冲突,完全是自损形象的行为。

(3) 品牌延伸意味着多元化或推出更多的花色品种,违背聚焦战略和专有战略,分散了公司有限的资源,结果是一样也做不好。

以娃哈哈的品牌延伸策略为例。2003 年,非常可乐全年的产销量超过了 60 万 t,直逼百事可乐在中国的 100 万 t。同时,娃哈哈在"非常可乐"下又延伸出"非常柠檬"、"非常甜橙"等产品,完善"非常"产品线,全面挑战两乐旗下的"雪碧"、"芬达"、"七喜"和"美年达"。另外,娃哈哈还推出了"非常茶饮料",向统一、康师傅主导的茶饮品细分市场渗透。1995年,娃哈哈以"我的眼里只有你"的纯洁形象顺利进军纯净水行业,并很快占据全国市场,该年年底娃哈哈已包含儿童营养液、果奶、纯净水、八宝粥等 30 多种产品。

娃哈哈并没有停止脚步,开始向童装产业进军。生产童装后,娃哈哈推出了全国专卖店加盟计划,免收加盟费,但需要缴纳 30 万元的预付货款保证金。娃哈哈算得很好:如果达到 2 000 家的目标,就能收入 6 个亿用来周转。但随后问题就暴露出来:经销饮料和童装对渠道的要求很不相同，童装由于其季节性、款式多变、积压成本高，对渠道管理的节奏感和控制力要求很高。以前做水和儿童奶的经销商，没有服装方面的经验，在"一手卖饮料一手卖童装"的时候出现了不适应。

任务项目3

商品的包装认知：如何让粽子飘香

粽子一直以来是一种节令性非常强的传统食品，随着现代速冻保鲜技术的不断进步，速冻粽子开始作为一种商品出现在市场上，目前主要品牌有思念（图9.4为思念食品）、五芳斋、龙凤、三全、乔家栅等。在粽子市场，思念是一个后来居上的品牌。这种状况的改观主要来自于年轻的思念高层班子领先的战略决策，即对粽子产品属性的差异化改观和对消费观念的创新性引导。他们通过几个月的市场观测发现了两大市场空白点：一是粽子的直观属性较差直接影响消费者的购买决策；二是粽子完全可以作为一种日常快速消费品来经营。针对这两大空白，思念高层领导凭着多年对市场需求的敏感性把握，创新性地采用了特殊的竹叶，确保了粽子的长久新鲜与清香。

图9.4　思念食品

思考：粽子的差异化外观包装在营销中起到了什么作用？

 商品包装与消费者心理

- 商品包装的心理功能：识别＋增值
- 商品包装的心理策略 ⎰ 按照消费习惯设计
　　　　　　　　　　 ⎱ 按照消费对象的年龄设计
　　　　　　　　　　 ⎱ 按照文化水平及收入设计

一、商品包装的物理功能

（1）保护功能。保护功能是包装最基本的功能，即使商品不受各种外力的损坏。一件商品要经多次流通，才能走进商场或其他场所，最终到消费者手中。这期间，需要经过装卸、运输、库存、陈列、销售等环节。在储运过程中，很多外因，比如撞击、潮湿、光线、气体、细菌等因素，都会威胁到商品的安全。

（2）便利功能。所谓便利功能，也就是商品的包装是否便于使用、携带、存放等。一个好的包装会拉近商品与消费者之间的关系，增加消费者的购买欲，对商品的信任度，也促进消费者与企业之间沟通。比如很多人购买易拉罐装饮料时，都喜欢听开盖时那"啪"的一声。

（3）销售功能。在市场竞争日益强烈的今天，包装的作用与重要性也为厂商所知。人们已感觉到"酒香也怕巷子深"。如何让自己的产品畅销？如何让自己的产品从琳琅满目的货架中跳出？只靠产品自身的质量与媒体的轰炸，是远远不够的。在各种超市与自选卖场如雨生春笋般而起的今天，直接面向消费者的是产品自身的包装。好的包装能直接吸引消费者的视线，让消费者产生强烈的购买欲，从而达到促畅的目的。

二、商品包装的心理功能

（1）识别功能。消费者的记忆中保存着各种商品的常规现象，他们常常根据包装的固有造型购买商品。当商品的质量不容易从产品本身辨别的时候，人们往往会凭包装作出判断。包装是产品差异化的基础之一，它不仅可以说明产品的名称、品质和商标，介绍产品的特效和用途，还可以展现企业的特色。消费者通过包装可以在短时间内获得商品的有关信息。因此，恰当地针对目标顾客增加包装的信息容量可以增强商品的吸引力。

（2）增值功能。设计成功的包装融艺术性、知识性、趣味性和时代感于一身，高档的商品外观质量可以激发购买者的社会性需求，让他们在拥有商品的同时感到提高了自己的身份，内心充满愉悦。

消费者判断商品的优劣不仅仅以包装为基准。包装只是从属于商品，商品的质量、价格和知名度才是消费者权衡的主要因素，但是包装的"晕轮效应"能把消费者对包装的美好感觉转移到商品身上，达到促销的目的。专门生产高档化妆品的法国欧莱雅集团，推出每一件新产品，其包装费用都占总成本的 $15\%\sim70\%$。

三、商品包装设计中的图形

图形主要可分为具象、抽象和装饰图形三大类。

1. 具体图形

（1）摄影图片。摄影图片是一种直接的形象语言，能真实地表达产品形象，以逼真的形象语言使商品具有高度的视觉冲击力，在包装上的应用日渐广泛。摄影图片除写实表现外，还可以采用多种特殊处理形成多种图形效果。

（2）写实绘画图形。摄影不能代替绘画手段。而所谓写实绘画，也不是纯客观地写实，而是根据表现要求对所要表现的对象加以有所取舍的主观选择，使形象比实物更加单纯、完美。

（3）归纳简化图形。这是指在写实基础上的概括处理。归纳特征、简化层次，使对象得到更为简洁、清晰的表现。在表现方法上，点、线、面的变化可以形成多种表现效果。

（4）夸张变化图形。这是在归纳简化基础上的变化处理。即不但有所概括，还强调变形，使表现对象达到生动、幽默的艺术效果。

2. 抽象图形

抽象图形是指用点形变化、线形变化和面形变化，将商品具体形象进行提炼、概括，表达一种含蓄的、神似的内在特性的语义。抽象图形有广阔的表现空间，在包装画面的表现上有很大的发挥潜力。抽象图形虽然没有直接的含义，但是同样可以传达一定的信息，引导观者的联想感受。

3. 装饰图形

包装设计对装饰图形的应用也很广泛，其中包括对传统装饰纹样的借用等。装饰纹样应配合内容物的属性、特色和档次适当运用。

四、商品包装设计中的文字

包装设计有时可以没有图形，但是不可以没有文字。文字是传达包装设计构思时必不可少的要素，许多好的包装设计都十分注意文字设计，甚至完全以文字变化来处理装潢画面。包装装潢的文字内容主要有以下几个方面。

1. 基本文字

基本文字包括包装牌号、品名和出产企业名称，一般安排在主要展示面上（生产企业名称也可以编排在侧面或背面）。牌号字体一般作规范化处理，有助于树立产品形象。品名文字则可以加以装饰变化。

2. 资料文字

资料文字包括产品成分、容量、型号、规格等。编排部位多在包装的侧面、背面，也可以安排在正面。设计要采用印刷字体。

3. 说明文字

说明文字用以说明产品用途、用法、保养、注意事项等。文字内容要简明扼要，字体应采用印刷体。一般不编排在包装的正面。

4. 广告文字

这是宣传内容物特点的推销性文字，内容应做到诚实、简洁、生动，切忌欺骗与啰唆，编排部位多变。（广告文字并非必要文字）

五、商品包装的心理策略

1. 按照消费习惯设计

人们在进行消费的时候,通常都会有一定的消费习惯。因此,在进行商品包装设计的时候,应注意从消费者的消费习惯出发,根据商品自身的特点,设计出符合大多数人消费习惯的包装。比如,许多顾客购物都求方便,若采用透明或开窗式包装便可以方便挑选,组合式包装可以方便使用,软包装饮料方便携带等。包装的方便易用增添了商品的吸引力。国外流行的"无障碍"包装,比如接触式判断识别包中,用锯齿状标识区分洗涤剂的类型;在罐装食品中设置"盖中部凹陷状证明未过保质期"的自动识别标志等,深受消费者喜爱。

2. 按照消费对象的年龄设计

商品通常具有一定的年龄销售范围。同样,商品包装若要做到迎合所有年龄层消费者的口味,一般是不太可能的。因此,在进行商品包装设计时,应根据消费对象的不同年龄进行合理设计。比如,上文提到老年人注重质朴、实在,那么,针对老年人销售的商品在包装的设计上便不能一味讲求精美、繁杂,而应偏向于朴素、大方和简洁的设计。而针对年轻人销售的商品在包装设计上就不同。年轻人通常喜欢与众不同,喜欢求新、求异、求奇,极力寻找机会表现自我。以这类消费者为目标市场的产品包装便可以尝试采用禁忌色,力求在造型上突破传统,以及在标识语中大肆宣扬"新一代的选择"等,以引导潮流,创造时尚。至于以儿童为销售对象的商品,则应注意满足他们的求趣心理。比如美国的一家公司在所生产的饼干的罐盖上印上各种有趣的谜语,只有吃完饼干才能在罐底找到谜底,结果迷住了大批的小顾客。而儿童的好奇心理又往往可以驱使他们重复购买。

3. 按照消费对象的文化水平及经济收入设计

文化水平及经济收入的差异通常会导致消费者对商品包装的欣赏和要求不同。拿经济收入来说,对于经济收入相对较高的消费者,除了对商品质量有较高的要求以外,通常对商品包装也有着较高的要求。以这类消费者为求销对象的商品,在包装设计上就应该注重品位和档次,力求包装精美、优雅,以突出消费者的审美和品位。而对于经济收入相对不高的消费者来说,商品包装则通常处于从属地位。一般情况下,这类消费者更注重商品质量,而对商品包装没有过多的要求。以这类消费者为求销对象的商品,就不应过于强调包装,而应做到简洁、实在。

消费者的心理还可以按生态心理、性别心理等标准细分。消费者心理市场细分的多层次性决定了包装促销也要从多角度进行。随着物质文化生活水平的提高,人们的消费观念在不断地发展,商品的包装也必须不断改进,在继承传统与创意中寻求平衡、和谐与统一。销售包装是保护功能和艺术美感的融合,是实用性和新颖性的创新结合。

 **任务项目4**

消费价格心理:奥克斯成功的利器

2001年前,空调在国内的普及率相当低,不是不存在需求,而是高昂的价格让大部分消费者望而却步。正是在这种背景下,奥克斯迎合市场对平价优质空调的需求,扛起降价的大旗，取得了三年三大跨越的业绩。

当年 2 月，刚进入中国质检总局首批 20 家空调免检产品行列的奥克斯打出"免检是父，平价是母"的降价宣言。3 月，借三星奥克斯智能工业城落成典礼，抛出"舍江山夺美人"计划。将 40 多款机型全线降价，降价幅度高达 30%。到了年末，奥克斯又出新招，聘请当时被国人捧上天的中国国家男足主教练米卢作为其产品形象代言人，通过米卢的国际知名度来提升自己的品牌形象。2001 年度，奥克斯空调销量达到 90.23 万台、完成销售近 20 亿元，成为当年度销量升幅最大的二线品牌之一。

2002 年，奥克斯最漂亮的两场价格战是公布价格白皮书和进攻广东市场。

当年 4 月，奥克斯在宣布其主力机型降价的同时，公布空调"成本白皮书"，列举了空调的各项成本构成，使得各大媒体争相分析各主流品牌产品的价位合理性。一时间，奥克斯产品的价格甚至成了市场上同型号空调的市场标准价，奥克斯成功地塑造了平价空调的形象。

广东是空调消费的大省，历来有得广东者得天下之说。但广东本身也是空调制造大省，不仅有美的、格力等领导者，还有和奥克斯一样擅长价格战的行业新秀格兰仕。但就是在这样一个龙盘虎踞的市场里，奥克斯先在 11 月下旬发动"一分钱空调"促销攻势，从几个强大的竞争者手中抢走了超过 8% 的份额。

进入 2003 年，奥克斯继续主导价格战。

如此连绵不断的价格战，使得奥克斯连续几年名列空调行业成长指数的前列。奥克斯空调全国市场总监李晓龙坦言："没有价格战，就没有今天的奥克斯。"

思考：奥克斯成功的秘诀是什么？为什么会有这样的作用？

相关知识点

 商品价格

商品价格是商品价值的货币表现，它随商品交换的产生、发展而出现。它是与商品经济紧密联系的一个经济范畴。商品是使用价值和价值的统一体。商品的价值是凝结在商品中的一般人类劳动。这种劳动是以量的形式表现出来的。商品的价值量由生产这种商品所耗费的社会必要劳动时间决定。商品的价值不能自我表现，一个商品的价值必须由另一个商品来表现，并且只能在同另外一个商品相交换时才能实现。在交换过程中，它表现为消费者为取得商品而必须支付的一定数量的货币。价格由生产企业和经营企业确定，企业制定的价格必须要被消费者理解和接受，否则势必导致企业经营的失败。在消费者的购买心理中，商品价格可以说是最重要、最敏感的因素之一。并且越是与消费者生活贴近的商品，消费者对其价格变动就越是敏感。因此，研究、把握消费者的价格心理，制定令企业和消费者都满意的价格，就成了关系企业生死存亡的大事。现代企业逐渐意识到了这一点，制定价格时不再从自身考虑，而是越来越多地关注到消费者对商品价格的心理感受（即主观价格），并且纷纷采取心理定价。

企业根据客观经济规律，综合考虑成本、竞争、供求等因素制定的商品价格，叫做商品的客观价格。而在购买过程中，消费者会对商品的价值或客观价格进行评价，在头脑中形成对商品价格的一定的感知值，这种消费者头脑中所反映的价格，我们称之为主观价格。

> **知识卡片**
> ● 消费价格心理：商品价格这一客观现实在消费者心理上的反映。
>
> ● 心理定价策略
> - "求新"的撇脂定价法
> - "求名"的声望定价法
> - "求实"的渗透定价法
> - 优惠价格、中间价格定价法
> - 吉利心理的尾数定价法
> - "求方便"整数定价法
> - 分级分价法、觉察价值定价法
> - 习惯定价法

一、商品价格的心理功能

价格心理是消费者购买心理的一个组成部分，它是商品价格这一客观现实在消费者心理上的反映，由于消费者对商品价格的认识程度和知觉程度是不同的，因而价格心理也存在差异。从消费者的价格问题上的一般心理活动来考察，价格通常具有以下心理功能。

1. 衡量商品价值和商品品质的功能

由于普通消费者的经济学知识有限，再加上对大部分商品的生产工艺和专业技术特点缺乏了解，因此通常把商品的价格看成是衡量商品价值和商品品质的重要标准。

2. 消费者自我意识的比拟功能

消费者购买商品的目的不仅是为了满足自己最基本和最迫切的需要，而且也是为了满足自己的某种社会心理需要。即消费者在购买活动中，可以通过联想，把商品的价格高低同个人的愿望、情感和个性结合起来，进行有意或无意的比拟，以满足个人的某种欲望和需求，价格所具有的这种心理功能就称为自我意识的比拟功能。

价格所具有的这种心理功能，与消费者本身的性格、气质、兴趣、爱好等个性心理以及消费者的价值观、态度等有关。因而，这种自我意识比拟功能的表现往往因人而异。但它们都有一个共同点，即从社会需求和自尊需要出发，重视价格的社会心理价值意义。

3. 调节消费需求的功能

在其他条件保持不变的情况下，价格与消费需求成反比。

二、消费者的价格心理

消费者的价格心理是指消费者在购买活动中对商品价格认识的各种心理现象，它是由消费者自身的个性心理和其对价格的知觉判断共同构成的。消费者的价格心理与价格心理功能两者之间是互相联系、互起作用的。因此，要充分发挥价格的心理功能，有力地促进销售，必须研究消费者在认识商品价格问题上的心理现象。消费者的价格心理主要分以下几种。

1. 消费者对价格的习惯性

这指消费者在多次购买的实践活动中，通过对价格的反复感知，形成了对某种商品价格的习惯性认识。

2. 消费者对价格的敏感性

这指消费者对商品价格变动的反应程度。

3. 消费者对价格的感受性

这指消费者对商品价格高低的感知程度。

4. 消费者对价格的倾向性

这指消费者在购买过程中对商品价格选择所表现出的倾向。

消费者的价格心理是在价格心理功能基础上形成的比较稳定或带有规律性的心理倾向，它会使消费者对不同的商品价格作出不同的心理反应。企业在制定商品价格时，除了要研究市场的供求关系外，还要仔细研究消费者的价格心理反应，使制定的商品价格既适合自身经济利益的要求，又适应消费者的心理要求。

三、影响消费者对商品价格产生心理反应的主要因素

（1）个人因素。个人因素是影响消费者的最直接、最重要的因素。个人因素包括消费者个人的消费经验、消费者家庭以及消费者的个性、爱好和兴趣3个方面。消费者个人经验往往通过自身感官的感受形成对某种商品某个价位的知觉与判断。消费者多次购买了某种价格高的商品，使用后发现很好，这就会不断强化他的"价高质高"的判断和认识。当多次购买某种价格低的商品，发现不如意，这同样会增强他的"便宜没好货"的感知。家庭对消费者具有极为深刻的影响，家庭的规模和经济状况也会直接影响消费者对商品价格的判断。一般而言，生活在经济状况比较窘迫家庭的人，对商品价格的判断通常也比较低，而生活在富裕家庭的消费者估计的商品价格通常也要高一些。另外，消费者的个性、爱好和兴趣也会对商品价格的心理反应产生影响。

（2）专家因素。专家因素包括两个方面。一个是指专职对商品价格进行监测评价的政府官员、经济学家等对商品价格水平及其变化的职业性的感受和判断，它具有理性和准确性的特点。由于专家具有权威性和参照性，对消费者对商品价格的判断和感受影响也比较深远。另一个是消费指导者。消费者在日常生活中总要接受周围一些对商品有经验的人的建议、意见，并常常接受他们的指导，受到他们的影响。

（3）商品本身因素。这指的是商品本身的外观、重量、包装、使用特点、使用说明等对消费者对价格的反应产生影响。

（4）购物环境因素。销售现场包括销售现场周围环境和销售现场环境。装修豪华的商店可能使工薪阶层望而却步，因为消费者认为豪华商场出售的商品价格昂贵。

（5）社会文化因素。社会文化因素指的是社会群体对商品价格水平及其变化的总体感受和判断。这种感受和判断可以说明商品价格的大体范围以及商品价格所属的群体特征。购买经济适用房的消费者的群体特征与购买豪宅的消费者的群体特征区别就非常鲜明，他们对房产价格的判断也有比较大的差距。

四、消费者对商品价格产生心理反应的基本模式

（1）价值评估模式。有一些质量相似的商品，只是其包装装潢不同，价格却相差很大，消费者却宁愿购买高价的商品；而对于一些处理品、清仓品、"出口转内销"品，削价幅度越大消费者的疑虑心理也就越大，越不愿意购买。这实际上是消费者对商品价格的价值评估模

式在起作用。不管消费者是否具有经济学知识,他们总是把商品的价格和商品价值、品质联系起来,把商品价格的高低作为衡量商品的价值和品质的标准。认为价格昂贵的商品价值就大,品质就好;价格低廉的商品价值就小,品质就差。所谓"一分钱,一分货"、"便宜没好货,好货不便宜"便是这种价值评估模式的具体反映。图9.5为消费者价格评估模式。

图 9.5　消费者价格评估模式

(2)意识比拟模式。商品价格本来是商品价值的货币表现,其作用在于有利于商品的交换。但在某种情况下,消费者对商品价格的认可不仅如此。有的时候,消费者利用商品的价格来显示其社会地位的高低和身份。也就是说,消费者通过联想把商品价格的高低同个人的愿望、情感和个性联系起来,进行有意无意的比拟。这样一种对价格的心理反应方式和过程,我们称之为意识比拟模式。图9.6为消费者意识比拟模式。

图 9.6　消费者意识比拟模式

(3)平衡协调模式。消费者对商品价格的理解程度直接影响商品和价格以及价格的调整。由于消费者受到各种主客观因素的制约,使他们一时间很难判断商品的确切价值。消费者在接受了某种商品价格的时候,心理属于一种平衡状态。但是,一旦价格发生变化后,消费者心理的那种平衡已经被打破,心理处于紧张状态,而这个时候他就会努力来恢复心理平衡,所以消费者对商品价格的调整适应和接受过程实际上是消费者心理的平衡协调过程。图9.7为消费者心理协调平衡模式。

图 9.7　消费者心理协调平衡模式

价值评估模式的应用。体现在商品的定价上,主要有以下几种:零数定价、习惯性定价、折扣定价、特种商品定价等。其中零数定价是最为典型的价值评估模式。**习惯性定价**指的是消费者长期形成了对某种商品价格的一种稳定性的价值评估。不同折扣实际上体现了不同消费者在销售者心目中的地位和价值。经销商的折扣和终端消费者的折扣不一样才能体现经销商的地位和作用。**特种商品定价**指对某种特定商品采取特殊的价格。比如饭店每个星期六推出"免费××菜",目的是让消费者在这一天来消费可以获得平常没有得到的价值(这款菜的价值)。

意识比拟模式的应用。体现在商品定价中,主要有声望定价、理解价值定价、类别顾客定价、分档定价等。声望定价是这种模式的典型应用。它利用消费者对商品的自我意识的比拟,而某些商品质量能够满足消费者的这种心理,以此带来对名牌产品和名牌企业的信赖。**理解价值定价**就是指按照消费者对商品价值的理解,而非按照商品的成本来定价。**类别顾客定价**是基于消费者的一种定价模式,某些商品或某类商品具有一定购买群体,一些消费者因此"对号入座",以显示其身份、品位等。**分档定价**指的是将同类商品分成若干档次,分别标以不同的价格。同类商品中分为高、中、低档,购买高档商品和购买低档商品的消费者，其心理需求是不同的。

平衡协调模式的应用。体现在新产品定价和产品调整中，其主要价格策略有新产品定价中的撇脂定价和渗透定价策略；价格的上升和下降。**撇脂定价**一般指的是新产品进入市场之初采用较高的定价，等出现竞争或销路受阻后再行降价。它的原理是商品定高价时得到一部分"先锋消费者"的积极响应，然后进行推广。商品价格下降时，追随者能够得到这些商品，心理得到相应的满足，其紧张的心态得到平衡和缓解。**渗透定价**指的是新产品上市之初定一个较低的价格，尽快占领市场，等产品打开销路，得到市场和消费者的认可之后，再逐步将价格提高到一定的水平。这种定价策略使得新产品进入普通消费者的心理"门槛"较低，容易得到心理平衡。价格的上升和渗透定价的原理基本相似，价格的下降与撇脂定价的原理基本相同。

五、心理定价策略

1. "求新"、"猎奇"的撇脂定价法

撇脂定价法是在新产品投放期，利用消费者的"求新"、"猎奇"心理，高价投入商品，以期迅速收回成本，获得利润，以后再根据市场销售情况逐渐适当降价的策略。这种定价方法的英文原意是在鲜牛奶中撇取奶油，先取其精华，后取其一般。先制定高价，利用消费者求新、求美、好奇的心理，从市场上"撇取油脂"——赚取利润；当竞争者纷纷出现时，奶油已被撇走，再逐步降价。

2. "求名"、"炫耀"的声望定价法

这是利用消费者的"求名"、"炫耀"心理，制定高价的策略。一些在市场上久负盛誉的名牌产品，可以以高价销售。高价一方面与名牌产品的优良性能、上乘品质相协调；另一方面与产品的形象相匹配。多数消费者购买名牌产品不仅仅看重其一流质量，更看重品牌所蕴含的社会象征意义。在一定意义上，高价格是名牌效应的重要组成部分，消费者经常借高价以显示自己的社会地位。北京"燕莎"、"赛特"上万元的皮鞋、上千元的钢笔，能顺顺当当卖到一些"高档消费者"手里，就说明迎合了这部分消费者的需求。

3. "求实"、"求廉"的渗透定价法

这种定价方法与撇脂定价法相反，即在新产品投入期，迎合消费者"求实"、"求廉"的心理，低价投放新产品，给消费者以物美价廉、经济实惠的感觉，从而刺激消费者的购买欲望；待产品打开销路、占领市场后，企业再逐步提价。

4. 优惠价格定价法

优惠价是一种以减价、折扣等方式，来争取顾客的策略。可根据购买的金额或数量给予一定幅度的折扣优惠。对于经常购买某种商品的顾客给予优惠；对于在商品试销期带头购买的顾客给予优惠；对于在商品淡季购买的顾客给予优惠等。优惠价格的心理作用是直接而显著的。因为消费者确实从中得到了利益，从而有效地刺激和鼓励消费者大量购买乃至连续购买。日本东京银座"美佳"西服店，为了打开销路，采用"优惠折扣价格"的方法颇获成功。该店规定：本店所有西服一律折价，第一天九折，第二天八折，第三、第四天打七折，第五、第六天打六折……第十五、第十六天打一折。开始一两天，顾客不多，大多是探听虚实，第三、第四天逐渐增多，第五、第六天人满为患，争相购买。以后，日日爆满，不到"一折"期限，西服早已销完。这是一则成功运用优惠折扣价销售法，它妙在抓住了消费者的求实、求廉心理,争得了顾客,提高了市场占有率。

5. 中间价格定价法

一般地,多数消费者都倾向于选择中间价格商品的购物策略。他们认为中间价格商品的质量过得去且价格也合理。据美国的一些饭店管理者说,从菜单选择看,就餐人多偏好中间价格。这样,企业就可以在高价与低价之间取一个中间价格,以适应多数消费者的心理倾向。

6. 利用心理错觉及图吉利心理的尾数定价法

这种定价方法是指保留价格尾数,采用零头标价,比如 98 元,而非 100 元。尾数定价法对消费者产生的心理效果如下。首先,可以使消费者产生便宜的心理错觉。比如,98 元一双的鞋要比 100 元一双的鞋好销。其次,可使消费者相信企业在科学、认真地定价,制定的价格是合理、精确和有根据的。再次,给消费者一种数字寓意吉祥的感觉,使消费者在心理上得到一定的满足。比如,"8"在粤语中念"发",含"发财致富"之意,以"8"为尾数的价格,会使人产生美好的联想。西方心理学家认为奇数比偶数给人的感觉要少,所以西方国家习惯于以奇数为零头制定价格。而我国大多数地区,人们喜欢"8"、"6"等数字。为迎合消费者图吉利的心理,我国商品的价格多以"8"、"6"等数字为零头。

7. "求方便"的整数定价法

整数定价法与尾数定价法相反,整数定价法采用合零凑整的方法,制定整数价格。整数价格又称方便价格,适用于某些价格特别高或特别低的商品。对于高档商品,消费者更乐意接受整数价格。比如,一架钢琴标价为 8 000 元与标价为 7 999.55 元相比,后者会令消费者产生不可思议的感觉。而对于某些价值小的日用小商品,比如定价 0.20 元较之 0.19 元对消费者来说,在购买时会觉得更方便。

8. 分级分价法

这种定价方法是把不同品牌、规格及型号的同一类商品划分为若干个等级,对每个等级的商品制定一种价格,而不是一物一价。这种方法简化了购买过程,便于消费者挑选。不足之处在于等级间的价格差不好把握。如果差价过小,消费者会怀疑分级的可信度;如果差价过大,一部分期望中间价格的消费者会感到不满意。

9. 觉察价值定价法

这种方法以消费者对商品价值的感受及理解程度作为定价依据。消费者在购买商品时,总会在同类商品之间进行比较,选购那些既能满足消费需要又符合其支付标准的商品。企业应该突出产品的差异性特征,综合运用市场营销组合中的非价格因素来影响消费者,使他们在头脑中形成一种觉察价值观念,然后据此来定价。比如,普通商店出售可口可乐,每罐 3.50 元;在五星级饭店,它的价格会成倍地上涨,但消费者却能够接受,这是因为消费者受周围环境的影响而产生了对商品价值判断的错觉。这种定价方法的关键在于正确判断消费者的觉察价值。如果商品价格大大高于其觉察价值,消费者会感到难以接受;相反,如果商品价格远远低于觉察价值,也会影响商品的形象。

10. 习惯定价法

习惯定价法即按照消费者的习惯心理制定价格。消费者在长期的购买实践中,对某些经常购买的商品,比如日用品等,在心目中已形成了习惯性的价格标准。不符合其标准的价格易引起疑虑,从而影响购买。此时,维持习惯价格不变是明智有益的选择。

任务项目5

广告消费心理：优秀广告赏析

苹果公司的广告以剪影的方式，结合高纯度的背景，产生强烈的对比，设计简洁正如苹果产品设计的简洁和时尚，在苹果公司的广告推广中起到了重要的作用。图9.8为苹果公司的广告。

图9.8 苹果公司的广告

思考：观察这幅广告，分析为什么其能够符合消费者心理。

相关知识点

广告与消费者心理

广告是通过一定的媒介向广告对象传播商品信息的活动过程。广告有商业广告与非商业广告之分。与商业经营及营利有关的都属于商业广告，不以营利为主要目的的广告属于非商业广告。社会公益事业、文明道德建设、政府公共通告等形式，以及非经营性的个人广告，属于非商业广告。这些非商业性的广告，有一部分称为公益广告。帮助消费者解决问题是所有商业广告的根本目的，这些问题包括生理方面或心理方面。一是向消费者传播商品的信息，增加消费者对商品的认知，促进消费者购买，加快商品流通的速度。二是向消费者传播消费知识，改变消费者态度，引导消费者由中性的、消极的态度转变为积极的、主动的态度，增加消费者对商品的购买频率。三是向消费者传播商品与企业信息，树立企业形象，塑造品牌形象。

广告会对消费者心理产生6个方面的影响力。一是广告以新颖奇特的方式吸引消费者的注意力，甚至以怪诞、惊险和幽默的方式冲击消费者的注意力。二是向消费者传播商品信息,消费者认知商品并形成印象。三是以情感方式打动消费者的心理,引起情绪与情感方面的共鸣。四是逐渐影响消费者的态度,并说服消费者改变原来的态度,促使消费者逐渐喜欢商品并购买商品。五是宣传模式化的购买行为,大力渲染购买或消费商品之后的美妙效果,给消费者明显的示范作用,指导人们的购买与消费行为。六是以完全雷同的方式,成千次上万遍地向消费者重复同样的内容和诉求,利用大众流行的社会心理机制创造轰动效应,激发更多消费者购买或消费。

> **知识卡片**
>
> ● 广告传播的消费心理法则:
>   1. 新颖独特,与众不同
>   2. 诉求鲜明,持续一致
>   3. 通俗易懂,简洁明晰
>   4. 目标明确,有的放矢
>   5. 创意新颖,动人心弦
> ● 广告传播的心理基础:
>   1. 选择广告媒体
>   2. 暴露和注意值
>   3. 媒体组合策略

一、引起注意是广告成功的基础

注意是人的心理或意识活动对特定对象的指向和集中。所谓指向就是心理活动有选择地在某一时间指向某一特定对象,而同时离开其他对象。就指向性而言,它具有两个明显特征:选择性和排他性。所谓集中就是人们的心理活动离开其他与被注意事物无关的一切事物,集中精力使心理活动深入下去。

一个广告要引起注意,必须具有两方面的基本特征:一是具有刺激性;二是符合广告对象的意向性。刺激会引起任何有机物的定向反应,是有机物适应外部生存环境的一种本能反应。刺激会转移人们原有的注意对象,集中和指向特定的刺激物,并伴随感觉、知觉、记忆、思维等一系列的心理过程。所谓广告对象的意向性,是指根据广告对象的需要、兴趣和偏好促使其感受器官集中于某一事物。一般地,凡是能满足人们需求和兴趣的事物都可能成为被注意的对象。

注意的集中与注意的转移是注意这种心理活动的两种基本运动。保证注意的信息量和维持时间、保证注意的稳定性和注意的有效分配是广告表现创作中应充分注意的。短时间内,人们注意的信息量是有限的。心理学试验发现,在以秒为单位的时间内,人们注意对象的信息极限一般为 6 个到 8 个独立单位。

二、广告传播引起消费需求的法则

1. 新颖独特,与众不同

广告传播只有与众不同才能从浩如烟海的品牌丛中脱颖而出。拾人牙慧,千篇一律则只能让品牌迅速淹没在茫茫的信息海洋中。我们生活在一个信息爆炸的年代,每天成千上万的信息环绕四周,令人躲避不及。很多信息在麻木的大脑中如过眼云烟,转瞬即逝。如果这时一个清新独特、与众不同的画面或声音出现在面前,一定会令人耳目一新。所以与众不同能使品牌"万绿丛中一点红",以低成本吸引消费者眼球。20 世纪 50 年代,雷斯的"独特销售主张(USP)"引起业界关注,提出"独一无二"的销售主张;20 世纪 60 年代,奥格威的"品牌形象"诞生并流行,强调品牌形象要有与众不同的个性,切忌人云亦云;20 世纪 70 年代,里斯和屈特的"定位"理论风靡业界,主张品牌定位应创造消费者心理位置的"No.1"。那些成功品牌大都卓尔不群,与众不同。"七喜"将自己从碳酸饮料中分离出来,创造了一个非碳酸饮料领域的成功;宝洁公司虽然品牌众多但各具特色,所以并没有在内部之间形成自相残杀;王老吉"预防上火",避开了同可乐等饮料巨头的直接碰撞,开辟了自己的生存空间。

2. 诉求鲜明,持续一致

广告对产品诉求的宣传应该与消费者心目中的定位保持一致。肯德基在全球近一万家店都是一样的口味、一样的装修;万宝路历经 50 年,其"阳刚、豪迈"的牛仔形象始终未变,这就是品牌传播的持续一致。广告大师大卫奥格威说过:品牌应该有简单清晰的品牌核心利益诉求,并且保持持续的传播行为才能有效地占领消费者的脑海,获取消费者的青睐。品牌传播的根本目的就在于长期地占据消费者的心智,只有不断重复传播相同的信息,才能积累消费者的注意力和记忆度,才能深入人心并确保不会被消费者很快地更新掉。如果品牌传播诉求朝令夕改,前后矛盾,并且断断续续,缺乏一致性,消费者就会雾里看花,难以记住你的品牌核心利益诉求点。广告传播的持续要求品牌的核心价值、个性内涵贯穿一致,始终不变。而围绕品牌核心价值主线的广告创意、代言人、广告语等则应该把握时代的脉搏,"同中求异",不断为品牌注入新的活力。持续一致的传播是国际品牌成功的法则之一。比如,耐克的品牌核心价值"Just do it"(想做就做)表达了人们把握自己命运的乐观精神,虽然耐克的代言人从篮球之神乔丹到迈克尔·约翰逊、彼特·桑普拉斯、安德烈·阿加西、泰格·伍兹、勒布朗·詹姆斯等换了又换,但耐克"Just do it"的价值主张 20 多年始终如一,从未改变。

3. 通俗易懂,简洁明晰

"消费者真正能记到脑子里的信息往往是耳熟能详的东西。"在广告传播过程中,简洁明晰、通俗易懂的信息才容易讲得出、听得进、记得住、传得开,才能使消费者产生共鸣。复杂烦琐、晦涩难懂的信息往往令人不堪负荷而丧失兴趣,自然难以深入人心。所以广告一定要简洁明晰,通俗易懂,尽量用简化通俗的信息,使消费者易于记忆,过目不忘,达到品牌传播的最优化。之所以那些国际强势品牌能深入人心,历久不衰,是因为它们的品牌信息无不简洁明晰,通俗易懂。比如,麦当劳的标志"M"简洁明了,在繁杂的城市建筑中似一道引人注目的风景线,给人以强烈的视觉冲击力。又如舒肤佳的"除菌"、海飞丝的"去头屑"、万宝路的"阳刚、豪迈"、Lee(牛仔裤)的"体贴的、贴身的"等无不简洁易懂,使人过目不忘。

4. 目标明确,有的放矢

"把冰卖给爱斯基摩人"是很多营销人最常引用的一句话。能把冰卖给爱斯基摩人,这人确实是一个营销天才。如果从广告传播角度来看就会发现问题,爱斯基摩人需要冰吗?如果他们不需要的话,应该把冰卖给谁呢?儿童食品的广告播给老太太看,顶级豪宅的广告播给工薪阶层看,女性化妆品广告播给男士看,其实都是品牌传播的无的放矢,浪费资源。在何处"说话"才能让目标消费群体"听"到? 怎样做才能避免毫无意义地盲目传播? 品牌传播一定要找到同目标消费群体的可能接触点,在恰当的接触点,集中火力发起强有力的攻势,把品牌信息有效地传播给目标消费群体。做到有的放矢,弹无虚发,最大限度地节约品牌传播费用,使企业的每一分传播费用都花在刀刃上。比如,宝洁公司通过对目标消费群体研究后,确定了若干传播接触点。宝洁公司分别通过电台前卫频段、电视台广告投放、时尚杂志、公关活动、选秀、产品派送、试用、POP 广告、卖场促销等活动,在各个接触点向目标消费群体传递着清晰和一致的品牌信息。

5.创意新颖,动人心弦

美国学者舒尔兹认为:创意面临的最大挑战是驱逐那些枯燥、夸大、卖弄却言之无物的言辞,代之以符合消费者期望的、真正有意义的、能够帮助消费者解决问题并且能改善他们生活的资讯。人们往往偏爱接受与自己期望相一致的信息。动人心弦的广告创意设计和传播方式是品牌与消费者建立关系的关键。广告的制作要善于洞察消费者的情感因素,要让创意源于生活、紧贴生活,以一种生动、亲切和有趣的创意手法,动人心弦,与消费者产生共鸣!

三、广告传播的心理基础

(一) 广告媒体

1.报刊广告

这类广告的特点是以文字和图案来传递广告的信息;不受呈现时间的限制,因而它可以任意阅读。报纸广告读者面广,费用也较低。由于纸张质量和印刷工艺上的原因,它难以很好地反映商品的款式和色彩,因而它的吸引力受到限制。

2.电台广告

通过声音来传递信息。富有感染力的广播广告易引起听众注意。广播传递迅速,影响面也广。但声音传播瞬间即逝,不能随意听取,收听一次在记忆中留下的信息既少也淡薄,难以巩固下来。

3.电视广告

受众既能接受视觉,又能接受听觉的信号。动态的呈现,表现力达到十分完美的地步。电视传递速度快,覆盖面大,制作难度较大,费用较高,适应性不强。除广告的上述大众媒体之外,其他媒体还有户外与邮递两类。户外广告包括路牌、招贴、橱窗、灯箱、霓虹灯等;邮递广告主要有销售信、说明书等。

4.互动媒体,即网络广告

网络是继报纸、杂志、广播、电视后的第五大媒体,网络广告是当今欧美国家热门的广告形式,并正以超常的速度迅猛发展。消费者之所以点击广告,心理因素是主要动因,网络媒体使用环境、网络广告传播特性和网民接触广告的环境等使受众形成独特的广告接受,认知心理习惯,表现出有别于传统广告的行为状态,而这些对网络广告创作产生巨大的深层次影响。

(二) 选择广告媒体

在最佳的环境、恰当的时间和最富逻辑的地方为适当的受众找到相匹配的适当的媒体,这样广告信息不仅能达到期望的暴露，而且也能吸引注意和激发消费者的某些行动。在考虑使用具体的媒体时，必须首先研究以下一些影响因素。

1. 整体广告目标和营销策略

产品或服务的性质、市场营销目标和策略以及目标市场和受众都会影响广告媒体的选择。因此，媒体计划者的第一步工作是要对这些问题进行评价，为制定广告媒体策略提供有力的依据。

产品自身的性质可能暗示着媒体使用的类型。比如，一种具有与众不同的品质或形象的香水，它将在有个性品质并能加强这种形象的媒体上做广告。比如，一些杂志被看作是女性化的或男性化的，高级趣味的或低级趣味的，严肃的或轻松的。

如果市场营销和广告运动的目标是为了获得更大的产品分销，那么，选择的媒体必须是那些既影响消费者又影响潜在经销商的。如果目标是提高品牌形象或公司声誉，我们应牺牲一些大众地方节目的销售潜力，以支持权威媒体中高质量节目的声望。

产品价格和定价策略也可能影响媒体选择。定价经常是产品定位的关键因素。比如，一种以额外费用定价的产品要求使用有声望的或优等的媒体来支持它的市场形象。

2. 媒体受众的特征

媒体受众是指暴露于一种媒体下的人或家庭的总数。媒体计划者需要知道一个频道或一种出版物到达的人数有多少，并用它来客观地判断这种媒体的潜在有效性，通过各种各样的媒体研究组织可以很快有效地获得媒体受众的范围和特性的数据。此外，还要知道对出版物或节目感兴趣的人的程度，媒体受众的特征如何紧密地与目标受众的纵断面相匹配。

比如，如果一件产品是为网球爱好者设计，那么必须选择能够有效地到达网球爱好者的媒体。有关媒体信息，可以从各种媒体研究组织中获得。它们可以提供包括年龄、收入、职业和媒体受众范围的研究数据，以及关于各种消费群体对产品使用的人口统计和图表分析数据。再如，洗衣粉的消费者大多为已婚妇女，在晚上新闻节目前几分钟里，她们有的正忙家务，有的刚开始吃饭，有的甚至还在回家途中。因此，即便这是媒体的黄金时段，但不适合洗衣粉产品的媒体安排。

媒体的内容通常反映了它的受众类型。比如，一些频道着重于深度新闻和体育报道，另一些侧重于文艺节目，还有一些侧重于电视剧。每一种节目都吸引了不同的受众。其特征可以通过分析被确定。

3. 媒体覆盖策略

每一个广告主都希望将广告信息传送到尽可能大的范围，这就要根据不同的广告目标和广告任务，采取适当的媒体覆盖策略，使目标市场范围的受众都能知道。媒体覆盖的策略主要有以下几种。

（1）全面覆盖。即覆盖整个目标市场，这就要选择覆盖面广、观众数量多的电视和报纸做广告媒体。

（2）重点覆盖。即选择销售潜力大的市场重点覆盖，这能节省广告费，适宜于新产品上市。

（3）渐次覆盖。对几个不同地区分阶段逐一覆盖，采用由近及远的策略，它是从重点覆盖开始的。

（4）季节覆盖。主要针对某些季节性强的产品，在临季和当季大量覆盖，大力宣传，过季时有限地覆盖，提醒消费者不要忘记该产品，这样有利来季销售。

（5）特殊覆盖。在特定的环境条件下，对某一地区或某特定的消费群体有针对性地进行覆盖。常用的撇脂策略就是为了适应市场而采取的特殊覆盖策略。广告主采用撇脂的方式很多，不仅可以从新产品的消费者和高收入阶层消费者那里撇脂，还可以根据产品特有的性能和功效，从消费者的年龄、性别、种族、文化程度、癖好等许多方面来实现撇脂策略。

（三）暴露和注意值

广告不仅可以达到期望的暴露，而且可以吸引注意和激发预期的消费者行动。这是媒体计划的真正艺术。

（1）暴露。这是指你的广告有多少人看到。如果你在有 100 万读者的杂志上做广告，那么这 100 万人中究竟有多少人实际看到你的广告？如果一个电视节目有 10 万的观众群，那么实际有多少人看到了你的广告？通常这些人数要比总的观众或读者数少得多。比如，一些人虽然牢牢地坐在他们的椅子上，但在广告片时间里，他们却在对节目争论交谈。

（2）注意。人们对那些广告暴露的注意程度是另一个考虑的因素。如果你对摩托车或化妆品不感兴趣，那么你很可能看到这些广告时不对它们予以注视。另外，如果你需要买一辆新车，你可能注意每一个你看到的新车广告。影响一种媒体的注意值的主要因素有：受众卷入程度与编辑内容或节目材料有关；受众兴趣或身份的专门性；竞争性广告主的数量（越少越好）；受众对广告主运动的熟悉程度；广告复制翻版的质量和广告暴露的适时性。

（四）媒体组合策略

为实现广告宣传目标，许多企业，特别是有实力的大中型企业常采取多种媒体协同宣传的做法。这就是媒体组合，即在同一时期内运用各种媒体发布内容基本相同的广告，造成强大声势，以期增加广告传播的广度和深度。有人将其戏称为"地毯轰炸"策略，因为它能够迅速扩大广告覆盖面，提高产品的知名度，能增强广告"火力"，提高广告传播的力度，从而产生立体传播效果。这种策划对于企业开拓新市场，推出新产品，增强竞争攻势，可以起到鸣锣开道、推波助澜的作用。其效果远远胜过单一媒体的运用。媒体组合之所以能产生良好的促销效果，主要是因为它能产生立体传播效应。

1. 延伸效应

各种媒体都有各自覆盖范围的局限性，但将其组合运用则可以增加广告传播的广度，延伸广告覆盖面。

2. 重复效应

媒体组合将使部分广告受众增加，也就是增加广告传播深度，对产品的注意度、记忆度和理解度就增高。

3. 互补效应

不同媒体各有利弊，组合运用能取长补短，相得益彰。用两种以上的广告媒体来传播同一广告内容，对同一受众来说，其广告效果是相辅相成的。

多媒体组合并不是对各种广告媒体的随意凑合，而应当根据各种媒体的功能、覆盖面、表现力等方面的特征，从广告宣传的目标和任务出发，对它们进行有机的组合，使其能产生出综合立体效应。

 课后练习

一、名词解释

包装　　广告心理　　生命周期　　商品

二、简答题

1. 简述价格的心理功能。

2. 商品包装对消费心理有什么影响作用？

3. 试述广告的心理策略。

4. 商品的概念包括哪些层次？

5. 广告如何引起消费者的注意？

三、思考讨论题

1. 图9.11为万宝路广告图片，观察并分析万宝路的广告对消费心理的影响作用。

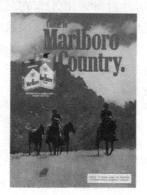 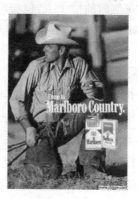

图9.11　万宝路广告图片

2. 分组讨论，任选某一种你认为能够吸引消费者的日常小食品的包装，并进行评比。

模块十

营销环境与消费心理

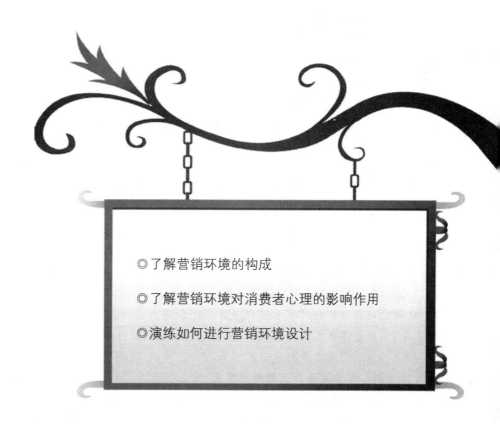

◎ 了解营销环境的构成

◎ 了解营销环境对消费者心理的影响作用

◎ 演练如何进行营销环境设计

案例与思考

　　继 1997 年底八佰伴及 1998 年中大丸百货公司在香港相继停业后，2000 年 9 月 18 日，世界第二大超市集团"家乐福"位于香港杏花村、荃湾、屯门及元朗的 4 所大型超市全部停业，撤离香港。

　　法资家乐福集团，在全球共有 5 200 多间分店，遍布 26 个国家及地区，全球的年销售额达 363 亿美元，盈利达 7.6 亿美元，员工逾 24 万人。家乐福在我国的深圳、北京、上海等城市的大型连锁超市，生意均蒸蒸日上，为何独独兵败香港？

　　家乐福声明其停业原因，是由于香港市场竞争激烈，又难以在香港觅得合适的地方开办大型超级市场，短期内难以在市场争取到足够占有率。

　　家乐福倒闭的责任可从两个方面来分析。

　　1. 从它自身来看

　　第一，家乐福的"一站式购物"（让顾客一次购足所需物品）不适合香港地窄人稠的购物环境。家乐福的购物理念建基于地方宽敞，与香港寸土寸金的社会环境背道而驰，显然资源运用不当。这一点反映了家乐福在适应香港社会环境方面的不足和欠缺。

　　第二，家乐福在香港没有物业，而本身需要数万至 10 万平方英尺（1 英尺＝0.305 米）的面积经营，背负庞大租金的包袱，同时受租约限制，做成声势时租约已满，竞争对手觊觎它的铺位，会以更高租金夺取。家乐福原先的优势是货品包罗万象，但对手迅速模仿，这项优势也逐渐失去。

　　除了已开的 4 间分店外，家乐福还在将军澳新都城和马鞍山新港城中心租用了逾 30 万平方英尺的楼面，却一直未能开业，这也给它带来沉重的经济负担。

　　第三，家乐福在台湾有 20 家分店，能够形成配送规模，但在香港只有 4 家分店，直接导致配送的成本相对高昂。在进军香港期间，它还与供货商发生了一些争执，几乎诉诸法律。

　　2. 从外部来看

　　第一，在 1996 年进军香港的时候，正好遇上香港历史上租金最贵的时期，经营成本高昂，这对于以低价取胜的家乐福来说是一个沉重的压力。并且在这期间又不幸遭遇亚洲金融风暴，香港经济也大受打击，家乐福受这几年通货紧缩影响，一直无盈利。

　　第二，由于香港本地超市集团百佳、惠康、华润、苹果速销等掀起的减价战，给家乐福的经营以重创。作为国际知名的超市集团，家乐福没有主动参加这场长达两年的减价大战，但几家本地超市集团的竞相削价，终于使家乐福难以承受，在进军香港的中途铩羽而归。

　　香港超级市场，原是英资财团与华资财团两强对峙的局面，家乐福挟新的经营方式闯入，鼎足而三，竞争更趋激烈。家乐福的经营理念很快为这两大本地财团各自所属的连锁超市——百佳及惠康所采用。近年来，百佳和惠康不断在大型私人屋苑和商场开设超级市场，将传统街市和超级市场的概念融为一体，招徕市民光顾，甚得顾客欢迎。据了解，家乐福进军香港 4 年来市场占有率仍不足一成，过去 3 年多一直在亏蚀中支撑。家乐福这条"过江龙"输给了百佳和惠康这两条"地头蛇"，因为后两者在香港总共占有逾八成超市市场份额。4 年来，凡有家乐福的地方，邻近必有一家华资或英资的大超级市场。本地超市集团以割喉式手法，超低价抢客，极力扩大市场占有率，家乐福在无利可图的情况下，必然走上停业之路。

据全球著名的企业管理顾问公司麦肯锡的研究报告,中国加入 WTO 后,最大的冲击将发生在商业领域。在我国,连锁零售商业企业起步晚,与国际水平相比仍然有很大差距。实力雄厚的外资商业企业,比如沃尔玛、家乐福、麦德龙、万客隆、SOGO 等相继进入中国并且取得了很大的发展。它们带来的经营理念、竞争方式给国内企业以极大的震撼,但这并不足以预言国内商业企业的前景一定是黯淡的,关键还在于我们自己怎么做。家乐福败走香港说明了"巨无霸"也不是不可战胜的,唯有切实地了解市场、适应市场,才能做好市场。

思考:你认为家乐福败走香港的真正原因何在?家乐福败走香港对中国内地零售业的发展有何启示?

 案例分析思路

企业营销工作是否成功,关键看消费者在购物场所的行为结果。只有当消费者形成了购买行为,商品由生产者转移到消费者手中,商品才能发挥它的使用价值,企业才可以实现经济效益。在这个过程中,消费者身处的营业环境以及直接面对消费者的销售人员的推销技巧、服务态度等起着至关重要的作用。

营业环境是消费行为发生的主要场所,消费者对商品的认知过程、购买的决策过程、对商品的选择过程、售货员对消费者的推销和劝导过程等都发生在营业场所。消费者的心理和行为会因为营业环境内的各种因素的影响而发生相应的改变,营业环境的质量与形象还会影响消费者态度,影响消费者购买后的评价。

 任务项目1

营销环境的重要性:麦当劳的"中国风水"设计餐厅

中新网 2008 年 2 月 19 日电,据香港《大公报》援引英国《每日电讯报》18 日消息,美国加州一家麦当劳餐厅成为美国第一家按中国风水设计的麦当劳餐厅,旨在鼓励顾客多流连在该餐厅吃巨无霸和炸薯条。图 10.1 为美国第一家按中国风水设计的麦当劳餐厅。

图 10.1　美国第一家按中国风水设计的麦当劳餐厅

位于洛杉矶以东哈辛达高地的麦当劳分店将不再以传统的鲜红和鲜黄作主调，而是对称地平衡座位安排，衬以水土色调、奇禽异兽，入口处竖立一根巨柱，旨在阻止邪气入侵和保住福气。据该公司说，用餐区以水元素为主，代表生活和放松。而整个餐厅则以火元素和红色为背景，象征好运、欢笑和光。

该分店经营者马克·布朗斯坦恩请来风水大师 Chi-Jean Liu 和设计公司 JBI 工业公司来布置该餐厅。他说："我选择风水设计，为顾客创造舒缓的环境，让他们更好地享受用餐经验。"风水是中国古代对家居和建筑物位置设计的一种方法，旨在与五行（金、木、水、火、土）形成和谐关系，增加气的流动。这种哲学，似乎与其食品包含大量糖和脂肪的世界最大快餐厅风马牛不相及，但全国各地的麦当劳都在设法把分店弄得更适应当地习俗。他补充说，自该分店重新设计以来，亚裔顾客增加了。

思考：麦当劳此举的意义是什么？说明营业场所的环境特色对消费者心理的作用。

 **相关知识点**

 营业环境对消费心理的影响

- 营业环境的概念：营业环境又称购物环境，是购买行为发生的主要场所。

- 营业环境对消费心理的影响
  - 营业环境的拥挤状况
  - 建筑结构和布局
  - 建筑结构的内部结构
  - 个人空间
  - 空气污染
  - 温度

一、营业环境的概念

营业环境又称购物环境，是购买行为发生的主要场所。

人们所消费的商品主要分为有形的实物商品和无形的劳务性服务商品，购物环境因此也分为两大类。一是提供实物商品的商业营业场所，这类营业场所一般有固定的地点，比如百货商场、超级市场、仓储式商场等。但随着互联网技术的发展以及现代物流配送系统的完善，非固定场所经营实物商品的网上营业环境也在蓬勃发展。二是提供劳务服务的营业环境，比如旅游、饭店、休闲、文化艺术等消费中的特殊营业环境。这一类营业环境可能拥有相对固定的场所，比如音乐厅、饭店、旅游景点等，也可能没有相对固定的场所，比如信息咨询服务、家政服务等。

二、营业环境的作用

营业环境是消费者认知商品、购买决策、选择商品、接受服务人员服务和推销人员劝导的重要场所。对于劳务服务性商品而言,营业环境是消费者体验消费价值的地点。

消费者进入营业环境时,一般会注意到营业环境的外部特征,进入营业环境后,会观察营业环境的内部情况,浏览他们感兴趣的事物,有购买需要的消费者开始寻找、选择商品,或与销售人员进行接触,以获取相关的信息,有些消费者还希望销售人员帮助他们作出选择。由此,消费者的消费行为已经开始了。

在营业环境中,消费者只有实施并完成购买行为,商品从经营者转移到消费者手中,其使用价值才能得以发挥,企业的经营目的才能实现。否则,消费价值和企业的价值都不能实现。消费者在营业环境中的行为与结果,是决定企业经营是否成功的关键。

受营业环境种种因素的影响,消费者心理行为可能随之改变。有些因素对消费者的影响作用大一些,有些因素的影响作用小一些,有些因素对消费者行为起积极的促进作用,而有些因素会起消极的阻碍作用。所以,营业环境的质量与形象会改变消费者的态度,影响消费者购买后的评价。

三、营业环境对消费心理的影响

营业场所的噪音对消费者心理的影响。从心理学观点看,噪音是使人感到不愉快的声音。对噪音的体验往往因人而异,有些声音被某些人体验为音乐,却被另外一些人体验为噪音,营业场所音乐声音的大小和类型影响着购买者的决策。与强噪音有关的生理唤起会干扰人的感觉,但是人们也能很快适应不致引起身体损害的噪音。一旦适应了,噪音就不再干扰行为,但是会因为不适应而放弃该环境从而造成厂家的损失。

(1) 营业环境的拥挤状况。从心理学角度看,营业场所的拥挤与人群密度既有联系,又有区别。拥挤是主观体验,密度则是指一定空间内的客观人数。密度大并非总是会引起消费者的不满,而拥挤却总是令人不快的。社会心理学家对拥挤提出了各种解释。感觉超负荷理论认为,人们处于过多刺激下会体验到感觉超负荷,人的感觉负荷量有个别差异;密度-强化理论认为,高密度可强化社会行为,而不管行为是积极的还是消极的。比如观众观看幽默电影,在高密度下比在低密度下鼓掌的人数多。失控理论认为,高密度使人感到对其行为失去控制,从而引起拥挤感。

(2) 建筑结构和布局。结构外观不仅影响生活和工作在其中的人,也影响外来访问的人。不同的住房设计引起不同的交往和友谊模式,建筑外部的设计对消费者有很大的影响作用,甚至影响到企业的品牌认知。高层公寓式建筑和四合院布局产生了不同的人际关系,这已引起人们的注意。国外关于居住距离对于友谊模式的影响已有过不少的研究。通常居住近的人交往频率高,容易建立友谊。

(3) 建筑结构的内部结构。房间内部的安排和布置也影响人们的知觉和行为。颜色可使人产生冷暖的感觉,装修安排可使人产生开阔或挤压的感觉。装修的安排也影响购物的舒适度。社会心理学家把家具安排区分为两类:一类称为亲社会空间;一类称为远社会空间。在前者的情况下,装饰空间物件成行排列,比如车站,因为在那里人们不希望进行亲密交往;在后者的情况下,装饰空间物件成组安排,比如家庭,因为在那里人们都希望进行亲密交往。

(4) 个人空间。个人空间指个人在与他人交往中自己身体与他人身体保持的距离。1959 年霍尔把人际交往的距离划分为 4 种:亲昵距离,0~0.5 m,比如爱人之间的距离;个人距离,0.5～1.2 m,比如朋友之间的距离;社会距离,1.2～2 m,比如开会时人们之间的距离;公众距离,4.5～7.5 m,比如讲演者和听众之间的距离。虽然人们通常并不明确意识到这一点,但在行为上却往往遵循这些不成文的规则。破坏这些规则,往往会引起别人的反感。

（5）空气污染。空气污染对身体健康的影响早已引起人们的注意,但其心理后果却刚刚引起重视。1979 年罗顿等人的研究表明,在某些条件下空气污染可引起消极心情和侵犯行为。

（6）温度。温度与暴力行为有关,夏日的高温可导致暴力行为增加。但是当温度达到一定点时再升高则不会导致暴力行为而会导致嗜睡。温度也与人际吸引有关,在高温室内的被试者比在常温室内的被试者易于对他人作出不友好的评价。

店铺消费：店面设计讨论练习

图 10.2 为咖啡厅店面设计,看后谈谈你的感受,并提出修改意见。

图 10.2　咖啡厅店面设计

思考：营业环境的设计对消费心理有什么影响?

 营业环境的外部与内部设计对消费者心理的影响

20 世纪 90 年代的广大消费者,再也不满足于以往进商场仅仅是为了购物的单纯需求,他们开始对商场的环境美化提出更高的要求。比如希望商场提供憩息之地,建议商场摆设花卉草木,渴望商场增添文化氛围等。由此可见,商场环境美化对顾客心理的影响作用之大。顾客逛商场,不仅仅要和营业员进行有声的直接交际,更重要的是双方之间还要进行无声的间接交流。这就是通过商场美化,来向顾客进行心理服务,以满足顾客对商场多功能、全方位的较高要求。因此,无论大小商场,都可根据顾客这一心理变化,展开新的经营战略,讲究环境景观,商场设施、场内气氛等有形、无形的机能,从而为顾客提供高品位的心理服务。

当你准备选购住房时,在价钱档次、房屋布局不错的小区中,也许你会偏爱环境整洁、幽雅安静、外观色彩明快、感觉起来赏心悦目的小区。其实这是因为开发商在小区及房屋的外观设计上下了一番苦功。最好的例证是当今成都市郊的高新开发西区。早两年修建的小区,其市价每平方米仅一千多元,现在在位置偏一点的地方新修起来的小区,开发商更注重小区的环境、外观设计,修建的售楼部也越来越气派时尚,所售价格一下就升到起价每平方米三千多元,甚至达到四千多元。现实中,有很多小区房屋内部结构设计更合理,施工质量也更过硬,但外部环境没有什么亮点,因而没能得到更多消费者的青睐。

有特色的建筑物总是能够引起人们的兴趣,给人以深刻的印象,所以有特色的建筑物总是能够吸引较多的消费者。

- 店铺外部环境　{交通条件 / 商圈的规模效应}
- 营业环境的门面装饰　{招牌设计的心理方法 / 橱窗设计的心理方法}

一、营业环境的外部形象设计

大型的营业环境,设计者总是想方设法使建筑物具有独到的特点。上海大剧院外观雅致秀丽,具有中国园林建筑那样的轮廓又不失现代化的建筑风格,功能厅之间的连接具有明亮宽敞的特点,且有良好的气度感,这样的营业环境既是文化娱乐的好场所,也是人们游览参观的标志性建筑。

小型的零售购买场所,人们也会尽量装饰得别出心裁、风格独特。比如,可以在世界各地经常见到"大桶"可口可乐,实际上是外形设计得像可口可乐那样的小型售货亭。法国巴黎开了一家水果营业场所,整个外形是一个剥开了的巨大橘子,开口处是营业场所的门,十分诱人,顾客好像走进橘子里去一样。广州市有一个售货亭,外形好像一个牛奶瓶。国外有家儿童用品商店,外形设计是一个火车站,店内相应设计为一节节的车厢,设计新奇,颇具匠心,迎合了儿童的好奇心理,深受小朋友的青睐。

商店的建筑设计(即外观造型和建筑布局)要引起消费者积极的情感,给消费者以美的享受。当人们来到商店后,对该设计产生好感,情绪激发了,情感也就得到了满足,由此产生购买动机。于是,要求建筑师在建筑设计上应打破千篇一律的格调,更注重造型、色调、新颖、美观和独特。

另外,随着社会生活的日趋现代化,商店不仅是消费者购物的场地,而且是社交和休闲的去处,同时也是进行商业宣传活动的地方。因此,在建筑的布局方面,要注意迎合人们的这种需要。香港的"新世界中心"、"太空城"等商场,在建筑的布局上都采用环型设计,店铺和橱窗都围绕着中央大活动中心。活动中心有时装表演台、溜冰场、茶座、酒吧等。这种现代化的商场设计，从消费者多种需求出发，能吸引大量的消费者。

营业场所的建筑特色要与经营一脉相承，互相融合，又要别具一格，容易识别。这样设计的目的是要形成竞争中的差异化，形成差异化的主题就是要形成长久的品牌优势，从而推动商业的持续旺场。因此，建设主题式商业建筑成为现代商业的必备。主题式商业建筑是一种潜在的、看不见的、润物细无声的支持，它将长期制造着商业项目的核心吸引力。在遍布全球的众多购物中心中，每一个购物中心都有百货公司，都有购物超市，都有步行街，都有餐饮娱乐场所，但是因为不同的主题，又会使消费者得到不同的体验。即使两个主题不同的MALL引入同一品牌百货店，也会因为购物中心营造的主题的差异性而使消费者得到不同的感受。这种体验的得来，与商业氛围有关，与建筑语言所营造的主题更是息息相关。

比如，日本大阪率先发展生态型购物中心。其中独具特色的生态购物中心，建筑面积达到 32 万 m²。建筑师设计了一个带有自然地貌特点的人造峡谷式的公园式购物中心，该峡谷的植物覆盖在建筑上面，露天的坡道从 2 层逐渐走到 8 层，坡道两边可以进入不同楼层上的商店、餐饮与娱乐场所，并有天桥连接峡谷两端，形成一个生态购物中心的特质。在香港，迄今为止共有 20 多个购物中心。在香港面积不大的城市版图上，如此之多的购物中心共同存在，势必导致各个购物中心都致力于主题化，以形成本身的形象区隔。有特色的建筑物能吸引消费者，并能引起人们的兴趣，给人较深刻的印象。

二、周边营业环境的设计

周边营业环境主要影响消费者对营业环境的辨认，还可能影响消费者购物的方便程度，比如营业环境周围的商业气氛、交通状况以及营业环境离消费者之间的地理距离等因素都会对消费者构成影响。

（一）交通条件

公共交通条件无疑是影响营业环境最重要的外部因素。交通条件越好，消费者购买商品的困难越少；交通条件越差，消费者购买商品的难度越大。当前，国内大部分经营单位已为购买大件商品的顾客提供了免费送货上门的服务，这是提高服务质量的一种形式。一般来说，经营单位要为所有顾客解决商品运输的问题较为困难。

少数消费者拥有自己的交通工具，他们只需要营业单位提供交通工具存放的场地。这在商业密集的大城市、商场密集的黄金地带确实是一个令人头痛的问题，要找一个停车位显得异常困难。我国快速的经济增长没有为这些消费者准备足够的服务空间，这个问题在未来十几年内会一直困扰经营单位与拥有交通工具的消费者。

（二）商圈的规模效应

当消费者在一处营业环境购买商品或消费时，他们可能会同时在附近的营业场所游览、观光或消费，并可能产生购买行为，这样的购买行为就属于营业环境中的规模效应（也叫马太效应）。比如去北京王府井大街，就可能不仅要去北京市百货大楼、新东安商场，也要去工艺美术大楼、中国照相馆等其他的经营单位，还可能顺便逛一逛全聚德、瑞福祥等老字号。黄金周去四川雅安的碧峰峡野生动物乐园旅游的游客，一般不会仅仅停留在野生动物园，还会看看碧峰峡自然风景区及四川大熊猫繁育基地等附近的旅游点。实际上，万贯集团选址碧峰峡景区开发人造旅游景点,就是看中了可以将人造景点和自然景点结合开发,形成规模效应。在此基础上,风景区附近的"上里古镇"的乡民,也顺应潮流搞起一条龙的农家生态游,把当地保护得很好的一些景点,比如唐代修筑的千年不垮的具有江南水乡特色的古石桥、唐代已形成的古间隙泉、罕见的镶刻浮雕"地主庄园"、贞节牌坊、红军抗日石刻标语等文物古迹,结合有当地特色的农家小吃和农家淳朴的乡情展现在游客面前,也使平日安静的小镇,每逢黄金周游人流络绎不绝,发展了当地经济,增加了乡民的收入。

综上所述,营业环境形成规模效应的条件,一般是这些营业单位的地理位置接近、营业性质比较接近或者相互兼容,消费者才有可能在这个营业圈内保持持续消费的动机。20 世纪 80 年代初浙江温州形成的纽扣市场和皮鞋市场,90 年代初河北白沟形成的箱子市场,90 年代河南郑州形成的粮食交易市场等,都是出于商品性质相似而形成的规模效应。规模效应是大型营业环境规划设计的重要参考因素,规模效应能够带动周边地区的经济活动。在一定意义上讲,也方便了顾客购物,降低了一些顾客每次购物或消费的成本。

三、营业环境的门面装饰

门面装饰就像人的脸一样重要,漂亮的脸孔使人越看越喜欢。门面装饰常常依靠门联和招牌来加强消费者对该营业环境的印象。

（一）招牌

招牌是营销单位的名称及其相应的装潢广告牌子,有的采用匾牌书写营销单位的名称,有的还使用灯箱、路牌等形式对营业单位的名称加以突出,其中灯箱给人的印象最深刻。店面上部可设置一个条形商店招牌,醒目地显示店名。在繁华的商业区里,消费者往往首先浏览的是大大小小、各式各样的商店招牌,寻找实现自己消费目标或值得逛游的商业服务场所。因此,具有高度概括力和强烈吸引力的招牌,对顾客的视觉刺激和心理的影响是很重要的。

以往门面的装饰都使用木制的板子,用油漆写上美术字,现在已用得越来越少。使用金属质材料制作的匾牌较多,这种匾牌的字体美观、抗腐蚀能力强,金属的质感和光泽给人以华丽、光彩的感觉。一些实用性光学技术也用到了营业环境的门面装饰上来,比如有些门面使用光纤照明技术、激光照明技术,有些使用电脑控制的灯光组以产生动感效果。

门口悬挂广告已经是必不可少的一种装潢形式,且制作的技术水平也越来越高。灯箱广告是其中最为常见的形式,它以绚丽的光效果吸引人们的注意和兴趣。当代灯箱广告以日光灯、白炽灯、霓虹灯和半导体作为基本光源,所以产生的视觉效果最好。霓虹灯可以设计成不同的字体、不同的色彩,还可以组成不同的运动方式,在繁华的都市里,闪闪烁烁的广告常常让人过目不忘,这些美丽的广告还为美化城市起了一定的积极作用。招牌文字设计应注意店名的字形、大小、凸凹、色彩、位置,应有助于正常使用;文字内容必须与店本身的品位相吻合;文字尽可能精简,内容立意要深,又要顺口,易记易认,使顾客一目了然;美术字和书写字要注意大众化,中文和外文美术字的变形不要太花太乱太做作,书写字不要太潦草,否则,不易辨认,又会在制作上造成麻烦。

招牌的首要问题是命名。好的招牌命名便于消费者识别。要触目、上口、易记,同时满足消费者的好奇、方便、信赖、喜庆吉祥、慕名等心理需要,以便吸引众多的消费者。具体有以下几种做法。

1. 以商店主营商品命名，满足消费者求方便的心理

这种命名方式，通常能从招牌上直接反映出商店经营商品的类别，比如"南大门副食店"、"廖记棒棒鸡"、"内联升鞋店"等。

2. 以商店经营特点命名，使消费者产生信赖感

以商店经营特点命名，能反映出商店的良好信誉和优质服务。比如，"真相照相馆"令人想到满意的照片，"精益眼镜行"让人觉得其服务和质量精益求精，"精时钟表店"使人联想到钟表的精确性。

3. 以名人、名牌商标或象征高贵事物的词语命名，满足消费者求名、求阔心理

追求高级、华贵和高雅是某些消费者特有的心理倾向，我们把它称为求奢侈心理。随着经济发展、人民生活水平的提高，现代消费者不仅追求名牌商品，同时也追求名牌商店，比如专营珠宝首饰的"戴梦得"在华贵中透着高雅。此外，在这种心理的支配下，一些消费者对取了外文名字的商品情有独钟。

4. 以寓意美好的词语和事物命名，迎合消费者的喜庆吉祥心理

追求喜庆吉祥是我国各民族长期以来形成的一种重要的心理需求。

5. 与历史名人或民间传说相联系的命名方法

这种命名方法，通常能反映经营者的经营历史、服务经验和丰富学识，使消费者产生浓厚的兴趣和敬重心理。比如"会仙楼"、"杜康醉"、"东坡酱肘店"等。

6. 以新颖、奇特的表现方式命名，引起消费者的好奇心理

感情动机是一种重要的购买动机，好奇心能引起兴趣、渴望、快乐、喜欢、满足等情感，最易诱发消费者购买商品。我国浙江宁波有一家汤圆店，招牌上画着一口水缸、一只白鸭和一只小黄狗，这个招牌引来许多好奇的顾客。其实招牌上的这 3 幅画就是店老板名字——江阿狗的谐音。由于这个招牌，使该店顾客盈门、生意兴隆。

（二）橱窗设计的心理方法

1. 唤起注意，促发兴趣

消费者在繁华的商业大街上漫步时，目光常常是游移不定的。有的人根据自己的购买目标选购商店，有些人则常常是没有明确的目标的。店门、招牌和橱窗都在他们的视觉范围内，一般橱窗是最先引起注意的。大多数消费者观看橱窗的目的，往往就是为了观察、了解和评价橱窗里的陈列商品，为选购商品收集信息，以便作出购买决定。因此，商店橱窗设计中最应注意的问题，就是要突出商店所经营的商品的个性，把个性商品的主要优良品质或特征清晰地展示给消费者，给消费者选购的方便感。

就一般情况而言，在橱窗里展示的商品都应是名牌商品、拳头商品，这些商品或是市场上抢手的紧俏货，或是刚上市的新产品。这样才能真正吸引众多的顾客，激发消费者的购买欲望。因此，不要把没有什么名气的一般商品在橱窗中陈列，以免给顾客造成商店经营水平低的不良印象。

2. 暗示消费者购买商品

暗示是指用含蓄间接的方法对人们的心理和行为产生影响。橱窗陈列还起着暗示人们使用所展览商品的作用。比如，卖家居用品的商店，在橱窗中布置成起居室的样子，陈列一套格调一致的家具模型，再配上色彩协调的窗帘和地毯，形成一幅生动的立体画面。它向顾客暗示这样的含义，即购买这种商品，这样布置最好。

3. 塑造优美的整体形象

在橱窗中的商品不是孤立的,它总有许多陪衬物的烘托,为了突出主题,避免喧宾夺主,就必须从橱窗的整体布局上采用艺术的手法来考虑设计方案,使橱窗的整体布局给顾客留下优美的整体印象。要达到此目的,布局上就要做到均衡和谐、层次鲜明、主次分明,一般情况下可采用对称均衡、不对称均衡、重复均衡、主次对比、大小对比、远近对比和虚实对比的手法,把整个橱窗中的各种物件有机地联系起来,使它们组成一个稳定而不呆板,和谐而不单调,主次分明、相辅相成的整体形象。在色彩运用上需要根据商品本身的色彩、题材以及季节的变化来安排,采用单一色、邻近色、对比色、互补色等原理,处理好对比、调和以及冷暖的变化关系,给消费者以明快、舒适的感受。

4. 虚实结合,启发消费者的联想

橱窗陈列常见的表现手法,是把商品样品与各种装饰物、色彩及相关的景物结合起来,构成完整协调的立体画面,使顾客产生丰富的联想。

总之,橱窗设计要以吸引顾客、刺激购买欲为基本原则,促进顾客的购买行为。

任务项目3

卖场环境设计:超市商品布局设计思考

超市的卖场是企业与顾客以货币和商品进行交换的场所。一般来说,超市卖场指的就是店铺内陈列商品供顾客选购的营业场所。超市卖场布局最终应达到两个效果。第一,顾客与店员行动路线的有机结合。对顾客来说,应使其感到商品非常齐全并容易选择。对店员来说,应充分考虑到工作效率的提高。第二,塑造,即创造舒适的购物环境。图10.3为某超市布局。

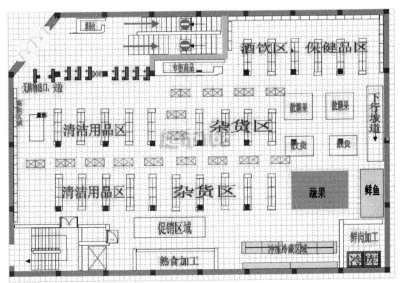

图 10.3 某超市布局

思考:分析后为身边的超市画一个布局图,并分析是否合理。

相关知识点

内部营业环境的布局

商店内部环境,包括总体布局,比如货架、墙壁、地板、天花板的设计、货场照明等内部装饰,以及声响、气味和湿度的调节与控制等相关便利服务内容。理想的营业环境,一方面对消费者的感觉器官有着较强的刺激力,使他们在观赏选购商品时感到优雅、舒适和和谐,始终保持兴致勃勃的情绪,从而促成购买行动,而且在购物或消费之后,还能吸引他们再一次光临这个场所,让他们把满意的体会转告其他顾客,为这个营销单位传播美誉。另一方面,也能使营业人员的精神饱满、情绪高涨、服务热情,从而提高工作效率和服务质量。

> 知识卡片
>
> ● 卖场环境:包括总体布局,比如货架、墙壁、地板、天花板的设计、货场照明等内部装饰,以及声响、气味和湿度的调节与控制等相关便利服务内容。
>
> ● 卖场环境设计因素 $\begin{cases} 总体布局 \\ 内部装饰 \\ 听觉环境 \end{cases} \begin{cases} 柜台设置 \\ 店内通道设计 \\ 商品陈列 \end{cases}$

一、总体布局

总体布局是指营业环境内部空间的总体规划和安排。良好的总体布局不仅方便顾客,减少麻烦,而且在视听等效果上给人们一定的美感享受,这是吸引回头客、保持顾客忠诚度的因素之一。

总体布局的原则是视觉流畅、空间感舒畅、购物与消费方便、标识清楚明确、总体布局具有美感。通过下面的例子可以说明问题。

比如,北京新东安商场曾是亚洲地区最大的零售商场,也是王府井商业大街上的标志性商场。该建筑外观具有明快的风格,其中央区设计为宽敞的开放性通道,顶部的阳光直射中央区,自然光能够产生平和、安详的视觉感受,从两个中央区向四周浏览,可以方便地寻找到不同类型的专卖店或购物通道。中央区两三部垂直电梯使用透明箱体,在电梯里可以感受商场内部宽阔的空间,两三部滚动电梯靠近空旷的中央大厅边缘,在平稳流畅的上下运行中,可以使顾客产生飘洒的视觉印象。许多人愿意逛新东安商场,一是因为其亚洲排名第一的名气,二是因为其宽敞的总体布局,三是由于其保留了原东安市场的古朴风格。另外,不同档次的商品汇集、不同品牌的门类齐全,也是人们去王府井逛新东安市场的重要理由。

不良的建筑结构与营业环境布局设计,所带来的营业环境会给消费者带来许多麻烦与不便。

二、内部装饰

（一）柜台设置

柜台与货架是陈列商品的载体。柜台与货架的设置方式直接影响消费者的购买行为。

1. 按照售货方式不同,选择开放式和封闭式的货架陈列

开放式柜台采取由消费者直接挑选商品的方式。消费者可以根据自己的需要和意愿,任意从货架上拿取、选择和比较商品,从而最大限度地缩短与商品的距离,增强亲身体验和感受;可以获得较大的行为自由度,产生自主感和成就感;可以减轻心理压力和其他因素的干扰,在自由接触商品中形成轻松愉悦的情绪感受;还可以使消费者感受到商店对自己的尊重和信任。这些都会进一步激发消费者的购买欲望,促成购买行为。书店、鲜花店、家具店、超级市场、专卖店等大多采用开放式柜台。

封闭式柜台是依靠售货员向消费者递拿、出售商品的设置形式。这种形式增加了消费者与商品联系的中间环节,扩大了距离感,降低了个人的行为自主性,对消费者心理的负面影响较多。但在诸如珠宝首饰、钟表、化妆品、电器、副食等不宜或无法直接挑选的商品销售中,封闭式柜台仍不失为较为妥当的柜台形式。

2. 按照排列方式不同,可以采用直线式和岛屿式两种方式

直线式柜台是将若干个柜台呈直线排列。这种方式便于消费者通行,视野较开阔和深远,但不利于迅速寻找和发现目标。一般用于小型商店的柜台设置。

岛屿式柜台是将一组柜台呈环状排列,形成一个"售货岛屿"。这种排列方式可以增加柜台的总长度,扩大商品陈列面积,还可以按经营大类划分和集中陈列商品,以便消费者迅速查找和发现所要购买的商品。这种方式有利于营业现场的装饰和美化,通常为大型商场采用。

3. 按照经营商品的特点及消费者的购买特点,可以选择不同的设置区位

在柜台的摆放地点或区位设计中,应以经营商品的性质及消费者的需求和购买特点作为主要依据。对于人们日常生活必需、价格较低、供求弹性小、交易次数多、无售后服务的便利商品,比如香烟、糖果、电池、饮料等柜台,应摆放在出入口附近,以满足消费者求方便、求快捷的心理;对于一些价格较高、供求弹性较大、交易次数少、挑选性强、使用期较长的选购商品,比如时装、家具等,应相对集中摆放在宽敞明亮的位置,以便让消费者观看、接近和触摸商品,从而满足消费者的选择需求。对于一些高档、稀有和名贵的特殊商品,比如彩电、照相机、工艺品、珠宝首饰、古董等柜台,可以摆放在距出入口和便利品柜台较远、环境幽雅的地方,以满足消费者求名、自尊、私密等特殊需求。

(二) 店内通道设计

店内通道划分为主通道与副通道。主通道是诱导顾客行动的主线,而副通道是指顾客在店内移动的支流。超市内主副通道的设置不是根据顾客的随意走动来设计的,而是根据卖场商品的配置位置与陈列来设计。良好高效的通道设计能引导顾客按设计的自然走向,步入卖场的每一个角落,接触尽可能多的商品,使卖场空间得到最有效的利用。通道设计要考虑方便消费者行走、参观浏览、选购商品,同时特别要考虑为消费者之间传递信息、相互影响创造条件。

合理的通道设计还起到了诱导和刺激消费者购买的作用。进入商店的人群大体可分为3类,即有明确购买动机的消费者、无明确购买动机的消费者和无购买动机的消费者。引起后两类消费者购买欲望是零售企业营销管理的重要内容之一。

通道设计时应注意以下几点。

(1) 宽度要保证顾客提着购物筐或推着购物车,能与其他顾客并肩而行或顺利地擦肩而过。对大型综合超市和仓储式商场来说,为了方便更多顾客的流动,其主通道和副通道的

宽度可以基本保持一致。同时，也应适当放宽收银台周围通道的宽度，以保证收银处的通畅。

（2）通道要尽可能做笔直的单向通道设计，避免迷宫式通道。在顾客购物过程中尽可能依货架的排列方式，将商品以不重复、顾客不回头走的设计方式布局。

（3）通道地面应保持平坦。处于同一层面上，有些门店由两个建筑物改造连接而成，通道途中要上或下几个楼梯，有"中二层"、"加三层"之类的情况，令顾客眼花缭乱，不知何去何从，显然不利于门店商品销售。

（4）少拐角。事实上一侧直线进入，沿同一直线从另一侧出来的店铺并不多见。这里的少拐角处是指拐角尽可能少，即通道途中可拐弯的地方要少。有时需要借助于连续展开不间断的商品陈列线来调节。

（5）通道上的照明度要比卖场明亮。通常通道上的照度要达到 1 000 勒克斯(lx)（勒克斯：照度单位，1 lm 的光通量均匀分布在 1 m² 面积上的照度，就是 1 勒克斯，简称勒。流明(lm)：光通量单位，1 国际烛光照射在距离为 1 cm、面积为 1 cm² 的平面上的光通量，就是 1 流明，简称流）。尤其是主通道，相对空间较大，是客流量最大、利用率最高的地方。要充分考虑到顾客走动的舒适性和非拥挤感。

（6）没有障碍物。通道用来诱导顾客多走、多看和多买商品。通道应避免死角。在通道内不能陈设、摆放一些与陈列商品或促销无关的器具或设备，以免阻断卖场通道，损害购物环境。

（三）商品陈列

商品陈列是指柜台及货架上商品摆放的位置、搭配及整体表现形式。根据国内外的成功经验，应根据消费者的心理特性灵活配置商品布局比例，使商品陈列做到醒目、便利、美观和实用。不同零售业态的经营特点、出售商品和服务对象不同，其商品陈列也表现出不同的形式。总的来说，商品的陈列可采用以下方法。

1. 醒目陈列法

商品摆放应力求醒目突出，以便迅速引起消费者的注意。需注意以下几个方面。

（1）陈列高度。商品摆放位置的高低会直接影响消费者的视觉范围及程度。心理学研究表明，人眼的视场与距离成正比，而视觉清晰度与距离成反比。通常，消费者在店内无意注意的展望高度是 0.7～1.7 m。同视线轴大约 30°角上的商品最容易为人们清晰感知。在 1 m 的距离内，视场的平均宽度为 1.64 m；在 2 m 的距离内，视场达 3.3 m；在 5 m 的距离内，视场达 8.2 m；到 8 m 的距离内，视场就扩大到 16.4 m。商品摆放高度要根据商品的大小和消费者的视线、视角来综合考虑。一般来说，摆放高度应以 1～1.7 m 为宜，与消费者的距离约为 2～5 m，视场宽度应保持在 3.3～8.2 m。

（2）商品的量感。所谓量感，是指陈列商品的数量要充足，给消费者以丰满、丰富的印象。量感可以使消费者产生有充分挑选余地的心理感受，进而激发购买欲望。据调查显示，有明确购买目标的顾客只占总顾客的 25%，而 75% 的消费者属于随机购买和冲动型购买。因此，如何增强商品的存在感，使店内商品最大限度地变得让顾客目之可及、伸手可得，进而吸引顾客更长时间停留，最终实现冲动购买，便成为一个关键性问题。

（3）突出商品特点。商品的功能和特点是消费者关注并产生兴趣的集中点。将商品独有的优良性能、质量、款式、造型、包装等在陈列中突出出来，可以有效地刺激消费者的购买欲望。比如,把气味芬芳的商品摆放在最能引起消费者嗅觉感受的位置,把款式新颖的商品摆放在最能吸引消费者视线的位置,把名牌和流行性商品摆放在显要位置,都可以起到促进消费者购买的心理效应。

2. 重点陈列法

现代商店经营商品种类繁多,少则几千种,多则几十万种。要使全部商品都引人注目是非常困难的。为此,可以选择把消费者大量需要的商品作为陈列重点,同时附带陈列一些次要的、周转缓慢的商品,使消费者在先对重点商品产生注意后,附带关注大批次要商品。对于重点陈列,业内有一种商品布局中的磁石理论。所谓**磁石点**,是指卖场中最能吸引顾客眼光停留的地方,磁石点就是顾客的注意点。创造这种吸引力要依靠商品的配置技巧来完成。在商品布局中磁石理论运用的意义是在卖场中最能吸引顾客注意力的地方陈列最合适的商品以促进销售,并且以此引导顾客顺畅地逛遍整个卖场,达到增加顾客随机消费和冲动性购买的目的。

3. 连带陈列法

许多商品在使用上具有连带性,比如牙膏和牙刷、照相机和胶卷等。为引起消费者潜在的购买意识,方便其购买相关商品,可采用连带陈列方式,把具有连带关系的商品相邻摆放。此外,还应注意到消费者的无意注意。**无意注意**是指消费者没有目标或目的,在市场上因受到外在刺激物的影响而不由自主地对某些商品产生的注意。如果在售货现场的布局方面考虑到这一特点,有意识地将有关的商品柜组设置在一起,比如,把妇女用品柜与儿童用品柜、儿童玩具柜邻近设置,向消费者发出暗示,引起消费者的无意注意,诱导其产生购买冲动,会获得较好的效果。

4. 裸露陈列法

好的商品摆放,应为消费者观察、触摸以及选购商品提供最大便利。为此,多数商品应采取裸露陈列,应允许消费者自由接触、选择、试穿试用和亲口品尝商品,以便减少消费者的心理疑虑,降低购买风险,坚定购买信心。

5. 季节陈列法

季节性强的商品,应随着季节的变化不断调整陈列方式和色调,尽量减少店内环境与自然环境变化的反差。这样不仅可以促进应季商品的销售,而且可以使消费者产生与自然环境和谐一致、愉悦顺畅的心理感受。

6. 艺术陈列法

这是通过商品组合的艺术造型进行摆放的方法。各种商品都有其独特的审美性,在陈列中,应在保持商品独立美感的前提下,通过艺术造型使各种商品巧妙布局,相映生辉,达到整体美的艺术效果。

在实践中,上述方法经常可以灵活组合,综合运用。同时要适应环境和需求变化,不断调整,大胆创新,使静态的商品摆放充满生机和活力。

(四) 商品陈列的基本要求

商品陈列是指柜台及货架上商品摆放的位置、搭配及整体表现形式。商品陈列是商店内部陈设的核心内容,也是吸引消费者购买商品的主要因素。虽然商品陈列因行业不同、经营品种不同和营业场所构造不同而有所差异,但有一点是相同的,即商品陈列本身就是商品广告,摆放得体的商品本身就是激发消费者购买欲望的有力手段。怎样的陈列才是得体、适当的呢? 其基本要求有以下几个方面。

1. 方便顾客观看

在方便顾客观看商品方面,柜台设置的高度应该适合消费者的习惯高度。比如我国成年人的平均身高为 1.68 m 左右,视线高度一般为 1.5～1.6 m。为了方便顾客浏览、毫不费力地观看到所陈设的商品,柜台设计应当参照人们的正常视线高度。如果商品的摆设位置过高,顾客仰视时会比较费力,给顾客所造成的心理距离较大;如果商品摆设的位置过低,顾客需要低头寻找商品,在人多拥挤的情况下顾客不容易发现这些商品,减少了商品被人注意的机会。

2. 方便顾客行动

布置营业柜台时,有些单位在有意无意之中会犯一个常识性的错误,即柜台设置出现"死胡同"现象。顾客沿一个方向观看了一面柜台的商品之后,必须折回来再观看一遍商品才能走到另一组商业柜台里去,他们以为这样回来一遍可以增加顾客观看商品的机会。其实这种布置方式是不可取的。顾客折回来观看商品,必然与走入这组柜台的顾客相遇,造成柜台内顾客人数增加,来往的顾客都觉得不方便。有些消费者只是观光性地浏览闲逛,并没有购物计划,他们一见到"死胡同"般的柜台布置会立刻往外走,结果反而减少了顾客观看商品的机会。因此应该避免这种柜台布置。

3. 方便顾客挑选

商品陈列要尽可能做到裸露摆放,同时要有价格、货号、产地、性能、规格、质量等级说明,便于消费者观看、触摸和比较,以增强商品的感性认识。如果消费者不能直接看到或触摸商品,陈列中只有价格而较少有其他说明,这样易使消费者产生怀疑而导致购买欲望下降。

另外还应做到方便商品摆设、利于美化整体营业环境和有效地利用营业空间来增加展示商品的机会。

（五）商品陈列的基本形式

1. 逆时针陈列商品法

逆时针陈列商品法是把商店经营的商品按逆时针旋转的方向有序陈列。在实际调查中发现,90%以上的顾客总是有意无意地按逆时针方向行进,男顾客更是如此。把商店经营的商品按主、次逆时针方向陈列,有助于消费者更好地选购商品。一些经营品种较多的大型百货商店和超市,通常是把日常生活用品陈列在商店入口处的逆时针方向,这样顾客进店后能很快地找到自己所要的商品。

2. 同类商品的垂直陈列法

同一类型或同一种类的商品,可以在货架上一层层上下垂直陈列。比如把小型号的服装放在最上层,中型号的放在中层,大型号的放在最下层。这样,既节省空间,又方便顾客寻找。

3. 相关商品陈列法

这种方法要求将相关商品陈列一处。比如买鞋的柜台,可以同时陈列鞋垫、鞋带、鞋油、鞋刷等商品。文具店柜台可以将笔墨纸砚陈列在一块。

4. 季节陈列法

对于不同季节消费的商品,要按季节的变化进行陈列。一般应把应季销售的商品放在最佳位置,以吸引消费者的注意力。

5. 专题陈列法

专题陈列法是指结合某一特定事件、时期或节日,集中陈列应时适销的连带性商品的做法。比如中秋节食品店中的月饼专柜。

(六) 超市卖场设计的5个磁石点

第一磁石点。第一磁石点位于卖场中主通道的两侧,是顾客必经之地,也是商品销售最好的地方。此处配置的商品主要是主力商品、购买频率高的商品和采购力强的商品。这类商品大多是消费者随时需要,又时常要购买的。比如蔬菜、肉类和日配品(牛奶、面包、豆制品等)应放在第一磁石点内,可以增加销售量。

第二磁石点。第二磁石点在第一磁石点的基础上摆放,主要配置以下商品:流行商品、色泽鲜艳、引人注目的商品和季节性强的商品。第二磁石点需要超乎一般的照明度和陈列装饰,以最显眼的方式突出表现,让顾客一眼就能辨别出其与众不同的特点。同时,第二磁石点上的商品应根据需要隔一定时间便进行调整,保持其基本特征。

第三磁石点。第三磁石点指的是超市中央陈列货架两头的端架位置。端架是卖场中顾客接触频率最高的地方,其中一头的端架又对着入口,因此配置在第三磁石点的商品,就要刺激顾客的购买欲。此处一般为高利润商品、季节性商品和厂家促销商品。

第四磁石点。第四磁石点通常指的是卖场中副通道的两侧,是充实卖场各个有效空间的摆设商品的地点。这是个要让顾客在长长的陈列线中引起注意的位置,因此在商品的配置上必须以单项商品来规划,即以商品的单个类别来配置。为了使这些单项商品能引起顾客的注意,应在商品的陈列方法和促销方法上对顾客做刻意表达诉求,主要有热门商品、有意大量陈列的商品、广告宣传的商品等。

第五磁石点。第五磁石点位于收银台前的中间卖场。各门店可按总部安排,根据各种节日组织大型展销、特卖活动的非固定卖场。其目的在于通过采取单独一处、多品种大量陈列方式,造成一定程度的顾客集中,从而烘托门店气氛。同时展销主题的不断变化,也给消费者带来新鲜感,从而达到促进销售的目的。

三、听觉环境

营业环境的音响主要包括3个方面。一是背景音乐,目的是调节营业环境的气氛,调动顾客的购物情绪。二是经营单位播放的广告信息(包括商品广告信息、各种通知、寻人启事等)。三是服务员给顾客演示商品性能而产生的音响。除此之外,还有顾客与服务人员的交谈声,少数配套设备发出的声音等。

营业环境中播放适度的背景音乐,可以调节顾客的情绪,活跃购物的气氛,给营业环境增加许多生机,还可以缓解一些顾客紧张的购物心情,所以商业经营单位播放背景音乐已经成为一个普遍的现象。有调查人员发现,当消费者面临一个感情成分非常大的购买决定时,音乐的影响力可能最大。对大多数消费者来说,这种决定通常是购买珠宝、休闲用品和化妆品。

在播放背景音乐的时候,基本的要求是音质清晰,音乐题材适合于不同的营业环境。音乐题材要适合于不同的营业环境,是指音乐所产生的心理和情绪反应要与营业环境基本一致。比如在刚开始营业的清晨播放欢快的迎宾乐曲,在一天的营业结束时,播放轻缓的送别曲;销售具有浓郁的地方特色商品的营销环境,可以播放一些民族音乐;商品现代气氛较浓的营销环境,可以播放一些现代轻音乐;营业环境档次高的,可以播放古典音乐、爵士乐一类的音乐;商品的艺术色彩较浓的,可以播放一些带有古典风格的音乐;以青年消费者为主要对象的营业环境,可以多播放一些流行音乐;以老年消费者为主要对象的营业环境,可以多播放一些古典味较浓的音乐。

播放背景音乐时切忌音量过大,过大的音量不仅不能放松顾客紧张的心情,反而增加了一些顾客的紧张心情,过于强劲的音乐(比如强劲的摇滚乐)会刺激一些心脏承受力弱的顾客,产生慌张的反应,这种现象在老年顾客身上比较突出。播放广告信息所产生的音响对于指导购物比较重要,这类音响应该具有较高的清晰度。中、低档商业营业环境还存在一个严重的问题,即不同柜台分别播放不同的广告信息,相互之间的音量很大而且相互干扰,顾客找不到一个安静购物的环境,这样的广告信息也破坏了营业环境的整体美感。

灯光与消费心理：蛋糕店的照明

在西饼店室内设计中,该如何把握饼店的风格和设计的尺度? 常见的有两种倾向:一种是呈现出设计师自身强烈的设计偏好和风格取向;另一种是再现店主人的审美情趣和经营特点。乍一看这些仿佛都很有道理。但这种倾向往往容易忽视店铺周边环境对设计的影响。图10.4为蛋糕店的照明图片。

图 10.4　蛋糕店的照明图片

思考:选出你喜欢的一种,并谈谈怎样靠灯光设计给消费者最好的心理感受。

 相关知识点

営业环境的照明对消费心理的影响

发达的商品生产与商业相互竞争是以商品的不断更新变换来吸引顾客,刺激消费,引导购物从"所需购买"向"激发购买"转化。因此,购物环境的作用不容忽视。而商业照明设计的目的是营造一个舒适、易于观看、富于感染力和吸引力的光照环境。目前,购物行为向多方位延伸,集购物、娱乐、文化和休憩为一体。

购物行为的变化实际是人们在获得低级的物质满足之后,对高层次需求的反映。因此,在商业照明设计时,应以消费者为主体进行分析和研究。一方面创造良好、舒适的照明环境,从各方面满足顾客的需求,努力减少和消除由于不合理照明给顾客带来的困扰和心理不适;另一方面通过照明的手段,将商品的特征、性能充分地表现出来,使顾客易于了解商品,并能产生兴趣、信赖和购买欲望。

> ● 商业环境照明对消费心理的影响:商业照明设计的目的是营造一个舒适、易于观看、富于感染力和吸引力的光照环境。目前,购物行为向多方位延伸,集购物、娱乐、文化和休憩为一体。
>
> ● 营业环境照明类型 { 基本照明 / 特殊照明 / 装饰照明

一、光与照明对人的心理的影响

数字化生活的普及使很多人每天置身于电脑、电视及光照环境中,但绝大多数人都生活在一个不健康的照明环境中。电感镇流器的日光灯发出的光线,每秒产生 100 次明暗变化,如果在这种灯光下使用电脑,通常电感镇流器日光灯的频闪和荧光屏的帧幅闪动重叠,形成光共振,对人的视觉系统伤害很大。

我国每年照明用电占全国用电量的 12%,约为 2 000 亿千瓦时。根据中国绿色照明工程的实施目标,到 2010 年节约照明用电 10%,即年节电 200 亿千瓦时,这需要照明全行业的共同努力。不会用电,就会造成光污染、耗能耗电。

现代营业场所的照明设计强调的是一种更加科学的照明方式。人们对于照明的要求主要有 3 方面:功能性要求,即满足最基本的照明要求;装饰性要求,即要求美观;生理健康和心理健康要求。比如,要防紫外线、防眩光等。

二、健康光强调亮度和显色度

从功能性要求看,如果光线品质差,则容易使人疲劳。比如,电感镇流器的日光灯使人的眼睛极易疲劳,容易近视,对于运动物体的照明和摄影也不利。正因为如此,欧洲电工委员会早在 1997 年就禁止在有电脑荧光屏的办公室安装使用电感镇流器的日光灯,以保护电

脑操作人员的健康。同时，室内照明必须避免或减少眩光的干扰。如果灯具的亮度比室内一般环境的亮度高得多，人们就会感受到眩光。眩光会产生不舒适感，严重的还会损害视觉功能。所以室内照明必须避免或减少眩光的干扰，让"柔和"的光进入人的视野。

照度值是否符合国标要求。一般而言，在暗处看书写作容易对眼睛产生不良影响。当人们由于光线太暗而使眼睛看不清楚所看或所写的东西时，人们会本能地为看清目标而靠近目标，时间一久，自然会使眼睛的屈光系统产生变化，导致近视。但光线也不是越亮越好。如果灯、灯具、窗口或其他区域的亮度比室内一般环境的亮度高得多，人们就会感受到眩光。

光线必须正确对物体颜色进行还原。物体在太阳光的照射下，显示出它的真实颜色。但当物体在电光源的照射下，颜色就会有不同程度的失真。所以，光源的显色性也相当重要。

三、营业环境的照明

营业环境的内部照明分为基本照明、特殊照明和装饰照明 3 种类型。

（一）基本照明

基本照明是为保证顾客能够清楚地观看、辨认方位与商品而设置的照明系统。目前，商场多采用吊灯、吸顶灯和壁灯的组合，来创造一个整洁、宁静和光线适宜的购物环境。

基本照明除了给顾客提供辨认商品的照明之外，不同灯光强度也能影响人们的购物气氛。基本照明若是比较强，人的情绪容易被调动起来，这就好像在阳光普照的时候或者在阳光明媚的海滩一样令人感到心旷神怡。美国麦当劳或肯德基的连锁店，其基本照明都很充足，人们一进入营业环境会立即兴奋起来。基本照明若是比较弱，人不容易兴奋，可能让人产生平缓安静的感觉，也有一定程度的压抑感，商品的颜色看起来有些发旧。所以销售古董一类商品的场所可以把基本照明设计得暗一些，但在日用品营业场所的设计中应该避免这一点。

（二）特殊照明

特殊照明是为了突出部分商品的特性、特质而布置的照明，其主要目的是显现商品的个性，以便更好地吸引顾客的注意，激发顾客的购物兴趣。比如在出售珠宝饰品的位置，采用集束灯光照射，显示产品的晶莹耀眼、名贵华丽。在出售时装的位置，则采用底灯和背景灯，显示产品的轮廓线条。

在利用特殊照明调节顾客的情绪、影响购物的气氛方面，有不少研究结果和成功的例子值得我们参考。在营业环境中，温色调的颜色能够刺激人出现一定程度的兴奋情绪，消费行为也就比较容易进行；而冷色调的颜色能够抑制人的兴奋情绪，不利于消费行为的进行。在食品店、餐厅、饭店客房等营业场所，一般尽量采用橘红色、橙黄色、黄色、淡红色、橘黄色等一类暖色调的灯光照明，容易使顾客产生家庭般温暖的感觉。一些酒吧和咖啡厅的照明设计，需要将温色调的光照与冷色调的光照结合起来使用。在冷饮店，一般采用白色冷光源作为照明，很少使用温色调光源。

（三）装饰照明

装饰照明在整个商店的商品陈列中起着重要作用，它可以把商店内部装饰打扮得琳琅满目、丰富多彩，给消费者以舒适愉快的感觉。但对于装饰照明的灯光来说，对比不能太强烈,刺眼的灯光最好少用,彩色灯和闪烁灯也不能滥用,否则令人眼花缭乱、紧张烦躁,不仅影响顾客,而且会对销售人员的心理产生不利影响。

四、照明需要满足心理美学要求

从心理健康需求看,色温和色彩应符合美学要求。利用明与暗的搭配,光与影的组合创造一种舒适、优美的光照环境。影子的面积大,沉重的阴影可以形成肃穆、凝重、低沉、压抑等效果。相反,影子的面积小,形成明亮的影调,使画面显得轻快、活泼、明朗。而商业照明的目的在于吸引顾客,促进购买欲。在商业照明中,不同的区域,不同的位置,都会有不同的照明要求。

(一) 色温、色彩应符合美学要求

心理学家发现,在红色环境中,人的脉搏会加快,血压有所升高,情绪容易兴奋冲动;在蓝色环境中,脉搏会减缓,情绪也较沉静。颜色能影响脑电波,脑电波对红色的反应是警觉,对蓝色的反应是放松。照明设计对光色、介质颜色、灯具色彩、背景色彩和空间色彩的考虑要符合美学的基本要求。一般人的审美习惯是:红的热烈、蓝的冷静、绿的平和、白的洁净、黄的高贵。光色的混合与叠加会形成艺术效果,不同被照物体的材料反射也能成为颜色的定位。

(二) 利用明与暗的搭配,光与影的组合创造一种舒适、优美的光照环境

一个房间的照明能使它的结构特征及室内的人和物清晰,给人以赏心悦目的美感。光与影的巧妙组合往往能美化房间的整体面貌。为此照明光线的指向性不宜太强,以免阴影浓重,造型生硬;灯光也不能过于漫射均匀,以免缺乏亮度变化,致使造型立体感平淡无奇,室内显得索然无味。

(三) 商业照明的目的在于吸引顾客,促进顾客的购买欲望

在商业照明中,不同的区域,不同的位置都会有不同的照明要求,为了满足人们购物的心理,商业照明应按营业种类、地理环境、建筑样式、陈列方法等不同条件进行设计。比如在营业厅处的照明要突出商品,要把商品的形、色、光泽、质感等正确地反映出来;而在大厅的走廊处,灯光的导向作用就更为明显,采用暗与明的亮度对比,可以引导人们趋向明处;在精品展示区可以采用聚光灯,将光线投射到商品上,使商品的展示更为突出,更富有戏剧性。

五、光营造健康的家居情调

客厅。客厅是家庭的焦点部位,活动很多,在天顶或背景墙上预先留灯槽,内藏荧光灯管,可以营造与白天完全不同的梦幻浪漫的感觉。如果客厅灯光明亮,容易产生刺眼的眩光,让人感到不舒服。建议墙上安排与室内装饰风格相一致的壁灯,让它照亮一面墙,并使之成为反射体,发出具有一种沉静而中性的间接照明效果,能避免眩光。在很好地表现居家环境材料质感的同时,形成一个虚实相宜、亦梦亦幻的空间。

餐厅。餐厅"食色"不分家,美食以及食物所表现出的色彩,诱惑着人们的食欲。餐厅光源要对食物色彩还原,增添温馨浪漫的情调。餐厅宜采用显色性好的暖色调的吊线灯,能自由升降更好。如果受空间所限,餐桌位于墙边,采用吊线灯显然不合适。可以选择小巧的壁灯配以顶部筒灯进行处理。

卧室。卧室要考虑实际的照明需要。局部照明中，比如梳妆台、衣柜、床周围的阅读照明等，需要更明亮的光。建议灯具光源的光色采用中性的且令人放松的一种色调，这样的选择可以丰富卧室空间环境，并与局部照明相组合，为整个卧室增强气氛。

厨房。厨房是家中最繁忙、劳务活动最多的地方，这个区域应注重照明的实用性，使入厨的乐趣与安全并重。厨房的照明主要设置在操作台的正上方，以照亮下方大块的操作台，灯具光源的显色性要好，以真实再现食物色泽。一般情况下选用嵌入式灯具，美观又易于清洁，保持明亮实用的照明环境。

六、不同营业场所照明设计要点

1. 橱窗照明

在外部与橱窗照明处理上，需要进行适当的照度分配和装饰效果，使店面的设计、装饰和色彩营造出一种易于接近的气氛，使过往行人对该店产生强烈印象，由此产生要光顾和购物的冲动。在橱窗内，可采用强光（1 000～2 000 lx），使所陈列的商品更显眼；适当调整投射光和漫射光的比例来表现商品的立体感、光泽感、材料质地和色彩。为了打破平淡格局，利用照明状态不断变化（比如闪烁）的彩色光源使整个橱窗流光溢彩，以创造醒目的外部及橱窗照明。

2. 酒店照明设计要点

不特别强调人工照明设计的酒店，会特意运用窗帘、绿化或装饰物将日光阻挡在户外，室内不论白天还是夜晚，用室内照明取代自然光。并且为了突出酒店的豪华、气派，将大堂的光线渲染得满堂生辉。这是照明设计中的误区。照明设计只能模拟日光效果，不能取代。日光与人工照明的过渡，往往可以营造特殊的舒适光环境。北京香格里拉酒店大堂白天时，室内大面积落地窗的采光是室内光的主要来源，人工照明只作补充，通过可调光设计，达到白天与夜晚的过渡，此设计深受业主方的好评。

（1）入口区域照明设计。大堂入口处，主要为了满足其功能照明需求。考虑到需要过渡室内外的光环境，室外雨篷处的光源选用 4 000 K 节能灯，这样室内外光的色温差别不大，使人进入大堂时光感比较舒适。而且色温较高，可以扩大视觉空间感，提高入口处的气质，给过往的人群，留下较深的印象。进门后的室内部分，则可以将色温降低至 2 800 K 左右，这样可以使室内光环境较为亲近，舒适，增加安全感。

（2）接待区域照明设计。接待区的色温应同室内入口处相同，这样不但与入口相呼应，更重要的是结合接待人员热情的服务，更容易给客人留下美好印象。同时，考虑到接待区是同结算中心连接在一起的，出于功能性考虑，对照度的要求较高。在整体大堂环境中显得非常亮，这也可以突出此区域的重要性。

（3）休息区域照明设计。在此空间，室内设计师会特意将创意融入休息区域中。为了使这个大众的区域除去呆板，应添加一些特有的元素，比如人文元素、自然装饰元素等。此外，照明设计不仅仅是整体范围内的照明设计，同时也要搭配装饰灯具的选择、局部照明的处理等。在这个区域一般照度处理得较暗。温馨灯光，曼妙音乐使得在此入住的客人可以小酌和歇息片刻。桌面上台灯的选择，一定要与周围的装饰环境相匹配，要考虑到诸多因素，比如，地毯、沙发、桌台，甚至墙壁、台阶等。

（4）通道区域与电梯等待区域照明设计。酒店中各个空间的连接一般有通道、楼梯和等候区几个重要的部分，不仅仅是在大堂中，在客房、餐厅等都是很常见的。通常我们会将通道指示牌做得比较亮，并且放在区域中较为明显的位置。

任务项目5

服务与消费心理：书吧服务环境设计方案

拟在某繁华商业街夹缝地段建一书吧。建筑为两层,总建筑面积不超过 450 m²。地段周围建筑为两层,书吧与毗邻建筑交界处均不能开窗。

该书吧集图书的选购、阅览和休闲娱乐为一体,并设有沙龙,供文化人士、青年学生和喜爱图书的人们浏览、购书、休闲和交流思想。店内供应咖啡、茶点等简单饮食,设置电脑等上网条件。书吧应该气氛高雅、环境舒适,让客人享受现代都市文化生活。表 10.1 为设计方案。

表 10.1　设计方案

功能分区	空间名称	功能要求	家具及设备	面积/m²
客用部分	阅览休闲区	● 供客人阅览、选购图书 ● 以不同形式组织书架和座位。可将该区划分为若干个空间,配合图书分类,以多种空间形式供客人选阅图书 ● 分上下两层,要组织好垂直交通	● 设书架 80～100 延长米。(书架尺寸,高 1.7～1.8 m,厚单面 220 mm,双面 440 mm,下部带储藏柜单面厚度 450～500 mm) ● 设阅览休息座位 60～80 个 ● 设 8～10 台计算机供客人上网或查阅图书	共 280
客用部分	吧台	● 供应咖啡、茶等各种冷热饮料	● 吧台、高脚吧凳 ● 各种饮料的陈列柜(货架) ● 煮咖啡、茶和热牛奶的炉具 ● 冷藏柜、制冰机 ● 水池、收款机等	10～15
客用部分	沙龙	● 供讨论、小型讲座和会议使用 ● 10～12 人使用	● 设会议桌及放映屏幕	20～30
客用部分	门厅及收款台	● 门厅导引顾客进入客用区,入口设书籍监控仪 ● 收款台位于入口附近		12
客用部分	客用厕所	● 男、女厕所各 1 间,入口既要隐蔽,又要便于寻找	● 女厕设 2 个厕位,男厕设 1 个厕位,2 个小便斗 ● 各设带面板的洗手台一个	共 14～16
辅助部分	洗涤、消毒、储存	● 茶具洗涤、消毒,与吧台联系要方便	● 洗涤池、消毒柜和货架	12
辅助部分	库房 1 间	● 存放书籍	● 货架、书架等	共 8
辅助部分	厕所	● 男、女各 1 间	● 厕位各 1 个,男用小便斗 1 个,洗手盆各 1 个	共 6
辅助部分	更衣	● 男、女各 1 间	● 更衣柜和洗手池	共 12
辅助部分	办公管理	● 2 间,经理和会计办公		共 24

 服务环境与消费者心理

营业环境中的服务，既包括销售商品时提供的直接服务，比如服务人员的接待方式、结算、送货系统等，也包括方便顾客购物与消费并获得最大满意度而提供的配套服务体系，比如寄存、小憩等服务项目。

- 服务与消费心理作用过程
  - 接待
  - 展示
  - 介绍
  - 推荐
  - 促进
  - 成交
  - 送客
- 消费心理服务技巧：
  引起注意→激发兴趣→产生联想→刺激欲望→协助判断→产生信任→行动沟通

一、服务人员与消费者心理

（一）购买过程的心理沟通

下面以一次购物消费为例，分析服务人员与顾客的心理沟通过程。

顾客进入购物消费环境，主要分 3 种情况。一是有明确的购买计划。他们走进营业环境之前，已经想好了需要购买的商品，进入营业环境之后，头脑里主要的意识集中在他们希望购买的商品上。二是只有购买动机，没有明确的购买计划。进入营业环境之后比较散漫地寻找商品或服务，被各种营销因素所吸引，逐渐有了明确的决策并实施消费行为，还有可能产生新的消费愿望，进而促成新的消费行为。三是进入营业环境之前，头脑中没有任何购买动机，只是在浏览闲逛过程中被商品和促销形式所吸引并对商品发生兴趣，产生购买消费愿望，形成购买动机，进而实现购买行为。

服务人员在这个过程中，应如何与顾客进行有效的心理沟通并提供优质服务呢？这要求做好如下几方面工作。

1. 接待

接待的形式多种多样，服务人员自然而甜蜜的微笑，常常能令顾客产生良好的信赖感。有的单位会安排专人在门口接待，希望给顾客塑造一个亲切的企业形象。标准的接待问候方式是亲切地问一声"您好"、"欢迎您，小姐/先生"等。接待服务仅是对顾客到来的一种表示，在这种情况下，一般服务人员还需要与顾客进一步地交流和沟通。有些商业服务人员在刚刚接待顾客的时候就问一句"买点什么"或"你要点什么"，这种问话方式是服务素质较低的表现，是不能正确地理解顾客心理的行为。许多刚进入营业环境的顾客仅仅注意到了商品而没有认识也没有联想思维,立即问他们"要点什么",要消费者明确表示购买动机和决策,是很困难的,还有可能会把持闲逛浏览心理的潜在顾客吓跑。

2. 展示

展示商品是服务人员的第二步工作。它指向顾客展示商品陈列的位置,指引顾客如何观看商品。热情地向顾客展示商品,是增进顾客信赖感的有效方法。

3. 介绍

要求服务人员介绍商品的功能、结构特点、使用方法及与其他商品相比所表现出来的优点、商品的价格、购买这种商品之后会得到什么样的服务、维修服务的情况如何等。服务人员向顾客介绍商品的情况时,态度应该客观而准确,不能欺骗顾客,服务人员的表情也应该热情自然。

4. 推荐

顾客对于商品有了一定程度的了解和认识之后,可能已经进入购买决策阶段,会考虑选择哪一种更好,这时服务人员可以用带有推荐性的语气向他们介绍其中某些商品。比如"这种式样更适合你"等,可以对商品的功能和特点进行比较,利于顾客较迅速地作出选择。

服务人员为了多推销一些商品,一般喜欢介绍商品的优点,对于缺点一般介绍得较少。但是,如果商品本身没有质量方面的问题,向顾客适当地介绍一两个缺点,反而有利于商品的销售,因为这种做法更容易让顾客觉得可信。一位顾客在购买音响设备时,无法决定是否买国产货。服务人员给顾客介绍了几款国内、国外牌子的组合音响之后,又对国内、国外几种牌子的组合音响作了缺点方面的比较,"国产音响虽然音质稍差一些,但家里欣赏音乐一般不需要太大的音量,在小音量时与名牌音响相差无几,而音响的音质需要开到中等音量时才能感觉到。音量大对邻居的影响也大,比较起来还是国产货比较适合一些。"顾客听了,自然十分赞同,会作出购买国产音响的决定。

5. 促进

如果顾客处于买与不买的两难过程中,服务人员可以适当地用一些语言和行为来促进他们作出决定。比如向顾客介绍商品价格、质量、包装、功能、服务等方面的优越性,询问他们是否急需这种商品,在别的地方购买是否方便,还需要提供什么样的服务,如果需要其他的服务形式还可以与营业环境的负责人具体地商量等。这些方法可以打消顾客的某些顾虑,促使顾客迅速作出购买决定,也可能中止一些不适宜的购买行为。有些顾客的购物经验较多,若以欺骗性的手段来诱导顾客购买,服务人员就很难与顾客建立信赖关系。

6. 成交

成交时,服务人员应点清顾客交来的现金与其他支付工具,为顾客准确填写购物发票,为顾客指明交纳现金的地点,为顾客选好需要购买的商品,将商品包装好并打好包装袋或准备好包装袋,为顾客详细地说明售后服务的内容、服务的地点等。

7. 送客

成交之后,服务人员向顾客说一声"欢迎您再一次光临"、"欢迎您再来"、"欢迎您对我们的工作提出意见"等一类的礼貌用语,会给顾客留下美好的回忆。

(二) 营业员与消费者的相互作用

在营业员与消费者的接触和交易过程中,双方各自表现出不同的态度。这种在营业现场偶然、短暂的接触中所表现出来的态度,是双方的积极程度与情绪水平的结合。我们把这种结合归纳为以下 4 种状态。

1. 情绪好与积极性高的结合

人在这种状态下,愉快兴奋、积极性高、乐于交往、待人友善、活力很强,意味着消费者有兴致购买商品,营业员也有良好的服务态度。

2. 情绪好与积极性低的结合

人在这种状态下,安闲温和、精力不足、动作迟缓。意味着消费者从容不迫、宽容、细心谨慎。营业员表现为冷热适中、不卑不亢、缺乏主动交际精神。

3. 情绪坏与积极性高的结合

人在这种状态下,动辄发怒、苛求于人。显然,消费者与营业员都容易失去理智,买卖活动存在着潜在的冲突。

4. 情绪坏与积极性低的结合

人在这种状态下,孤僻冷漠、漫不经心、无精打采。显然,消费者与营业员都提不起精神,消磨时间。

（三）妥善处理消费者的抱怨

消费者的抱怨是每个服务人员都可能遇到的情况,你的产品再好也会听到爱挑剔的消费者的抱怨。销售人员不应该粗鲁地对待消费者的抱怨,其实这种消费者可能就是你永久的买主。正确地处理消费者的抱怨,能够提高消费者的满意程度,增加消费者认准品牌购买的倾向,并可以获得丰厚的利润。

倾听消费者的不满是销售过程的一个部分,而且这一工作能够增加销售人员的利益。对消费者的抱怨不加理睬或错误处理,将会使销售人员失去消费者。一般地,消费者有了抱怨在服务人员那里得不到倾诉,回去后会向其亲友倾诉,造成今后营销工作更大的损失。让消费者说出来,既可以平衡消费者的心理,又可以知道问题所在,从而对目前存在的问题做及时修正,避免以后出现类似问题招致消费者的不满。

销售人员如果急急忙忙打断消费者的话为自己辩解,无疑是火上浇油。那么该如何处理消费者的抱怨呢?

（1）要先向消费者道歉,但对其具体的职责,要在搞清事实后再接受。可对消费者说:"感谢您提出意见。我们一向很重视自己的信誉。发生您所说的事情,我们深感遗憾,我们一定要了解清楚,加以改正。"

（2）询问对方抱怨的原因,并记录重点。对一些情绪激动的消费者,把他/她讲的话记下来,可使他/她冷静下来。

（3）耐心地听消费者说完意见,不要打断对方的话,也不要迫不及待地为自己辩解。

（4）迅速采取措施,解决问题,消除抱怨。拖延处理抱怨的时间,是导致消费者产生新的抱怨的根源。及时地处理也是赢得消费者信任的最好方式。

二、便利服务与消费者心理

便利服务是进一步提高顾客满意度的促进因素,比如宽大的休息空间、比较方便的公共卫生设施等。有些便利服务可能是决定某些顾客是否光临的首要因素,比如营业时间、寄存服务等。便利服务可体现在如下几个方面。

（一）建立覆盖面广、高效运作的售后服务网络

开展好的售后服务，比如，送货上门、"三包"服务、安装服务、包装服务、提供知识性指导及产品咨询服务。

企业可以通过建立广泛的服务网点、开通 800 免费电话等方式，向顾客提供及时有效的售后服务。比如，飞利浦公司先后在北京、上海和苏州建立技术服务中心，在全国 400 多个城市设置 500 个特约维修站，专门提供免费安装调试和保修期内的上门服务。该公司以技术中心为枢纽组成的服务网络，可以为全国用户提供技术服务和售后服务。同时，它在 22 个城市开通了 24 小时服务热线。

现代企业可以通过服务创新，向消费者提供超过其预期的、更加周到的服务。比如，在 Internet 上增加售后服务项目，提供 24 小时不间断的服务，而且可以将消费者在使用过程中普遍遇到的问题的解决方法登在网络上。

（二）营业时间

营业时间的确定是经营单位的常识性问题。因为现代社会的生活方式越来越多元化，作息时间越来越没有规律，消费与购物的时间安排具有较大的灵活性，这对经营单位的时间安排提出了更高的要求，营业时间成为影响顾客满意度的因素。随着电话和网络的普及，以及前些年现代银行纷纷推出了电话银行、网络银行、24 小时银行等服务，都极大地方便了客户。

成都"苏宁电器"原本和其他电器商行（比如"国美电器"）一样晚上不营业，在今年"五一"期间推出了夜间超市，受到顾客的广泛欢迎，方便了上班一族。大型营业单位的营业时间安排会涉及企业经营成本问题，如果时间安排过长，人力成本和设备维护成本会急剧上升。北京燕莎购物中心开业之后，曾采取过 24 小时的营业方式，曾经引起过当地市场的轰动，也吸引过大批消费者光顾这种通宵达旦灯火通明的购物中心，但是试营业几个月后就中止了。

小型营业单位的营业时间安排具有较大的灵活性，从 8 小时营业持续到 22 时、24 时甚至于通宵营业的都有。因此，小型经营单位的时间安排可能更容易满足作息时间不规律的消费者。

（三）支付系统

国内现有的支付系统以现金方式为主，这种局面在未来 10 至 20 年左右的时间会有重大的改变，信用卡的结算方式将逐渐成为主要的结算方式，这就要求大、中、小型经营单位都能采取电子式的结算方式。当前营业单位的支付系统将不得不将现金与信用卡支付系统混合在一起。

（四）餐饮休息室

在营业环境里设置小型的冷饮室，让顾客坐下来喝点饮料，缓解一下疲劳，这种设计显得很周到。在人群拥挤的营业环境里，空气质量不高，人们很容易感到疲劳。顾客一旦累了，又找不到适当的方式休息，一般性的反应是尽快离开这种环境。而设置一两个冷饮厅，虽然会减少少量的营业面积，但是对于保持现场顾客继续购物大有益处。如果不能增加冷饮室一类的场所，适当地增加一些坐椅供顾客疲劳时休息，对于吸引顾客也是大有好处的。在成都天府广场的摩尔百盛，实际上是冷饮杂志室，对购物满一定金额的顾客实行一定的免

费消费优惠,方便等待妻子的丈夫们。

（五）寄存服务

这是一项比较重要的项目。由于我国特殊的国情,交通条件还不可能在短期内得到较大的改善,人们购买商品时不得不赶较远的路程、携带较多的其他物品,这些因素给顾客继续购物带来了许多的不便。营业环境中如果能增加寄存一类的服务,会大大减轻顾客购买时的负担。有些大型商场不仅可以寄存物品,还能代管小孩。

（六）公用电话

设置公用电话是方便顾客购物的基本条件之一。顾客遇到紧急的事情,在营业场所打一个电话就可以处理好,即使购买与消费出现了困难,也可以通过电话很快地加以解决。当然,现在很多顾客都自带手机上街。

（七）公共厕所

营业环境不论大小都应该设置公用厕所,这不仅是商业营业环境的基本要求,也是社会文明的基本要求。有些营业场所虽然设置了公共厕所,但厕所内臭气熏天,苍蝇乱飞,经营单位既不能定期维护,也没有洗手水、卫生纸之类的辅助用品。这个问题不仅不方便顾客,也影响了我国的服务质量。

三、营销技巧与消费心理

"接近客户的30秒,决定了销售的成败",这是成功销售人共同的体验。通过以下例子可以理解营销技巧对消费心理的影响。

一天,有位老太太来到第一家店里,问:"有李子卖吗?"店主见有生意,马上迎上前说:"老太太,买李子啊? 您看我这李子又大又甜,还刚进回来,新鲜得很呢!"没想到老太太一听,竟扭头走了。

店主纳闷着,哎,奇怪啊,我哪里不对得罪老太太了?

老太太接着来到第二家水果店,同样问:"有李子卖吗?"第二位店主马上迎上前说:"老太太,您要买李子啊?""啊。"老太太应道。"我这里李子有酸的也有甜的,您是想买酸的还是想买甜的?"店主回答。"我想买一斤酸李子。"老太太说。于是,老太太买了一斤酸李子就回去了。

第二天,老太太来到第三家水果店,同样问:"有李子卖吗?"第三位店主马上说:"有酸的也有甜的,您是想买酸的还是甜的?""我想要一斤酸李子。"老太太说。与前一天在第二家店里发生的一幕一样。但第三位店主在给老太太秤酸李子时说:"在我这买李子的人一般都喜欢甜的,可您为什么要买酸的呢?""哦,最近我儿媳妇怀上孩子啦,特别喜欢吃酸李子。""哎呀! 那要恭喜您老人家快要抱孙子了! 有您这样会照顾的婆婆可真是您儿媳妇天大的福气啊!""哪里哪里,怀孕期间当然最要紧的是吃好、胃口好、营养好啊!""是啊,怀孕期间的营养是非常关键的,不仅要多补充些高蛋白的食物,听说多吃些维生素丰富的水果,生下的宝宝会更聪明些!""是啊! 那吃哪种水果含的维生素更丰富些呢?""很多书上说猕猴桃含维生素最丰富!""那你这有猕猴桃卖吗?""当然有,您看我这进口的猕猴桃个大汁多,含维生素多,您要不先买一斤回去给您儿媳妇尝尝!"这样,老太太不仅买了一斤李子,还买了一斤进口的猕猴桃,而且以后几乎每隔一两天就要来这家店里买各种水果。

这3家水果店的店主代表了3种不同的销售人员。第一家店主是一个不合格的销售人员,只是一味地告诉客户自己的产品如何好,而不了解客户需要什么。第二家店主是一个合格的营销人员,懂得通过简单的提问满足客户的一般需要。而第三家店主可以说是一个优秀的销售人员,他不仅了解和满足了客户的一般需求,而且还挖掘创造了客户的需求——需求背后的需求。在这个阶段,销售人员已经从以前的拼价格转向做客户信赖的顾问,帮助客户分析问题、解决问题,获得客户的信任,作为回报,就会获得客户的订单。

在面对客户时,企业应该好好思考,如何更好地做到像第三家店主一样引导和创造需求。需求创造原则是支撑市场营销的诸原则中的核心原则。该原则认为,需求并非固定或有一定限度,而是可以通过企业的努力去扩大和创造。需求创造原则要求企业明确需求的可创造性。有些需求实际存在,却没被企业发现或者企业对其不予关注。连顾客自己也不知道是否存在的需求,即潜在需求,要靠企业去挖掘、去诱导。比如,日本一家巧克力公司利用日本人追求西方生活的心理,通过一切宣传手段培养日本青年人过"情人节"的习惯。宣布在情人节期间购买巧克力可半价优惠,还为此开发出各种精美的巧克力。通过努力,最后在日本形成了过情人节并赠送巧克力的风尚,该公司也成了日本最大的巧克力公司。

企业必须提供顾客认为最有价值的利益,即真正解决顾客的问题和提供满足顾客需求的产品和服务。如果企业站在顾客的角度来考虑问题,把"售货处"当作"购货处"甚至"使顾客心情舒畅的场所"来对待,那么就一定能创造并获得更多的需求。

四、营业员接待消费者的技巧

(一) 顾客购买商品的心理活动发展阶段

1. 注意

如果顾客经过商店门口,被橱窗中陈列的商品所吸引,然后进入商店里面,请营业员拿出自己中意的商品,反复观看,此时营业员要充分调动顾客的注意,激发顾客的购买欲,从而实现商品的销售。

2. 兴趣

顾客在注意某种商品的时候,会同时引发其他心理活动,比如想象、比较、分析、判断等,并对某种商品作出颜色、式样、味道、价格等方面的反馈,这就是引起了顾客的兴趣。这种兴趣进一步推动顾客积极地了解该商品的有关知识,认识该商品的功能、实用价值及对自己、对社会的意义等。在了解的过程中,顾客若认为该商品的功能和价值能适合或满足自己在物质方面或精神方面的需要,这种兴趣就会进一步强化,并引起顾客愉快的情绪体验,情绪体验的深化则推动着顾客购买行为的发展。

3. 联想

在购买活动中,联想是在顾客对某种商品发生了兴趣并有了一定的认识之后,对该商品进一步关注时发生的心理活动。此时,顾客面对该商品会想到过去所购买的类似商品的使用情况,或者会想到购买该商品会产生的结果,比如购买空调会使家人过一个凉爽的夏季。通过联想,顾客往往会突破时空限制,获得更丰富的有关商品的知识,引发更强烈的情绪体验。联想可以看作是唤起和强化顾客购买欲望的媒介,营业员应善于运用各种手段激发顾客的联想,促成购买行为。

4. 欲望

在购买过程中，随着顾客联想的深化，顾客购买商品的欲望会随着对该商品的认识及个人情绪的变化从潜伏状态转入活动状态，推动顾客购买过程。在这个时候，顾客购买欲望的现实性已十分明显，即想要购买。

5. 比较和判断

面对琳琅满目的商品，当顾客产生购买某种商品的欲望之后，根据自己的观察或营业员的介绍，就开始在心里对商品的特征、功能、外观、质量、价格等方面作出比较和权衡。比如这件家具的颜色和式样是否与自己家的整体装修风格相适应？还有没有比这款更适合的？顾客对商品的鉴别都是通过比较这一过程完成的。通过比较，顾客要对商品的质量、功能、价格等基本属性表示肯定或否定，即作出判断，为最终的购买抉择提供依据。比较和判断是顾客购买决策的前奏，对顾客购买与否起着决定性的作用。在比较判断阶段，顾客有可能会犹豫不决，此时就是营业员为顾客作出咨询建议的最佳时机。营业员应适时地提供一些意见给顾客，给他做建议。

6. 信任

在购买过程中，顾客通过多方面的比较，对商品的特性有了较好的把握，确定自己对某种商品的肯定程度，从而也就选定了自己所要购买的对象。如果顾客认定的选购对象正是自己想买的商品，或认定的选购对象能满足自己的消费欲望，体现出自己的喜好需求和价值观，顾客就会对该商品产生信任，即愿意把自己购买欲望的实现寄托在这种商品及售卖这一商品的商店上。

7. 行动

顾客经过比较、判断后确信某一商品是自己所必需的，并对这一商品产生信任时，就会果断地作出购买的决定，并迅速实施购买行为。对营业员来说就是"成交"，因此在此阶段应注意把握好顾客的购买时机。

8. 满意

在购买过程中，顾客买到了称心如意的商品或是在购买过程中享受到了良好的服务，顾客就会产生高兴、愉悦的情绪体验，即产生满意感。满意虽然是顾客在结束购买活动之后才表现出来的情绪体验，但它是商店服务质量的标志，是顾客购买活动成功的体现。具有满意情绪体验的顾客，大多会成为这一商店或这一品牌的回头客。因此，商店的销售服务要努力为顾客创造满意的情绪体验，使顾客高兴而来，满意而归。

（二）营业员接待顾客的步骤及技巧

1. 穿着大方得体，站姿礼貌

营业人员应该注意个人卫生，保证服装外表的干净整洁，服装、鞋、服饰、饰品、妆容、发型等要符合店规，必须佩戴胸卡。

仪表是与人交往中最直接的第一印象，往往对事物的发展结果起决定作用，因此穿着要大方得体。着装让人感到看着很舒服、赏心悦目、整洁、符合特定场合。比如，商店可以穿统一的制服，穿出所在特定场所的特点特色。工作时间必须统一着工装，服装要干净、整洁，衣扣完整扣齐，袖子不得翻卷，不拖拉鞋，胸卡要端正地佩戴在左上胸。

站姿站位姿态自然,精神饱满。男员工脚与肩同宽,两手自然下垂在体前,左手指轻握右手指;女员工左脚跟抵在右脚窝处,呈丁字步,两手自然下垂在前,右手指轻握左手指,面向主通道,面向顾客。

2. 欢迎顾客进入售货区

售货区是吸引顾客的基本场所。售货员应具备吸引顾客的能力,即以优美的姿态,含甜的微笑、文雅的举止、礼貌的语言、热情的招呼和熟练的服务技巧,对顾客产生一种无形而又巨大的吸引力。但热情不需过度,以免招致顾客反感。

(1)迎接顾客阶段。迎接顾客是商业服务活动中交往关系的第一步,这一步对顾客是否在此购物或是否准备购物有很大的影响。以什么样的态度和使用什么样的语言迎接顾客,实质是让顾客以舒心的心情和造访的态度形成购物动机。顾客走到柜台前浏览商品时,要主动迎客,就是说顾客一走进柜台便要以亲切的目光迎上去,并说"您好,欢迎光临"等礼貌用语。尔后,一定要给予顾客从容地浏览和挑选商品的环境,切不可马上就问:"您想买什么?"这样容易给顾客一种心理压力,造成顾客放弃购买或草率购买,损害顾客利益。要鼓励顾客放心地挑选,同时又给予关心的目光,这样会给顾客一个感觉,即随时愿意为顾客提供服务。这样做才能激发、强化顾客的购买动机,达到迎接顾客的目的。

迎接顾客的基本礼仪要求是对顾客表示欢迎和尊重。营业员绝不能在顾客已经走到柜台前时还旁若无人,不予理睬;也不能手插在衣袋里或抱着胳膊,瞪大眼睛盯着顾客;更不能三人一堆、五人一伙地聚在一起大声说笑,置顾客于不顾。

(2)接待顾客阶段。接待顾客阶段是指从顾客明确挑选商品到完成购物或放弃购物的过程。在这个阶段,营业员要从眼神表情、语言和动作表现出礼貌、热情、周到和耐心。当发现顾客表示要挑选商品或购买商品时,应轻快地走过去,以亲切的语言询问:"您想看看什么?"并把顾客所要看或购买的商品用双手轻轻地递给顾客。如果营业员正在接待别的顾客,可向其轻轻点头致意,说:"对不起,请您稍等一下。"在接待等待了一会的顾客时应表示歉意,说:"对不起,让您久等了。"当顾客从你手中接过商品进行挑选时,要亲切地说:"别着急,慢慢挑选。"同时注意观察顾客的表情,并适时地介绍商品。不可对顾客的挑选表示不耐烦,更不能说:"某某商品很好,您要了吧。"这样会给顾客造成压力。当顾客选好商品时,可以给予适当的赞美,使顾客在心理上感到高兴。当顾客要付款时,一定要唱收唱付[①],并请顾客清点付款和找回的零钱数,以免发生差错。当顾客经过挑选后没有选中所要的商品时,营业员依然要以理相待,并热情地说:"欢迎您再来。"切不可以责问的口气说"难道您都看不上"等问话。如果遇到顾客所要的商品柜台上没有时,应以抱歉的口吻说:"对不起,柜台上没有这种商品,请您稍等一下我到库房去看看。"如果库房也没有,应表示歉意,并以诚恳和热情的态度告诉顾客在哪里可以买到此种商品,或说:"过几天就有货了,请您再来。请您留下姓名和联系地址,以便来货后及时通知您,您看怎么样?"还可以向顾客推荐类似的商品等。

(3)送别阶段。当顾客完成购买行为离开柜台时,营业员要点头示意,并道别:"欢迎您再来!""有什么不周的地方请您多多原谅!""再见!"并目送顾客离店。不能因为已完成了商

---

① 指营业员收款时要说明收取的钱数,付款时也要说明支出的钱数,找对方钱时也要说清楚找出的钱数,以免出错。

品的销售任务，在顾客临走时失去应有的礼貌。要知道，顾客自走进商店后，在商业活动的各个环节和过程都受到良好的礼貌接待，并购买了称心如意的商品，这只是完成了服务的第一步。还有更重要的一步，就是让顾客乘兴而归，今后再次光临，所以必须要礼貌送客，使礼貌服务贯彻始终。

五、销售过程中的冲突与化解

在商业活动中，顾客异议的出现是营销人员经常遇到的问题。要正确对待顾客异议，就必须了解顾客的心理活动，有的放矢，采取处理方法化解冲突。具体方法包括以下几种。

（一）分析顾客拒绝购买的心理原因，采取适当的处置方法

顾客表示反对是好的信号，这表示他在聆听营业员说的话。实际上，他们是在询问更多的资料。有时会碰到一些迟疑不决的顾客，对营业员来说是富有挑战性的。作为一名专业营业员，他的责任是引导出顾客的不满，更有效地解决顾客的不满。

顾客反对、犹豫购物的原因有以下几种。

（1）营业员表现未达专业水平。当营业员表现不热情、过分热情、对商品提供的资料不足，售货不顺利时，表现拙劣会令顾客失去信心或反感。

（2）未清楚真正需要。顾客或许要购买一只新表，但却不知道哪一款才真正适合自己；为了弄清楚自己的真正需要，他将向营业员提出问题和异议。

（3）对商品缺乏认识。很多顾客都对将要选购的商品缺乏认识，为了保证没有作出错误的选择，他们将提出问题和异议。

（二）回应异议的方法

良好的营业员不会说服顾客购买他们不喜欢的商品，而会简单地协助顾客克服不愿花费的心理，以及让他们得到满意的购物服务。清楚地了解异议的原因，以冷静和友善的态度回应，保持轻松、微笑和信心，才能予人好感。

尊重顾客的意见。当顾客由于个人理由表示异议时，营业员可以在一些无关痛痒的题目上表示同意。倘若顾客没有问及，切勿发表个人意见，更不要作出比如"假如我是你便会……"等的评语，同时加强产品与市场的竞争认识，加强自己对顾客的认识，并针对常见的异议作充分的准备。

 课后练习

一、名词解释

外部环境　　内部环境　　商品布局　　色彩营销

二、简答题

1. 简述购买环境的构成因素。

2. 营销外部环境对消费者行为有何影响？

3. 试述橱窗设计如何吸引消费者。

4. 试述营业员的服务如何对消费心理产生作用。

5. 简述色彩营销的根由和策略。

三、思考讨论题

1. 分组讨论。到你熟悉的超市观察和分析超市商品的布局,绘制布局图并说明商品摆放中的合理和不合理之处。

2. 图 10.7 为某商场 12 月份的橱窗。分析其设计动机以及橱窗对消费需求的劝说作用。

图 10.7　某商场 12 月份的橱窗

参 考 文 献

[1] 王官诚.消费心理学[M].北京：电子工业出版社,2004.

[2] 王春兰.市场营销理论与实务[M].北京：中国经济出版社,2008.

[3] 〔美〕菲利普·科特勒.市场营销管理[M].亚洲版二版.梅清豪,译.北京：中国人民大学出版社,2003.

[4] 江林.消费者行为学[M].北京：首都经济贸易大学出版社,2002.

[5] 罗子明.消费心理学[M].北京：清华大学出版社,2002.

[6] 马智利.消费心理学[M].成都：西南交通大学出版社,1996.

[7] 孙喜林,荣晓华.现代心理学教程[M].大连：东北财经大学出版社,2002.

[8] Johun C Mowen,Michael S Minor.消费行为学[M].北京：清华大学出版社,2003.

[9] 郭国庆,成栋.市场营销新论[M].北京：中国经济出版社,1997.

[10] 顾文钧.顾客消费心理学[M].上海：同济大学出版社,2002.

[11] 单凤儒.营销心理学[M].北京：高等教育出版社,2004.

[12] 石森.管理心理学[M].北京：机械工业出版社,2004.

[13] 臧良运.消费心理学[M].北京：电子工业出版社,2007.

[14] 刘鲁蓉,等.消费心理学[M].北京：科学出版社,2007.

[15] 申纲领.消费心理学[M].北京：电子工业出版社,2007.

[16] 陶国富.消费行为心理学[M].上海：立信会计出版社,2003.

[17] 符国群.消费者行为学[M].武汉：武汉大学出版社,2007.

[18] 黄维梁.消费者行为学[M].北京：高等教育出版社,2005.

[19] 彭聃龄.普通心理学[M].北京：北京师范大学出版社,2007.

[20] 韩永昌.心理学[M].上海：华东师范大学出版社,2005.

[21] 徐萍.消费心理学教程[M].上海：上海财经大学出版社,2005.

[22] 侯玉波.实用心理学[M].北京：中国人民大学出版社,2005.

[23] 单大明.消费心理学[M].北京：机械工业出版社,2003.